Physiognomien

Philosophen des 20. Jahrhunderts

in Portraits

PHYSIOGNOMIEN

Philosophen des 20. Jahrhunderts in Portraits

herausgegeben
von Eckhard Nordhofen

Athenäum
1980

CIP-Kurztitelaufnahme der Deutschen Bibliothek

Physiognomien : Philosophen d. 20. Jh. in Portr. / hrsg. von Eckhard Nordhofen. – Königstein/Ts. : Athenäum, 1980.
ISBN 3–7610–8082–4
NE: Nordhofen, Eckhard [Hrsg.]

Umschlaggestaltung: Hannes Jähn, Köln
Gesamtherstellung: Friedrich Pustet, Regensburg
Printed in Germany
ISBN 3–7610–8082–4

Inhalt

Vorwort

Philosophische Physiognomien – Das Bild des Philosophen von der Seite betrachtet

Wenn es nach dem berühmten Ausspruch Fichtes ginge, demzufolge „Was für eine Philosophie einer habe“ davon abhinge, „Was für ein Mensch einer sei“, dann wäre diese Sammlung von Philosophenportraits überflüssig.

Denn die Neugier auf den Menschen, dieser menschlichste aller Wissenstriebe, ließe sich unschwer aus der Gegenprobe des Satzes befriedigen: Wer wissen will, was ein Philosoph ist, der muß seine Philosophie studieren.

Das träfe auch sicher die Selbsteinschätzung der Betroffenen, denn die Rolle eines Philosophen anzunehmen, heißt einen Anspruch auf allgemeine Gültigkeit machen, der jene Verbindlichkeit erzeugt, die als innerer Zwang jeder Argumentation das Durchsetzungsvermögen von Gedanken begründet. So hängt offenbar das Abstreifen des Individuellen, das nach einer alten Weisheit ohnehin unaussprechlich ist, mit allgemeiner Geltung zusammen.

Wahrscheinlich ist es also mehr, als nur die Vorschrift einer althergebrachten Rhetorik, das zum Verschweigen dessen führt, was der Autor für ephemer und zufällig hält.

Der hermeneutische Rahmen, innerhalb dessen Philosophen sich mit ihrer Philosophie ins Licht setzen wollen, deckt sich jedoch nicht mit dem Vorschlag, nur das für objektiv gelten zu lassen, was uns mit eben diesem Anspruch auf Objektivität vorgesetzt wird.

So soll der Fichte-Erlaß in seiner Umkehrung angefochten sein: Was für ein Mensch einer sei, wissen wir nach der Lektüre seiner philisophischen Schriften nicht so sehr, wie wir es uns wünschen dürfen. Was für eine Philosophie einer habe – so könnte man Fichte überbieten – wissen wir erst, wenn wir erfahren haben, was für ein Mensch einer sei. Was die Wünsche betrifft, so geht ihnen ein Geruch von Unrechtmäßigkeit voraus. Der Blick auf die Privatsphäre wird ja auch nicht ganz zu unrecht für eine abseitige Lust auf Schlüssellöcher gehalten.

Aber solche Wünsche können auch einem legitimen Erkenntnisinteresse entstammen. Zu ihrer Rechtfertigung ließe sich ein philosophisches Spielchen denken, das unseren Geschichten aus dem Leben eine gravitätische Bedeutsamkeit verleihen könnte. Denn wäre es nicht ein Unternehmen von geradezu gesteigerter philosphischer Potenz, wenn die déformation professionelle der Denker, welche die unverwechselbaren Züge des Individuums hinter der Mimikry des Objektiven verstecken, kritisiert wird?

Wir hätten uns durch die unverkennbar philosophische Bewegung der Metakritik in den universalen Spielraum der Philosophie einbezogen und den Geschichtenerzählern einen Philosophenmantel umgehängt.

Ein wenig Wichtigtuerei scheint auch deshalb geboten, weil zum Vorwurf der Unanständigkeit auch der der Dummheit und Faulheit kommt. Denn es gilt gewöhnlich für einen Winkelzug der intellektuell Unfähigen oder allzu Bequemen, sich dem Denker von der Seite zu nähern.

Wer Hegels Satzperioden aus seiner Schnupftabaksdose erklären kann, braucht sie nicht mehr ernst zu nehmen. So hat Heiner Höfener in einer freihändig hingetupften, hoffentlich nicht ernstgemeinten Analyse der Hegelschen Sprache dessen Satzbau mit dem Genuß von Cannabis in Verbindung gebracht, welches der Philosoph in seinen Schnupftabak gemischt haben soll.

Überhaupt mag der Verdacht der unangemessenen Leichtfüßigkeit und Unernsthaftigkeit gerade daher kommen, daß es in der Regel Parodisten und Karikaturisten gewesen sind, die den Philosophen als Privatmann bekannt gemacht haben. So kennt man Schopenhauer nur in Begleitung seines Pudels, welchen er „Mensch" geheißen haben soll, wenn er wütend war, Heidegger vorwiegend als einen Schwarzwälder Urtyp, der in altväterlicher Tracht Nazireden hielt und Kant womöglich in der Thomas-Bernhardschen Version als tyrannischen Kauz, dem es ganz recht geschieht, daß man ihn in eine Irrenanstalt verschleppt.

Der Blick auf den Privatmann als auf den Idioten! Das war einmal sehr brav aus dem Griechischen übersetzt; „idios" meint dort eben das Private, Eigene und Persönliche, das unsere verräterische Bedeutungsverschiebung dann als das normabweichend Kranke denunziert hat.

Diese Bedeutungsverrückung ist selber verrückt. Plädieren wir doch einmal anders: Es ist töricht, Privatheit mit Idiotie gleichzusetzen!

Im Grunde wäre, wenn es um mehr als Anekdoten geht, etwa folgende wissenschaftstheoretische Frage zu klären: Wessen Universalitätsanspruch besteht zu recht, der der realen Humanwissenschaften wie Psychologie und Soziologie auf der einen oder der der Philosophie auf der anderen Seite? Mir ist kein Philosoph bekannt, der einen Punkt außerhalb der Welt dergestalt reklamierte, daß er es für prinzipiell unstatthaft halten würde, zum Gegenstand etwa psychologischer Untersuchungen gemacht zu werden. Die Frage ist nur, ob mit einer solchen Erklärung auch etwas über seine Philosophie gesagt wäre? Eine Philosophie, die möglicherweise gerade die Methodologie derselben Psychologie beträfe, die sich soeben über ihn hermacht.

Daß es immer eine Philosophie ist, welche die Fundamente einer jeden Wissenschaft zu legen hat, kann nicht gut bezweifelt werden. Vielleicht rührt daher jenes ewige Komplimentieren der philosophischen Vorwortschreiber. Dort hat man sich Demutsgesten angewöhnt: „Wir sind keine Hyper-Super-Mega-Wissenschaftler – Auch wir kennen keinen Königsweg zur absoluten Wahrheit . . .“ und was man an captationes benevolentiae noch sonst finden kann.

Aber doch scheint sich in der Verachtung einer Philosophenpsychologie oder Philosophensoziologie, die man allenthalben antreffen kann, das Bewußtsein einer heimlichen Überlegenheit auszudrücken. Noli me tangere – bitte nicht anfassen – und wenn es tatsächlich einer wagt, dann soll den Generalisten der hermeneutische Griff an die Wurzeln der so ungestüm zudringlichen Wissenschaft salvieren.

Nun wäre sicher noch ein Unterschied zu machen zwischen den Philosophen, die Subjektivität als ihr eigentliches Proprium thematisieren, und solchen, die etwa eine „Erkenntnistheorie ohne erkennendes Subjekt“ propagieren.

Aber gerade Karl Popper, der es von seiner Philosophie her garnicht nötig hätte, ist mit der autobiographischen Schilderung von Szenen sehr freigiebig gewesen, die seiner Philosophie eine Art Plausibilitätsrahmen verschaffen sollen. Und Theodor Adorno, der das inmittelbar Individuelle mit greisenhafter Lust umzingelte, im vollen Bewußtsein, daß er seiner niemals habhaft würde, wäre von seiner Philosophie her doppelt verpflichtet gewesen, sich selber nicht auszusparen.

Er hat diesem selbstauferlegten Druck auf eine Weise nachgegeben, die jene oszillierende und merkwürdige Aura des Instituts für Sozialforschung erzeugt hat, die es sonst nur auf dem Theater gibt. Es hat zwar sicher einen besonderen Reiz, daß die großen Denker ihre eigenen Geschichten dem Opus gleich beipacken aber eine Philosophie der Selbstdarstellungen ist doch wohl nur deswegen so interessant, weil ein gelernter Leser ein Vergnügen am Spiel mit Dichtung und Wahrheit, an den Techniken der Selbstinszenierung und biographischen Verbrämung des „Werks" hat.

Das Vergnügen an der Lektüre ist es denn auch, das uns auf eine wissenschaftliche Traktierung der Wissenschaftswissenschaftler verzichten läßt. Es war ja schon eingestanden: die Argumente für eine Berechtigung einer humanwissenschaftlichen Selbstanwendung auch auf Philosophen waren mehr der Reputation wegen gemacht worden.

Im Ernst ist von den Wissenschaften und seien sie noch so human hier nichts zu hoffen. Seit Lavater ist noch jeder Versuch, die Physiognomik zu akademischen Ehren zu bringen, gescheitert. Es war und ist eine Kunst, ein charakteristisches Portrait zu zeichnen. Das bedeutet, daß auch wir Anspruch auf alle Freiheiten und Risiken des Artisten machen wollen.

Vielleicht ist der stillschweigende Anspruch der philosophierenden Subjekte, die sich uns vornehmlich in den Objektivationen ihres Denkens vorstellen, auch sie selber müßten im gleichen literarischen Ton traktiert werden, der uns dann nur noch den Klatsch übrig zu lassen scheint.

Da blüht dann die bekannte Seminar-Subkultur, die durch die Verpönung des Privaten in der Aura des großen Mannes herausgetrieben wird, in der Privatdozenten und ältere Semester hinter einem Glase allerhand Arkania wissen.

So scheint es mir sinnvoll, aus dem künstlichen Dilemma auszubrechen und ein kräftiges Tertium datur zu sprechen. Es müßte doch möglich sein, auch diesseits einer wissenschaftstheoretisch fundamentierten Gattungsbestimmung des Philosophenportraits und jenseits des Seminarklatsches wahre Geschichten aus dem philosophischen Leben zu erzählen.

Ein Vergleich der hier versammelten Portraits soll im Besonderen und im Allgemeinen dem Leser überlassen bleiben. Der Herausgeber beschränkt sich auf wenige Bemerkungen. Erst nachdem die Liste möglicher Kandidaten für ein Portrait erstellt war, fiel mir mit gelinder Verblüffung auf, daß nur Heidegger und Jaspers keine Juden waren. Man muß natürlich vorsichtig sein, allzu forsch Verbindungen zur dezidiert jüdischen Theologie, oder gar zur talmudischen Sophistik zu konstruieren. Manche, wie Max Horkheimer haben selber Traditionsstücke der jüdischen Theologie, wie das Bilderverbot aufgegriffen. Ein Gedanke, der auch mit Ludwig Wittgensteins Aufforderung zum Schweigen verwandt ist. Andere, wie Karl Popper, scheinen mir nur mit Gewalt in die Erbschaft dieser Tradition zu zwingen sein. Hier und da mag sich ein Einfluß zeigen lassen; für ein Pauschalurteil über die Nähe des jüdischen Denkens zur Philosophie ist der Befund aber zu mager.

Anders scheint es mir mit dem jüdischen Leben zu stehen. Es ist in Mitteleuropa ein Leben gewesen, daß durch die Kategorien des Drinnen und Draußen zugleich beschrieben werden kann. Weniger freiwillige Absonderung als die selegierende Gewalt des Antisemitismus haben dem Leben eines jeden Juden von Anfang an klar gemacht: Du gehörst nicht dazu! Diese Erkenntnis ist so schmerzlich wie philosophisch. Denn es ist nicht die Fremdheit des Deutschen in Frankreich, die schlicht durch die Heimreise zu kurieren ist. Es ist die Fremdheit, die weiß, daß man im eigenen Land als Deutscher und Jude nicht dazugehört. So ist man Emigrant im eigenen Land, blickt wie von außen auf Eignes. Dies prägt dem Leben eine Struktur auf, die sich als Denkfigur der Reflexion beschreiben läßt.

Die Konstellation des jüdischen Lebens legte den philosophischen Blick nahe, was immer das im Einzelnen auch ist. Das kommt so nun nicht mehr vor. Die meisten Juden wurden umgebracht, andere haben eine Heimat gefunden, in der sie auch zuhause sein können.

Auch die Grundsatzfrage, ob die Lebensgeschichten der Philosophen zur Philosophie hinzugehören oder nicht, mag der Leser selbst entscheiden. Er wird unterschiedliche Stellungnahmen dazu finden.

Es wird niemanden, der Poppers Theorie von der Objektivität der Theorien kennt, verwundern, daß in seinem Portrait jene Version enthalten ist, nach der die subjektiven, persönlichen und privaten Umstände eines Lebens streng von den theoretischen Hervorbringungen zu scheiden sind.

Einige werden sich, wenn sie dann Adornos und Horkheimers Portrait lesen, an den historischen Streit zwischen den Neomarxisten aus Frankfurt und den Kritischen Rationalisten mit ihrem Schulhaupt Popper erinnert fühlen. Bis in diese Sammlung hinein ist die Gegensätzlichkeit noch zu spüren.

Obwohl doch zwei der Abgebildeten noch leben, durchzieht ein Ton von Nachruf diesen Band. Der Blick über die Philosophie in Deutschland anno 1980 bleibt nicht mehr an einzelnen Gesichtern hängen. Gibt es noch die „großen Philosophen"? Die akademische Zunft verbreitet die Ehrbarkeit und Achtung des soliden Handwerks, ansonsten eher Langeweile. Ein Handwerk, verwaltet von einer „allgemeinen Gesellschaft", deren Mitglieder sich Genieflausen beizeiten austreiben. Die Rolle des Weisen scheint verwaist.

Eckhard Nordhofen

Ludwig Wittgenstein (1889–1951)

Joachim Schulte

Ludwig Wittgenstein *oder* Der ungemeßne Schatz

Der Schein trügt

Ich weiß ein Haus, das ragt mit stolzen Zinnen,
Frei spielt das Licht in allen seinen Sälen,
Sein Giebel schimmert frei von allen Fehlen,
Kein Neider schilts, nicht außen und nicht innen.

Nur wer es weiß mit Klugheit zu beginnen,
In seinen tiefsten Keller sich zu stehlen,
Sieht üppig feuchten Moder dort verhehlen
Von dicken Schlangen wahre Königinnen.

Doch würde der sich arg betrogen haben,
Der rasch empor die Treppen wollte steigen,
Die Neider mit der Kunde zu erlaben:

Denn tiefer noch, im allertiefsten Schweigen,
Da liegt ein ungemeßner Schatz begraben,
Der niemals wird dem Lichte wohl sich zeigen!

Wittgenstein liebte dieses Gedicht Gottfried Kellers und zitierte es im Gespräch mit Freunden. Es liegt nahe, das darin Gesagte auf sein eigenes Werk zu übertragen: Viele Neider haben sich gefunden und behauptet, unter der schönen Oberfläche des *Tractatus* und der *Philosophischen Untersuchungen* sehe es schrecklich aus. Dagegen steht die gewiß wahre Ansicht, daß wir tiefer in das Gebäude seiner Philosophie eindringen müssen, um den ungemeßnen Schatz zu erblicken; ob wir ihn heben können, steht dahin.

I.

In der Kapelle des Trinity College, Cambridge, erinnert eine Reihe von Gedenktafeln an die hervorragendsten Toten dieser

Gelehrtenrepüblik, und eine dieser Tafeln besagt, daß Trinity College auch seinen ehemaligen Zögling, Fellow und Professor Wittgenstein zu den Großen rechnet. Ein anderer der so Geehrten, der Philosoph C. D. Broad, dessen Gedenktafel nicht weit von der Wittgensteins hängt, schrieb 1925, er wolle sich jetzt zurückziehen und „mit väterlichem Auge dem philosophischen Hüpfen und Springen meiner jüngeren Freunde zusehen, während sie zu den arg synkopierten Flötentönen des Herrn Wittgenstein tanzen". Wittgenstein, der Verfasser der *Logisch-philosophischen Abhandlung*, die 1921 in *Ostwalds Annalen* und 1922 in London unter dem von Moore vorgeschlagenen Titel *Tractatus Logico-Philosophicus* als Buch erschien, war also eine Berühmtheit – jedenfalls in Cambridge, auch wenn er Broad (und gewiß noch manchem anderen Vertreter der älteren Generation) eher ein Dorn im Auge war.

Etwa zur gleichen Zeit, als Broad jene Bemerkung schrieb, ließ Moritz Schlick, Verfasser der *Allgemeinen Erkenntnislehre* und hochgeehrter Philosophieprofessor in Wien, den Volkschullehrer Wittgenstein wissen, daß er in seinem Institut „regelmäßig Zusammenkünfte von Kollegen und begabten Studenten, die sich für die Grundlagen der Logik und Mathematik interessieren," abzuhalten pflegt, „und in diesem Kreis ist Ihr Name oft erwähnt worden". Schlick fährt fort: „Es existiert also eine Reihe von Leuten – ich selbst rechne mich dazu – die von der Wichtigkeit und Richtigkeit Ihrer Grundgedanken überzeugt sind, und wir haben den lebhaften Wunsch, an der Verbreitung Ihrer Ansichten mitzuwirken" (WWK, 13)*. In diesem „Kreis", der später als „Wiener Kreis" in die Geschichte eingegangen ist, galt jene *Logisch-philosophische Abhandlung* als einer der grundlegenden Texte und wurde, wie Carnap sich in seiner Autobiographie erinnert, „vorgelesen und Satz für Satz diskutiert".

Wittgenstein war also eine Berühmtheit – jedenfalls in Cambridge und bei den Mitgliedern des Wiener Kreises. Zu dieser Zeit war er Volksschullehrer. Nicht etwa in Wien, sondern im Niederösterreichischen, wo er sich abplagte, mit seinen Kollegen und den

* Siehe das Verzeichnis der Abkürzungen am Schluß.

Eltern seiner Schüler nicht immer gut zurechtkam, des öfteren die Schule wechselte und das Gefühl hatte, dieses Dasein habe er gewählt wie „eine Wärmflasche, die man sich aufs Gesicht legt, wenn man Zehnweh hat, die aber nur so lange wirkt, als die Hitze der Wärmflasche selbst Schmerzen bereitet" (an Keynes, 18. 10. 1925). Anderthalb Jahre später teilt er Keynes mit, er habe die Wärmflasche nicht länger aushalten können und den Lehrerberuf an den Nagel gehängt. Jetzt habe er sich auf die Architektur verlegt und baue ein Haus für eine seiner Schwestern. Aber auch bei der Architektur bleibt Wittgenstein nicht. Das Haus wird zwar – mit der ihm eigenen Liebe zur Perfektion – fertiggestellt, doch bereits 1927 kommt es zu gelegentlichen Gesprächen mit Schlick und Waismann, an denen auch Carnap, Feigl und dessen spätere Frau hin und wieder teilnehmen. Es geht dabei zwar nicht immer um philosophische Dinge, weil Wittgenstein es manchmal vorzieht, den anderen den Rücken zuzukehren und in dieser Position Gedichte vorzulesen; dennoch markieren diese Gespräche den Beginn seiner Rückwendung zur Philosophie.

II.

Wer war dieser Volksschullehrer und Architekt? Wie kam es zur Berühmtheit der *Logisch-philosophischen Abhandlung*? Geboren wurde er in Wien, am 26. April 1889. Sein Vater war einer der reichsten Männer Österreichs, ein Tycoon der Stahlindustrie, der sich jedoch später aus dem aktiven Geschäftsleben zurückzog und sein Vermögen so gut anlegte, daß seine Familie auch nach dem ersten Weltkrieg noch zu den wohlhabendsten gehörte. Die Vorfahren waren größtenteils jüdischer Abstammung, aber bereits Wittgensteins Eltern waren christlich erzogen worden, und er selbst wurde katholisch getauft. Im Hause Wittgenstein bestand die Tradition, etwas für die Kunst zu tun; der Vater tat sich als Mäzen hervor, und die Mutter sorgte dafür, daß die Kinder, die eine gewisse musikalische Begabung an den Tag legten, eine gute Ausbildung erhielten, wobei es anscheinend sehr streng zuging. Denn im Hause Wittgenstein galten hohe Maßstäbe, und man erwartete, daß diese auch von der eigenen Familie erfüllt wurden.

Ludwig war das jüngste der acht Kinder. Bis zum vierzehnten

Lebensjahr wurde er von Hauslehrern erzogen, danach verbrachte er drei Jahre auf einer höheren Schule in Linz. Es heißt, er habe ursprünglich in Wien unter dem berühmten Physiker Ludwig Boltzmann studieren wollen; doch dieser starb 1906. So ging Wittgenstein nach Berlin, um an der Charlottenburger Technischen Hochschule Ingenieurwissenschaften zu studieren.

Aus Veröffentlichungen erfahren wir nur wenig über den jungen Wittgenstein. Seiner Schülerin und späteren Nachlaßverwalterin Anscombe hat er gesagt: „Meine Kindheit war unglücklich, meine Jugend ganz elend." Daran ist sicher etwas Wahres, denn die Strenge der häuslichen Atmosphäre hat vermutlich dazu geführt, daß die Kinder an sich selbst und ihre Handlungen Maßstäbe anlegten, die sie unmöglich erfüllen konnten. Drei von Wittgensteins Brüdern starben früh; zwei von ihnen begingen Selbstmord aus Gründen, die mit ihrer Erziehung zusammenhingen. Wittgenstein selbst scheint mehr als einmal an Selbstmord gedacht zu haben, aber es war vielleicht vor allem das Gefühl, daß er sich nicht „selbst überrumpeln" dürfe (an Engelmann, 21.6.1920), das ihn von diesem Schritt abhielt. In vieler Hinsicht führte er jedoch das typische Leben eines Sohnes aus wohlhabendem Hause, kleidete sich mit großer Sorgfalt, kaufte teure Bücher, ließ sie noch teurer binden und ging in die Oper – die „Meistersinger" soll er in Berlin wenigstens dreißig Mal gehört haben.

Im Sommer 1908 ging er nach Manchester, konzentrierte sich auf aeronautische Experimente und konstruierte einen verbesserten Propeller, der seinerzeit jedoch nicht gefragt war. Im Laufe seiner Studien in Manchester gewann Wittgenstein immer größeres Interesse an rein mathematischen Fragen und wollte sich schließlich mit Grundlagenproblemen beschäftigen. Das Ergebnis war, daß er – möglicherweise auf Freges Rat hin – im Herbst 1911 nach Cambridge ging, um dort unter Russell zu studieren.

Anfangs wußte Russell nicht, ob er es mit einem besonders begabten Schüler oder einem ausgemachten Narren zu tun hatte, vor allem da Wittgenstein beim Diskutieren geradezu streitsüchtig war und einen phantastischen Skeptizismus an den Tag legte. Er bestritt die Möglichkeit jeglicher Erfahrungserkenntnis und ließ sich keineswegs überzeugen, wenn Russell behauptete, man könne aufgrund von Erfahrung wissen, daß kein Rhinozeros im Zimmer ist. Diese Einstellung von seiten eines blutigen Anfängers muß merkwürdig, ja arrogant gewirkt haben, und es spricht für Russells Einsicht, daß er dem Schüler trotzdem nicht gram wurde.

Über Wittgensteins erste Cambridger Zeit ist einiges bekannt, da Russell täglich an Lady Ottoline Morrell schrieb und seinen österreichischen Studenten selten unerwähnt ließ. So heißt es in einem Brief vom 27. 11. 1911, Wittgenstein zögere noch, „ob er sich auf die Philosophie oder aufs Fliegen verlegen soll. Heute hat er mich gefragt, ob ich ihn philosophisch für einen hoffnungslosen Fall halte, und ich sagte ihm, ich hätte keine Ahnung, glaubte es aber nicht. Ich bat ihn, mir etwas Schriftliches zu bringen, um es besser beurteilen zu können. Er hat Geld und interessiert sich leidenschaftlich für Philosophie, meint aber, er dürfe ihr nur dann sein Leben widmen, wenn er auch dazu tauge." Das Wort „leidenschaftlich" kommt in den folgenden Briefen immer wieder vor, und es gibt auch sonst kaum einen Bericht über Wittgenstein, in dem es nicht heißt, er habe mit „Leidenschaft" über philosophische Probleme nachgedacht.

Russell bekommt jedenfalls bald etwas Schriftliches zu sehen und ist begeistert. Nun versucht er, seinem Schüler alles beizubringen, was er weiß, und im Juli 1912 ist er überzeugt, in Wittgenstein den richtigen „Nachfolger" gefunden zu haben: „In fünf Jahren muß ich, glaube ich, mit dem Unterricht Schluß machen. Wittgenstein kann dann meine Stelle einnehmen" (an Lady Ottoline, 24. Juli 1912). Besonders kennzeichnend für Wittgensteins Charakter ist der folgende Bericht Russells aus *Philosophers and Idiots*: „Eines Abends sagte ich zu ihm, nachdem ein oder zwei Stunden lang Totenstille geherrscht hatte: ‚Worüber denkst du nach, Wittgenstein? Über die Logik oder über deine Sünden?' ‚Über beides', erwiderte er und verfiel wieder in Schweigen." Dabei blieb es: Das leidenschaftliche Nachdenken über Logik – Logik im weiteren Sinne genommen – und das Sinnen über die eigene Schuldhaftigkeit – das Zurückbleiben hinter den selbstgesetzten Maßstäben – haben Wittgensteins Leben geprägt. Das eine ist der Inhalt seiner Philosophie, das andere begrenzt sie. Wer zu lesen versteht, sieht, daß die höchst „unsubjektiven" Schriften dieses

Autors einen Charakter widerspiegeln, der Logik nicht treiben konnte, ohne an seine Sünden zu denken, und sich nicht mit seinen Sünden beschäftigen konnte, ohne in die Logik zu geraten.

III.

Im Herbst 1913 fährt Wittgenstein mit seinem Freund David Pinsent (der dann im Krieg fiel und dessen Andenken der *Tractatus* gewidmet ist) nach Norwegen, wohin er nach einem kurzen Englandaufenthalt im Oktober und Weihnachtsferien in Wien zurückkehrt und bis zum Sommer 1914 bleibt. Dieser Aufenthalt ist von größter Wichtigkeit für die Entwicklung Wittgensteins. Dort entstehen die ersten systematischen Anläufe zur Arbeit än dem, was dann die *Logisch-philosophische Abhandlung* werden sollte. Im Beisein Russells diktiert er im Oktober 1913 einen Ansatz zu diesem Werk. Dieses Diktat wurde dann von Russell übersetzt und redigiert und ist uns in dieser Gestalt unter dem Titel *Notes on Logic* überliefert.

Diese *Notes on Logic* antizipieren manche Formulierung des *Tractatus.* Sie sind neben den Bemerkungen, die Wittgenstein im April 1914 G. E. Moore (der ihn zu dieser Zeit in Norwegen besuchte) diktiert hat, den Briefen an Russell sowie den drei erhaltenen Notizbüchern aus der Zeit von 1914–17 unsere wichtigste Quelle zur Entstehung dieses Buchs. In den *Notes on Logic*, im Moore-Diktat und in den Briefen ist zumeist von logischen Dingen die Rede: vom Wesen der Variablen, der logischen Form der Sätze, Sinn und Bedeutung, Wahrheit und Falschheit. Allgemeinheit – d. h. Sätze der Form „Es gibt wenigstens einen Gegenstand mit der Eigenschaft *F*“ bzw. „Alle Gegenstände sind *F*“ – ist eines der Hauptthemen, und Wittgenstein kritisiert Russells und Freges Erklärung der Allgemeinheit, indem er davon ausgeht, daß Sätze, die Variablen enthalten, in Wirklichkeit gar keine Sätze sind, „sondern nur Schemata von Sätzen, die erst dann zu Sätzen werden, wenn wir die Variablen durch Konstanten ersetzen“. Ein weiteres Thema dieser Zeit ist das Wesen der Negation, und aufgrund seiner diesbezüglichen Überlegungen kommt Wittgenstein zu der Einsicht, daß die Wirklichkeit, die den einander widersprechenden Sätzen „p“ und „nicht-p“ entspricht, dieselbe sein muß, was ihn wiederum zum „Grundgedanken" (TLP 4.0312) des Tractatus führt, daß die logischen Konstanten („nicht", „oder", „und" usw.) nicht vertreten, d. h. daß ihnen in der Wirklichkeit nichts entspricht, sie deshalb auch keine abbildende, beschreibende Funktion haben können.

Die erhaltenen Tagebücher hingegen behandeln auch andere Themen des *Tractatus*, und es finden sich viele Formulierungen, die das spätere Buch teils wortwörtlich vorwegnehmen. So schreibt Wittgenstein unter dem Datum 29. 9. 1914 über das Wesen des Satzes: „Im Satz wird eine Welt probeweise zusammengestellt. (Wie wenn im Pariser Gerichtssaal ein Automobilunglück mit Puppen etc. dargestellt wird.)" Dies ist der Kern der sogenannten Abbildtheorie des *Tractatus*, derzufolge den Elementen der Wirklichkeit Elemente des Satzes entsprechen, sofern den Elementen des Satzes eine Bedeutung zukommt, wobei unter „Bedeutung" ein „Gegenstand" zu verstehen ist, der durch jenes Satzelement bezeichnet – „bedeutet" – wird. „Bedeutung" ist also nicht das gleiche wie „Sinn" – Sinn kommt Sätzen zu, sofern sie wahr oder falsch sind, und „Einen Satz verstehen, heißt, wissen, was der Fall ist, wenn er wahr ist" (TLP 4.024). Hiermit ist der Grundsatz der modernen Semantik ausgesprochen: Den Sinn eines Satzes begreift man, indem man erfaßt, unter welchen Bedingungen er wahr ist, oder kürzer: Der Sinn eines Satzes „p" sind die Wahrheitsbedingungen von „p".

Es ist freilich nicht sehr hilfreich, in einer so knappen Darstellung wie dieser auf Einzelheiten des *Tractatus* einzugehen, vor allem angesichts des Tatbestands, daß sich die Interpreten über viele Punkte ganz und gar uneins sind, etwa darüber, ob Wittgensteins „Gegenstände" Atome der physikalischen Realität oder intensionale Objekte sind, die einer anderen, nichtphysikalischen Wirklichkeit angehören. Die objektive Schwierigkeit, den *Tractatus* zu verstehen, hat wenigstens zwei Ursachen. Die eine ist der Stil des Buches, die beispiellose Bündigkeit der Darstellung und das Dogmatische daran, auf das Wittgenstein später selbst hingewiesen hat, nämlich in einem Gespräch mit Waismann, in dessen Verlauf er noch hinzusetzt: „Viel gefährlicher [als der Dogmatismus] ist ein anderer Irrtum, der auch mein ganzes Buch durchzieht, das ist die Auffassung, als gäbe es Fragen, auf die man später einmal eine Antwort finden werde" (WWK, 182). Hier erhebt Wittgenstein den Vorwurf, daß der *Tractatus* gegen den Grundsatz verstößt, daß es in der Philosophie nicht darum geht, nach unbekannten Gegenständen zu forschen, ein Grundsatz, der bereits in den *Notes on Logic* angedeutet ist, wo es heißt: „In der Philosophie gibt es keine Deduktionen; sie ist rein deskriptiv. Das Wort ‚Philosophie' sollte stets etwas bezeichnen, das über oder unter, aber nicht neben den Naturwissenschaften steht" (vgl. TLP 4.111).

Die zweite Ursache jener Schwierigkeit besteht darin, daß das Buch implizit Kenntnisse beim Leser voraussetzt, die dieser sich erst aneignen muß, ohne daß Wittgenstein mehr als einen allgemeinen Hinweis auf diese Voraussetzungen gibt, wenn er im Vorwort schreibt: „Nur das will ich erwähnen, daß ich den großartigen Werken Freges und den Arbeiten meines Freundes Herrn Bertrand Russell einen großen Teil der Anregung zu meinen Gedanken schulde." Tatsächlich verhält es sich so, daß der Leser des *Tractatus* sich noch nicht einmal ein minimales Verständnis dieses Werks erhoffen kann, ohne die Grundlagen der Logik zu beherrschen, Freges Schriften aufs genaueste studiert zu haben und Russells *Principles of Mathematics* sowie Teile des ersten Bandes der *Principia Mathematica* zu kennen. Zahlreiche Fehldeutungen des *Tractatus* sind schlicht darauf zurückzuführen, daß die Interpreten diesen Kontext, in dem das Buch steht und in dem allein es verständlich ist, ignoriert haben.

Nur eine weitere These des *Tractatus* sei noch genannt, da sie ein besonderes Licht auf den Charakter des Buches wie auf den seines Verfassers wirft. Sie lautet: „Was gezeigt werden *kann*, *kann* nicht gesagt werden" (4.1212). Hinter dieser Formulierung steckt Wittgensteins Auffassung, daß sinnvolle Sätze, deren Elemente Bedeutung haben, einerseits etwas sagen oder beschreiben, andererseits zugleich auf *formale* Eigenschaften der Wirklichkeit hinweisen, die sie aber nicht aussagen können. Das Formale an der Sprache wie an der Wirklichkeit wird durch den sinnvollen Gebrauch der Sätze gezeigt, aber es gibt keine sinnvollen (wahren oder falschen) Sätze, die von diesen formalen Eigenschaften handeln. Es gibt jedoch *sinnlose* Sätze, die die Form der Welt besonders deutlich zeigen, wenn auch nur deshalb, weil sie in der Logik eine besondere Rolle spielen. Gemeint sind die Tautologien (die unter allen Umständen wahr sind, z. B. „Es regnet oder es regnet nicht“) und die Kontradiktionen (die stets falsch sind, z. B. „Es regnet und es regnet nicht“). Diese sinnlosen Sätze – wie Wittgenstein sie im Unterschied zu den unsinnigen nennt – stellen das „Gerüst der Welt“ dar, ohne daß dieses Gerüst selbst zum Gegenstand sinnvoller Sätze werden könnte. Es gibt also sinnlose Sätze, die zu unserem Verständnis der Welt beitragen können, indem sie ihre formalen Eigenschaften *zeigen*, ohne etwas über sie *sagen* zu können, aber die einzigen *sinnvollen* Sätze, die einzigen, die etwas über die Welt sagen, sind diejenigen, die wahr oder falsch sind, deren sämtliche (nichtlogische) Elemente eine Bedeutung haben. Die Konsequenz ist: „Die richtige Methode der Philosophie wäre eigentlich die: Nichts zu sagen, als was sich sagen läßt, also Sätze der Naturwissenschaft – also etwas, was mit Philosophie nichts zu tun hat –, und dann immer, wenn ein anderer etwas Metaphysisches sagen wollte, ihm nachzuweisen, daß er gewissen Zeichen in seinen Sätzen keine Bedeutung gegeben hat“ (TLP 6.53).

Es war wohl vor allem die Tendenz, die sich aus diesem Zitat ablesen läßt, die den *Tractatus* zu einem der Grundbücher des Wiener Kreises werden ließ und zur immer größeren Popularität seines Autors in wissenschaftlich orientierten Philosophenzirkeln beitrug: Das Metaphysische ist stets Verirrung; was es beansprucht, ist nicht einzulösen; die Sätze der Metaphysik sind unsinnig. Die Aufgabe des Philosophen ist es, dem in die Metaphysik Verstrickten zu zeigen, welche Fehler er bei der Konstruktion seiner Sätze begangen hat, welchen Ausdrücken er keine „Bedeutung“ gegeben hat: „Der Zweck der Philosophie ist die logische Klärung der Gedanken. Die Philosophie ist keine Lehre, sondern eine Tätigkeit“ (TLP 4.112).

Wittgenstein will tatsächlich darauf hinaus, daß die Philosophie nicht in dem Sinne allgemeine Aussagen machen darf und kann, in dem die Naturwissenschaften dies tun, denn sonst ist sie entweder selbst Wissenschaft oder sie spricht Unsinn. Aber die Philosophie *hat* eine Funktion; sie ist eine „Tätigkeit“, die durch Erläuterung, Klärung, Diskussion zwar keine Theorien über einen abgrenzbaren Gegenstandsbereich aufstellen, durch das Klarwerden von Sätzen jedoch „Resultate" erzielen kann. Die Philosophie soll keineswegs den Büttel der Wissenschaften spielen; durch die Klärung von Sätzen und die systematische Erläuterung der Logik unserer Sprache erfüllt sie ihren eigenständigen Zweck.

Diese Position hat Wittgenstein nie aufgegeben, und sie ist für seine spätere Philosophie ebenso maßgebend wie für den *Tractatus.* Dessen letzter Satz – „Wovon man nicht sprechen kann, darüber muß man schweigen" – ist zwar gelegentlich so aufgefaßt worden, als verdamme er die Philosophie überhaupt zum Schweigen, aber nicht zuletzt Wittgensteins eigenes Vorgehen macht deutlich, daß man in der Philosophie von vielem sprechen kann, ohne im strengen Sinne etwas zu *sagen*, wobei es jedoch gelingen kann, durch das Gesprochene etwas zu *zeigen*. Das Gezeigte kann ganz verschiedener Art sein: Die Rolle der Tautologien und Kontradiktionen weist das „Gerüst der Welt" auf, die erläuternden Sätze des *Tractatus* selbst erhellen die Logik der Sprache, den Wahrheitsbegriff und die Grundlagen der Wahrscheinlichkeitslehre, aber es gibt noch anderes, nämlich „Unaussprechliches. Dies *zeigt* sich, es ist das Mystische" (TLP 6.522).

Hiermit ist eines der schwierigsten Kapitel der Interpretation von Wittgensteins Frühwerk angeschnitten: das, was im Buch nicht ausgesprochen ist. Wittgenstein selbst war davon überzeugt, daß das Nichtgesagte wesentlich zu seinem Buch hinzugehörte. So schrieb er 1919 an Ludwig von Ficker: „. . . der Sinn des Buches ist ein ethischer. Ich wollte einmal in das Vorwort einen Satz geben, der nun tatsächlich nicht darin steht, den ich Ihnen aber jetzt schreibe, weil er Ihnen vielleicht ein Schlüssel sein wird: Ich wollte nämlich schreiben, mein Werk besteht aus zwei Teilen: aus dem, der hier vorliegt, und aus alledem, was ich *nicht* geschrieben habe. Und gerade dieser zweite Teil ist der wichtigste. Es wird nämlich das Ethische durch mein Buch gleichsam von Innen her begrenzt; und ich bin überzeugt, daß es, streng, nur so zu begrenzen ist." Diese Selbstinterpretation ist zwar gewiß einseitig, aber sie deutet auf ein inhaltliches wie auch auf ein Interpretationsproblem. Zum einen sagt Wittgenstein, das Ethische lasse sich zwar umreißen, aber nicht aussprechen (TLP 6.421); zum anderen meint er, daß es sich zeigt, also auch in gewissem Sinne begriffen werden kann. Wie es aber zu begreifen ist und wie es zu vermitteln ist, darüber sagt er nichts. Der Interpret ist also mit Sicherheit überfordert, denn sofern er interpretieren will, müssen seine Kriterien dem Gegenstand – dem Unaussprechlichen – unangemessen bleiben. Für Wittgenstein selbst gab es hier wohl kein Problem. Ethik im traditionellen und modernen Sinne hielt er bestenfalls für Unsinn, im allgemeinen jedoch bezeichnete er sie mit einem wienerischen Ausdruck als bloßes „Schwefeln". Manches, was man gewöhnlich zu den Problemen der Ethik rechnet, erschien ihm als viel zu ernst, als daß man darüber im Stil der Philosophen reden *dürfe*, obgleich eine bestimmte Art von Unsinn aufschlußreich sei – sie deute auf etwas hin: „Das hat schon der heilige Augustinus gewußt, wenn er sagt: Was, du Mistviech, du willst keinen Unsinn reden? Rede nur einen Unsinn, es macht nichts!" (WWK, 69.)

Dieses Buch – der *Tractatus* –, diese beispiellose Einheit von Logik und Andeutung des Unsagbaren, wurde also berühmt – zuerst nur bei wenigen Fachleuten, späterhin wurde es zu einer Art Fibel, die fast jeder philosophisch Interessierte neben die längst anerkannten Klassiker in seinen Bücherschrank stellte. Aber bis heute hat es sicher nicht viele aufmerksame Leser gefunden. Man kann es einfach nicht lesen wie andere Bücher. Form und Stil dieses Büchleins – in der Taschenausgabe hat es gerade 100 Seiten – mit seinen knappen Sätzen, die durch ihre Numerierung in ein gewisses Ordnungsverhältnis gebracht werden, das den Erläuterungsgrad und die relative Wichtigkeit jeder Bemerkung bestimmen soll, sind nicht nur ungewohnt; sie sind hermetisch. Das soll nicht heißen, daß das Buch unklar geschrieben ist – im Gegenteil, kein Philosoph hat je deutlicher geschrieben. Die Schwierigkeit liegt im Verzicht auf die übliche Argumentationsstruktur; die Sätze des *Tractatus* sollen sich wechselseitig erhellen, und tatsächlich kann es gelingen, sich in diese Darstellungsform hineinzufinden, sofern man willens ist, das Buch aufmerksam und geduldig immer wieder zu lesen und den wenigen Hinweisen auf andere Autoren (Frege und Russell) nachzugehen. Natürlich enthält auch die Sekundärliteratur manches Hilfreiche, aber nur der Leser, der sich durch Wittgensteins Stil und seine Art, die Probleme zu sehen, reizen und faszinieren läßt, kann von der Lektüre und Interpretation etwas haben. Er darf sich ohnehin kaum versprechen, mit allem, was Wittgenstein sagt, einig zu sein. Die großen Themen des Buches – die Beziehung zwischen Sprache bzw. Denken und Welt, Form und Ergebnis der Sprachanalyse – werden im *Tractatus* nicht ein für allemal erledigt. Aber in vieler Hinsicht ist der dort gewählte Ansatz nicht bloß interessant, sondern immer noch fruchtbar, und vieles von dem, was heute als supermoderne Sprachanalyse gilt, steht bereits in der *Logisch-philosophischen Abhandlung* – vielleicht sogar ein wenig klarer, aber vielleicht auch ein wenig bescheidener formuliert.

IV.

Als Wittgenstein die Arbeit an diesem Buch begann, war er ein junger Student, der sich erst seit kurzem mit den Gegenständen befaßte, die er dann in seinem Werk so ganz anders und neu behandelte. Als er es beendete, war er bereits seit vier Jahren im Krieg.

Aus Norwegen zurückgekehrt, hatte Wittgenstein sich kurz nach Kriegsausbruch als Freiwilliger gemeldet und wurde, obgleich er früher vom Dienst freigestellt worden war, angenommen. Er verschwieg seine Ausbildung und mußte deshalb anfangs alles Schreckliche des Krieges als Gemeiner durchstehen: endlose Nachtwachen auf einem Kanonenboot, Kämpfe an der Ostfront, Krankheiten. Er selbst empfand den Krieg als etwas Willkommenes; die ständige Furcht, der Einsatz, die körperlichen Strapazen halfen ihm mit sich selbst ins reine zu kommen. Es mag sein, daß seine Einstellung zeitweilig etwas Selbstmörderisches an sich hatte, daß er im Kampf die Möglichkeit sah, mit dem Leben, das er so schlecht ertrug, zu einem Ende zu kommen, das nicht in seiner eigenen Gewalt stand. Doch er überlebte alle Gefahren und wurde für seine Tapferkeit ausgezeichnet. Während dieser ganzen Zeit arbeitete er an seinem Buch, und die veröffentlichten Notizbücher aus der Kriegszeit bezeugen die ungeheure Konzentration, mit der er sich mit logischen Problemen und der Entwicklung seines Bildbegriffs beschäftigte.

Im Spätherbst 1916 wurde Wittgenstein zur Offiziersausbildung nach Olmütz in Mähren geschickt. Dort lernte er seinen Freund Paul Engelmann kennen, einen Architekten und Schüler von Loos. Im Kreise der Familie Engelmann und ihrer Freunde fühlte Wittgenstein sich so heimisch, wie es ihm möglich war. Er verehrte Engelmanns Mutter, ihm behagten die Gespräche über Musik und Literatur, die Liebhaberaufführung von Molières *Eingebildetem Kranken*, die Sorge der Familie um sein Wohl – und alle diese Umstände führten zu einer dauerhaften Freundschaft, der wir das neben Malcolms *Memoir* eindrucksvollste und aufschlußreichste Erinnerungsbuch über Wittgenstein verdanken: Engelmanns *Ludwig Wittgenstein. Briefe und Begegnungen.*

Anfang 1917 mußte er wieder an die Ostfront, wo er an zahlreichen Kämpfen teilnahm. Im Frühjahr 1918 wurde er an die Südfront versetzt und geriet dort im November 1918 in italienische Kriegsgefangenschaft. Den *Tractatus* vollendete er während seines letzten Urlaubs im Sommer 1918. Die Verbindung zu seinen englischen Freunden – vor allem Russell und Keynes – war im Laufe des Krieges abgerissen. Aus dem Gefangenenlager in Cassino nahm er sie wieder auf, und die Briefe zeigen, wie sehr ihm daran lag, daß wenigstens einer – Russell – sein Buch verstand.

Nach der Rückkehr aus der Gefangenschaft (August 1919) war Wittgenstein in vieler Hinsicht ein anderer Mensch als vor dem Krieg. Der Krieg hatte ihm zwar geholfen, einige seiner seelischen Probleme zu überwinden, aber er hatte ihn auch sehr mitgenommen. In sein früheres Leben konnte er nicht wieder zurück. Ein Zeichen dafür war, daß er sein ansehnliches Vermögen den Geschwistern überließ, von nun an in möblierten Zimmern – und nicht mehr in den palastartigen Häusern der Familie – wohnte und auf die Lehrerbildungsanstalt ging, um sich dort als Volksschullehrer ausbilden zu lassen.

In der Zwischenzeit wird der Briefwechsel mit Russell fortgesetzt. Im Dezember 1919 treffen sich die beiden in Den Haag, um über Wittgensteins Manuskript zu diskutieren. Russell ist gewiß, daß es sich um ein geniales Werk handelt, obgleich er nicht alles verstehen kann und vieles von dem, was er begreift, ablehnt. Wittgensteins persönliche Wandlung, die Art seines Interesses für Tolstoi und Dostojewski, Kierkegaard und Angelus Silesius beeindrucken den liberalen, weltoffenen und witzigen Russell, stoßen ihn aber auch ab, ebenso wie Wittgenstein Schwierigkeiten hat, ein natürliches, ungezwungenes Verhältnis zu Russell zu finden. Russells briefliche Fragen zum *Tractatus* und Wittgensteins Antworten sind glücklicherweise erhalten und eine große Hilfe zum Verständnis dieses Werks.

1920 nimmt Wittgenstein seine Arbeit als Volksschullehrer auf. Fünf Verleger haben es abgelehnt, den *Tractatus* zu veröffentlichen, vor allem da Wittgenstein sich weigert, die Übersetzung einer von Russell verfaßten Einleitung zusammen mit seinem Buch publizieren zu lassen. Schließlich überläßt er die Sache ganz Russell, durch dessen Vermittlung die deutsche und die englische Veröffentlichung zustande kommen Wittgenstein hat inzwischen der Philosophie abgeschworen; er ist ganz darauf konzentriert, seinen Lehrerberuf vorbildlich auszuüben, obgleich es viele Schwierigkeiten gibt. Er findet auch einige Freunde, doch alles in allem ist er sehr oft schwermütig und leidet unter seinen seelischen Problemen.

Einige Male wird er in seiner Abgeschiedenheit aufgeschreckt: Frank Ramsey, ein brillanter junger Logiker aus Cambridge, meldet sich bei ihm, und Wittgenstein findet sich zu Gesprächen über den *Tractatus* bereit. Schlick wendet sich mit der Bitte um Diskussion an ihn, doch zu einer engeren Beziehung kommt es erst, als Wittgenstein nach Wien zurückkehrt, um zusammen mit Engelmann ein Haus für seine Schwester zu bauen. Wie bereits erwähnt, kommt es nun zu Gesprächen mit Schlick, Waismann und anderen Mitgliedern des Wiener Kreises. Aber das Interesse an der Philosophie – oder vielmehr: das Gefühl, zur Philosophie fähig zu sein – stellt sich nur ganz allmählich ein. Im März 1928 hält der holländische Mathematiker Brouwer zwei Vorträge in Wien, von denen Wittgenstein zumindest einen besucht. Die in diesen Vorträgen behandelten Grundlagenprobleme und der Angriff auf die klassische Mathematikauffassung beschäftigen ihn sehr und geben ihm einen weiteren Anstoß, über die ihm früher so vertrauten Probleme weiter nachzudenken.

V.

Nach Vollendung des Hausbaus fährt Wittgenstein Anfang 1929 nach Cambridge, um dort Ferien zu machen. Aber nach kurzer Zeit ist sein Entschluß gefaßt: er will sich wieder mit philosophischen Problemen befassen. Keynes und vor allem der junge Ramsey helfen ihm und bestärken ihn in seinem Vorhaben. Wittgenstein stellt auch die alte Freundschaft mit G. E. Moore, die kurz vor dem Krieg durch einen von Wittgenstein ausgelösten Streit in die Brüche gegangen war, wieder her, und Trinity College findet sich bereit, den Zurückgekehrten zuerst durch ein Stipendium und dann durch eine befristete Stelle als Fellow zu unterstützen. Wittgenstein erwirbt nun auch den akademischen Grad eines Doktors, der ihm aufgrund seines als Dissertation anerkannten *Tractatus* und einer mündlichen Prüfung durch Russell und Moore verliehen wird.

Gleich nach seiner Ankunft in Cambridge stürzt Wittgenstein sich in die Arbeit. Er füllt einen Manuskriptband nach dem anderen mit Vorarbeiten zu einer Untersuchung, die viele der im *Tractatus* behandelten Themen wieder aufnehmen soll, doch ganz allmählich verschiebt sich seine Betrachtungsweise. Sein früherer Begriff der Elementarsätze – aus denen alle sinnvollen Sätze zusammengesetzt sein sollen – erscheint ihm jetzt unhaltbar, Probleme der Darstellung der Erfahrungserkenntnis tauchen auf, Sätze über Farben erweisen sich als besonders widerspenstig, und der Begriff des sinnvollen Satzes erfährt eine ganz neue Behandlung. Wittgenstein entwickelt den Grundgedanken des Verifikationismus – „Der Sinn eines Satzes ist die Methode seiner Verifikation“ –, der dann durch Waismann zu einer Grundthese des Wiener Kreises wird. Doch Wittgenstein erscheint die Sache so zu einfach. Langsam löst er sich von der Vorstellung, man könne den philosophischen Problemen mit *einem* Grundsatz, mit *einer* Betrachtungsweise beikommen. Der im *Tractatus* akzeptierte Satz „Simplex sigillum veri“ (5.4541) wird zwar nicht zurückgewiesen, aber anders gedeutet; es ist nicht mehr die „Kristallreinheit“ der Logik, die der Philosophie als Vorbild den Weg weisen soll. Das Einfache, an dem Wittgenstein jetzt mehr und mehr liegt, sind die einfachen Handlungen der Menschen bei der Ausübung bestimmter Tätigkeiten. Die Darstellung des Zusammenhangs zwischen Handlung, Praxis, Tätigkeit einerseits und dem Sinn unserer sprachlichen Äußerungen andererseits rückt immer mehr in den Mittelpunkt von Wittgensteins Philosophie, aber es ist ein langwieriger Weg, der von der Behandlung mathematischer Grundlagenprobleme und der kritischen Modifizierung der *Tractatus*-Gedanken zum Begriff des Sprachspiels, der Handlung und Äußerung, Kontext und sprachlichen Ausdruck in einen Zusammenhang bringt. In den dreißiger Jahren, die Wittgenstein hauptsächlich in Cambridge verbringt (während der Ferien ist er allerdings meistens in Österreich), arbeitet er unermüdlich an dieser Konzeption. Sie entwickelt sich allmählich auf Tausenden von Manuskriptseiten und in seinen Vorlesungen, anfangs auch in Gesprächen mit Waismann.

In der ersten Hälfte der dreißiger Jahre diktierte Wittgenstein einigen seiner Schüler zwei Vorlesungsreihen, die dann vervielfältigt wurden und bis zu ihrer Veröffentlichung 1958 in dieser Form unter den Titeln *Blue Book* und *Brown Book* kursierten. Die Titel beziehen sich schlicht auf die Farbe des Einbands jener Diktate; ihr Inhalt zeigt, daß sowohl die Gedanken des *Tractatus* als auch die These des Verifikationismus nicht mehr maßgebend sind. Nun heißt es nicht, der Sinn eines Satzes sei die Methode seiner Verifikation, sondern Wittgenstein spricht davon, daß unser Verständnis sprachlicher Ausdrücke und die Überprüfung von Aussagen von unserer Kenntnis der diese Ausdrücke bestimmenden *Kriterien* abhängt. Dieser Begriff des Kriteriums soll sowohl bedeuten, daß wir durch das Erfassen sprachlicher Ausdrücke über Beurteilungsmaßstäbe der Richtigkeit unserer Aussagen verfügen, als auch Wittgensteins gegen den *Tractatus* gerichtete Einsicht zum Ausdruck bringen, daß die Sprache nicht wie ein Kalkül funktioniert. Zum Verständnis mancher sprachlicher Tätigkeiten sei das Bild des Kalküls zwar hilfreich, doch die Beziehungen Ausdruck, Handeln und Sprechen seien oftmals zu komplex, als daß das Modell des Kalküls ihnen gerecht werden könnte. Die Komplexität dieser Beziehungen werde besser zum Ausdruck gebracht, wenn man sich die Analogie zwischen einem Spiel und einer sprachlichen Handlung vor Augen führe. Die Mannigfaltigkeit der Spielregeln und die Verschiedenheit der Spiele untereinander sei eher geeignet, die wesentlichen Beziehungen zwischen Wirklichkeit und Denken, Gegebenem und Sprache, Handlung und Aussage deutlich zu machen.

Diesen Begriff des Sprachspiels entwickelt Wittgenstein zuerst in seinem *Brown Book*, das er dann, als seine Stelle in Cambridge 1936 ausläuft, mit nach Norwegen nimmt, um es dort zu überarbeiten. Im Laufe dieser Tätigkeit sieht er, daß sein Ansatz noch immer unfertig ist, daß er eine neue Darstellungsform finden und seine Gedanken ganz anders als bisher aufeinander beziehen muß. So gibt er den Versuch einer Umarbeitung auf und macht sich an etwas ganz Neues. Das Ergebnis ist ein großer Teil der ersten 200 Paragraphen der *Philosophischen Untersuchungen.* Wieder ist es die Einsamkeit eines fast einjährigen Aufenthalts in Norwegen, die Wittgenstein den Durchbruch zu etwas Neuem ermöglicht. So wie er 1913/14 die grundlegenden Ansätze zum *Tractatus* ausarbeitete, so gelingt es ihm 1936/37, einen Teil der Grundgedanken seines Spätwerks in eine befriedigende Form zu bringen.

Im Gegensatz zum *Tractatus* sind die *Philosophischen Untersuchungen* nie in ihrer projektierten Gestalt fertig geworden. Ursprünglich sollte dieses Werk sowohl den ersten Teil des posthum unter diesem Titel publizierten Buches als auch Gedanken über die Grundlagen der Mathematik enthalten. Warum Wittgenstein diese Konzeption aufgab und das Buch zu Lebzeiten nicht veröffentlichen wollte, wissen wir nicht. Sicher ist jedoch, daß wir die *Untersuchungen* nicht als fertige, komplette Summa seines Spätwerks betrachten dürfen; der erste Teil dieses Buchs repräsentiert zwar ein Stück dessen, was er erreichen wollte, doch es ist ein Fragment, und gewiß war er nicht in jeder Hinsicht mit dem Inhalt und der Komposition auch nur dieses Fragments zufrieden.

Eine knappe Übersicht über den Inhalt des Buches ist unmöglich. Es besteht aus meist kurzen Bemerkungen über Themen, die man vielleicht vage „sprachphilosophisch“ und „psychologisch“ nennen kann. Doch diese Rubrizierungen besagen angesichts der *Untersuchungen* nicht viel. Greifen wir zur Verdeutlichung dessen, worauf Wittgenstein hinauswill, ein oder zwei Stellen heraus, etwa § 11: „Denk an die Werkzeuge in einem Werkzeugkasten: es ist da ein Hammer, eine Zange, eine Säge, ein Schraubenzieher, ein Maßstab, ein Leimtopf, Leim, Nagel und Schrauben. – So verschieden die Funktionen dieser Gegenstände, so verschieden sind die Funktionen der Wörter. (Und es gibt Ähnlichkeiten hier und dort).“ Auf den ersten Blick erscheint dieser Vergleich zwischen Wort und Werkzeug, Wortvorrat und Werkzeugkasten überraschend, ja vielleicht weithergeholt. Doch sehr bald sieht man die Analogie, auf die es Wittgenstein ankommt: So wie die Werkzeuge im Kasten nur dadurch eine Funktion erlangen, daß sie im Rahmen bestimmter Tätigkeiten nützlich sind und einen Zweck erfüllen, so haben auch die Wörter unserer Sprache nur dadurch einen Sinn – können nur dadurch etwas besagen –, daß sie in Sprach- und Handlungskontexte eingebettet sind. Aber so wie Hammer und Säge, Leim und Zollstock verschiedene Funktionen auf unterschiedliche Weisen erfüllen, so wirken und bezeichnen auch unsere Wörter auf verschiedene Art.

Die positive Konsequenz dieser Analogie ist, daß wir zur Erläuterung unserer Äußerungen vom Kontext ausgehen müssen, aber nicht nur vom sprachlichen Kontext, sondern vom *Sprachspiel*, in dem Wort und Tun miteinander verwoben sind, denn das Wort „Sprach*spiel*“ soll „hervorheben, daß das Sprechen der Sprache ein Teil ist einer Tätigkeit, oder einer Lebensform“ (§ 23). Der richtige Weg, den Sinn unserer Ausdrücke zu erfassen, ist der, daß man sie als kennzeichnend für „Muster“ versteht, die „im Lebensteppich mit verschiedenen Variationen wiederkehren“ (II.i).

Kritisch ist Wittgensteins Konzeption gegen die Auffassung gerichtet, Wörter vor allem daraufhin zu betrachten, was sie bezeichnen – so als seinen alle Wörter Namen und als hätten Namen nur den Zweck, wie aufgeklebte Etiketten den durch sie bezeichneten Gegenstand zu benennen. Auch gegen diese beschränkte Sehweise, die durch „einseitige Diät“, also dadurch, daß „man sein Denken mit nur einer Art von Beispielen nährt“ (§ 593), hervorgerufen wird, richtet sich das Gleichnis vom Werkzeugkasten: den Hammer kann ich verwenden, um einen Nagel ins Brett zu schlagen, aber ich kann ihn auch dazu gebrauchen, den Nagel wieder aus dem Brett zu entfernen, und zu vielen anderen Zwecken. Ebenso dient der Name „N. N.“ nicht nur dazu, jemand zu benennen, sondern auch ihn zu rufen, ihn zu verehren oder zu verfluchen. Zusammengefaßt wird dieser Grundgedanke von Wittgensteins Spätphilosophie in der These, daß Bedeutung nicht das durch einen Ausdruck Bezeichnete ist, sondern vielmehr dessen Gebrauch: „Man kann für eine *große* Klasse von Fällen der Benützung des Wortes ‚Bedeutung' – wenn auch nicht für *alle* Fälle seiner Benützung – dieses Wort so erklären: Die Bedeutung eines Wortes ist sein Gebrauch in der Sprache" (§ 43).

Ein großer Teil der *Philosophischen Untersuchungen* beschäftigt sich mit psychologischen Begriffen wie „verstehen", „wissen", „Absicht", „wünschen", „Schmerzen" usw. Was Wittgenstein interessiert, ist die „Grammatik" dieser Begriffe", d. h. ihre typischen Verwendungsweisen, wobei er den doppelten Zweck verfolgt, diesen Gebrauch zu erläutern und die zahlreichen Mißverständnisse, die aus einer zu einseitigen Auffassung dieser Begriffe resultieren, zu beseitigen. So betont er z. B. die vielfachen Unterschiede zwischen Schmerzäußerungen der ersten und dritten Person: „Ich habe Schmerzen" und „Er hat Schmerzen" funktionieren auf ganz verschiedene Weisen, werden ganz unterschiedlich gebraucht. Wenn ich von *seinen* Schmerzen rede, stütze ich mich auf Indizien, die mir durch sein Verhalten gegeben sind, während solche Indizien bei der Rede über meine eigenen Schmerzen keine Rolle spielen. Irreführend und nutzlos wäre es – und dies ist der kritische Aspekt von Wittgensteins Analyse der psychologischen Begriffe –, wenn man sagte, trotzdem sei ja vom Selben die Rede, wenn ich sage „Ich habe Schmerzen" und wenn du zu mir sagst „Du hast Schmerzen". Der Verweis auf innere Objekte erläutert nichts; er entspringt nur der grammatischen Illusion, daß Wörter einer bestimmten Art – Substantive und Demonstrativa – im allgemeinen Gegenstände bezeichnen.

Aussagen über sogenannte innere Zustände spielen jedoch eine ganz andere Rolle in unseren Sprachspielen als Aussagen über Gegenstände – in jenen ist von Gegenständen nicht die Rede; sie können Sinn haben und verständlich sein, gleichgültig, ob es innere Gegenstände „gibt" oder nicht: „Wenn man die Grammatik des Ausdrucks der Empfindung nach dem Muster von ‚Gegenstand und Bezeichnung' konstruiert, dann fällt der Gegenstand als irrelevant aus der Betrachtung heraus" (§ 293). Dementsprechend ist der cartesianische Dualismus für Wittgenstein Ausdruck eines Mißverständnisses, eine nutzlose und irreführende Lehre, deren Versuchung man zwar erliegen kann, deren Irrtümer jedoch deutlich gemacht und damit aus der Welt geschafft werden können. Mit den Behaviouristen teilt Wittgenstein zwar die Ansicht, daß das Verhalten für das Verständnis der psychologischen Begriffe wichtig ist, meint aber, daß die wissenschaftlichen Ergebnisse dieser Lehre für die Begriffsklärung – die Grammatik – irrelevant sind, ganz gleich, ob sie stimmen oder nicht. Für Wittgenstein sind Dualismus und Behaviourismus keine Alternativen, deren eine zumindest tendenziell richtig sein muß – beide haben ihr Verlockendes, aber beide wollen so etwas wie eine definitive theoretische Behandlung eines Gegenstands, den sie sich vielleicht nur erträumen und auf den es jedenfalls nicht ankommt.

Als die *Philosophischen Untersuchungen* herauskamen, wurde allseits von ihrer Neuartigkeit gesprochen; viele redeten von einer „Revolution" der Philosophie, und es fanden sich Nachahmer. Bis heute – über ein Vierteljahrhundert nach ihrer Erstveröffentlichung (1953) – gelten sie vielen als *das* philosophische Buch unserer Zeit, und sie haben auch außerhalb der akademischen Philosophie gewirkt. Jetzt ist jedoch deutlich zu erkennen, daß der Beifall, der dem Buch seinerzeit zuteil wurde, in keinem Verhältnis steht zu seiner Rezeption. Die Sekundärliteratur ist zwar schon fast unübersehbar geworden, doch die Anzahl der bloß nachahmenden Schriften und der mehr schlecht als recht nacherzählenden Arbeiten überwiegt die systematischen Auseinandersetzungen bei weitem. Teils liegt dies daran, daß die Nachlaßschriften erst zum kleinsten Teil veröffentlicht sind, so daß die Textgrundlage für eine kritische Auseinandersetzung unzureichend erscheinen mag, teils daran, daß Wittgensteins Stil sich gegen eine systematische Behandlung sperrt.

Wittgenstein selbst beklagt in seinem Vorwort zu der veröffentlichten Version der *Untersuchungen*, daß er „nur ein Album" habe schreiben können. Damit ist nicht gemeint, daß er lieber eine akademische Abhandlung verfaßt hätte; es heißt, daß er die hier praktizierte Darstellungsform gern vervollkommnet, das Einzelne ausgefeilt und den Zusammenhang deutlicher gemacht hätte. Es muß ohnehin ein oberflächlicher Leser sein, der glaubt, dem Buch fehle es an Argumenten, Erläuterungen und Einsichten. Woran es fehlt, sind Arbeiten, die untersuchen, welche Argumente, Erläuterungen und Einsichten Wittgenstein wirklich mitteilen wollte und ob sie schlüssig, nützlich und klug sind.

VI.

Wittgenstein arbeitete lange an den geplanten *Philosophischen Untersuchungen,* die dann doch Fragment blieben. Nachdem er 1937 aus Norwegen zurückgekehrt war, schrieb er an dem bisherigen Manuskript weiter, verbesserte im einzelnen, wandte sich aber vor allem der Arbeit am mathematischen Teil des geplanten Buches zu. Nach dem „Anschluß" Österreichs wurde er nach einigem Zögern britischer Staatsbürger. Er litt sehr unter dem Gedanken, daß seine Verwandten in Österreich den Nazis ausgesetzt waren, und es gelang ihm durch persönlichen und vermutlich nicht ungefährlichen Einsatz bei deutschen Regierungsstellen, einigen Verwandten zur Ausreise zu verhelfen. 1939 wurde er in Cambridge Professor und damit Moores Nachfolger. Während des Krieges arbeitete er erst in einer Londoner Klinik, dann als Helfer in einem medizinischen Labor in Newcastle, bevor er nach Beendigung des Krieges seine Tätigkeit in Cambridge wieder aufnahm.

Er war jedoch ständig von Skrupeln geplagt, weil er glaubte, kein guter Lehrer zu sein und seine Aufgabe nicht seinen eigenen Ansprüchen gemäß erfüllen zu können. Deshalb gab er 1947 seine Professur auf und ging zunächst nach Irland, wo er unermüdlich weiter an seinen Manuskripten arbeitete; die Themen dieser Zeit sind: psychologische Begriffe, allgemeine Probleme der Sprachlogik, Moores Paradox (demzufolge ein Satz wie „Es regnet, aber ich glaube es nicht" zwar keinen formalen Selbstwiderspruch einschließt, aber in einem gewissen, logischen Sinne als inakzeptabel erscheint). Wittgenstein fährt auch wieder zu seinen Verwandten nach Wien; das Krebsleiden seiner Schwester Hermine geht ihm sehr nahe, und er selbst fühlt sich oft krank und wie verbraucht.

1949 reist er nach Amerika, um seinen ehemaligen Schüler Malcolm zu besuchen. Nach einiger Zeit geht es ihm dort aber sehr schlecht; die Ärzte können zwar nichts Ernstes finden, doch nach seiner Rückkehr nach England wird festgestellt, daß er an Krebs leidet. Im Herbst 1950 fährt er zum letzten Mal nach Norwegen, muß aber bald zurückkehren. Die letzten Wochen seines Lebens verbringt er in Cambridge im Hause seines Arztes. Er schreibt wieder an einem neuen Manuskript (posthum unter dem Titel *Über Gewißheit* veröffentlicht), und eine Zeitlang scheint die Arbeit besser voranzugehen denn je. Doch am 27. April 1951 geht es ihm plötzlich wieder sehr schlecht; am 29. April stirbt er. Seine letzten Worte sollen gewesen sein: „Tell them I've had a wonderful life" – rätselhafte Worte, wenn man bedenkt, wie sehr Wittgenstein sein Leben lang unter seelischen Problemen, Skrupeln und Gewissensnöten litt, und daß es ihm nicht gelang, über Logik nachzudenken, ohne daß ihm seine Sünden dabei einfielen.

VII.

Als akademischer Lehrer war Wittgenstein – seinen eigenen Befürchtungen zum Trotz – sehr erfolgreich, wenn auch ganz verschieden von seinen Kollegen. Er sprach stets frei, ohne mitgebrachte Notizen oder Bücher. In allen Berichten heißt es, seine Studenten hätten das Gefühl gehabt, unmittelbar an seiner philosophischen Tätigkeit teilzunehmen. Er sprach seine Gedanken aus, wie sie sich ihm selbst darstellten: mit zahlreichen Beispielen – die oftmals verrückt anmuteten – und von immer neuen Gesichtspunkten her dasselbe Problem betrachtend. Er sah seine Aufgabe als Lehrer vor allem darin, zu zeigen, *wie* man philosophiert – nämlich mit aller Energie, die man besitzt, ohne je mit einer „Lösung" zufrieden zu sein –, und er kümmerte sich nicht viel darum, *welche* Ansichten seine Studenten vertraten, obgleich er sehr zornig werden konnte, wenn ihre Meinungen „dumm" – d. h. unreflektiert und offensichtlich unbegründet – waren oder wenn sie seine eigenen Gedanken entstellt wiedergaben.

In mancher Hinsicht war Wittgenstein konservativ, wenn man so will. Die Philosophie könne und dürfe nichts zu verändern suchen: Das Bestehende – die existierenden Sprachspiele – sind wie sie sind; wir müssen sie vor allem zu verstehen suchen. Damit ist freilich nicht gesagt, daß man die Philosophie oder die Welt nicht verändern dürfe oder solle – im Gegenteil, Wittgenstein brachte manchen – wirklichen – Revolutionen viel Verständnis entgegen. Von Rußland erhoffte er sich Großes, wollte auch dort leben und arbeiten, entschied sich aber nach einem Rußland-Aufenthalt im Jahre 1935 dagegen. (Allerdings spricht er noch 1937 in einem Brief an Engelmann von der Möglichkeit nach Rußland zu reisen.) Inwieweit dieser Sympathie politische Überzeugungen und inwieweit ihr eher eine von Dostojewski und Tolstoi herrührende Sehnsucht zugrunde lagen, ist aufgrund des bekannten Materials nicht zu entscheiden. Der kommunistischen Partei stand er nicht ohne Wohlwollen gegenüber, riet einem Freund jedoch vom Beitritt ab, weil er meinte, die daraus notwendig resultierende Disziplinierung sei mit der für das Philosophieren erforderlichen Denkfreiheit nicht zu vereinbaren. Mit Philosophie hatten politische Überlegungen für ihn jedenfalls nichts zu schaffen. –

Für alle philosophischen Schriften Wittgensteins gil , daß vieles von dem, was ihn zutiefst beschäftigte, nicht – oder nicht direkt – behandelt wird. Mit ebenso leidenschaftlicher Disziplin, wie er über die Logik unserer Sprache nachdachte, setzte er sich mit Fragen der Kunst auseinander. Werke der Musik und der Literatur fesselten ihn ebenso wie Freges *Grundgesetze der Arithmetik* oder die Eigenarten psychologischer Begriffe. In der Musik waren es vor allem die Werke des Wiener Klassizismus bis hin zu Bruckner und Brahms, die ihm etwas bedeuteten; ihre inneren Gesetze waren ihm einsichtig, während er von Schönberg und seinen Schülern meinte, er verstünde ihre Sprache nicht. Im Kreise interessierter Freunde machte Wittgenstein zahlreiche Bemerkungen zur Musik und gab Hinweise auf besondere Übergänge, formale Eigenarten und Ausdrucksmittel in Stücken, die er gut kannte. Nur wenige Gedanken über Musik schrieb er nieder; zum großen Teil sind sie in den kürzlich aus dem Nachlaß herausgegebenen *Vermischten Bemerkungen* abgedruckt. Diese Bemerkungen beziehen sich oft auf den Charakter der Werke bestimmter Komponisten – das Ironische bei Beethoven, die „musikalisch Gedankenstärke“ bei Brahms –, und es findet sich manche erstaunliche Einsicht, etwa die Bemerkung, man könne die Verwandtschaft zwischen Mendelssohn und Brahms dadurch zum Ausdruck bringen, „daß man sagt, Brahms tue das mit ganzer Strenge, was Mendelssohn mit halber getan hat. Oder: Brahms ist oft fehlerfreier Mendelssohn" (VB, 47).

Auch in der Literatur gab er der klassischen deutschen Literatur und dem 19. Jahrhundert den Vorzug. Goethe war für ihn etwas so selbstverständlich Großes, daß er sich kaum darauf hinzuweisen bemühte. Gelegentlich findet man Goethezitate in seinen Schriften (z. B. „Und so deutet das Chor auf ein geheimes Gesetz" in den Bemerkungen über Frazer), häufiger noch im unveröffentlichten Nachlaß. Aber Wittgenstein hat sich auch mit Goethes theoretischen Arbeiten auseinandergesetzt, vor allem mit der Farbenlehre. Ein bisher unerforschtes Feld ist der Einfluß von Goethes Gedanken zur Morphologie und vor allem seiner Konzeption des Urphänomens auf Wittgenstein.

Ein weiterer Schriftsteller, den Wittgenstein sehr schätzte, war Gottfried Keller, den er häufig zitierte und dessen Bücher er gelegentlich verschenkte. Immer wieder las er einige österreichische Autoren, z. B. Grillparzer und Lenau (wie hoch er Lenau schätzte, geht daraus hervor, daß er dessen *Faust* mit dem Goethes vergleicht, VB, 70). Sowohl der *Tractatus* als auch die *Philosophischen Untersuchungen* tragen Mottos österreichischer Schriftsteller, jener Kürnbergers Satz „. . . und alles, was man weiß, nicht bloß rauschen und brausen gehört hat, läßt sich in drei Worten sagen", diese das vielleicht noch charakteristischere Nestroysche „Überhaupt hat der Fortschritt das an sich, daß er viel größer ausschaut, als er wirklich ist". Eine Vorliebe hatte er auch für Karl Kraus, dessen Talent er mehrmals mit seinem eigenen vergleicht – wobei er vor allem auf die Schwächen dieses Talents Bezug nimmt –, dem er aber ebenso wie sich selber Genie abspricht. Wie so viele intellektuelle Wiener glaubte Wittgenstein nicht ohne Kraus' Schriften auskommen zu können – er ließ sich die *Fackel* sogar in seine norwegische Einsamkeit nachschicken.

Man sieht, diese Vorlieben stehen durchaus in Einklang mit Wittgensteins eigenem Stil: Klarheit und Bestimmtheit des Ausdrucks sind seine Kennzeichen; stets kommt es ihm auf den treffenden Ausdruck an, und manchmal spricht er von seiner Suche nach dem „erlösenden Wort". So heißt es im Vorwort zum *Tracta-*

tus, der Wert dieses Buches werde um so größer sein, „je mehr der Nagel auf den Kopf getroffen ist". Kennzeichnend für alle Schriften Wittgensteins ist ihre Einteilung in „Bemerkungen" und die verhältnismäßige Kürze der einzelnen Abschnitte. Dies hat viele dazu veranlaßt, Wittgenstein einen Aphoristiker zu nennen. Tatsächlich gibt es keinen anderen Philosophen, der so viele büchmannreife Formulierungen gefunden hat, z. B. „Die Ergebnisse der Philosophie sind die Entdeckung irgendeines schlichten Unsinns und Beulen, die sich der Verstand beim Anrennen an die Grenze der Sprache geholt hat. Sie, die Beulen, lassen uns den Wert jener Entdeckung erkennen" (PU § 119), „Der Philosoph behandelt eine Frage; wie eine Krankheit" (§ 255), „Was ist dein Ziel in der Philosophie? – Der Fliege den Ausweg aus dem Fliegenglas zeigen" (§ 309) usw. Der Reichtum an brillant formulierten Gleichnissen in Wittgensteins Schriften darf jedoch nicht darüber hinwegtäuschen, daß eine der wesentlichen Eigenschaften des Aphorismus hier nicht erfüllt ist: Diese Bemerkungen sind nicht unabhängig von ihrem Kontext. Anders als Nietzsche z. B. spielt Wittgenstein nicht bloß auf die Dinge an; er spricht alles aus, was er sinnvoll sagen zu können meint. Er schreibt keine Aphorismen, denn das, was seine Bemerkungen ausdrücken, steht in einem ihr Verständnis bedingenden Argumentationszusammenhang, der ausgesprochen und nicht nur angedeutet ist.

Andererseits glaubt er nicht, daß philosophische Probleme durch fein säuberlich abgezirkelte Schlußketten und eindeutige Definitionen zu erledigen sind, denn: „Ein philosophisches Problem hat die Form: ‚Ich kenne mich nicht aus.'" (PU § 123.) Entsprechend vergleicht Wittgenstein seine Art, mit den Problemen umzugehen, mit der Tätigkeit eines Führers durch die verwinkelten Gassen einer Stadt: Er muß oft hin- und hergehen und dieselben Häuser und Ecken von verschiedenen Seiten zeigen, ehe die anderen selbst den Weg finden; ist dies erreicht, hat der Führer seine Schuldigkeit getan. Auch in diesem Sinne ist Philosophie für Wittgenstein weniger Lehre als Tätigkeit: Es kommt darauf an, den anderen eine bestimmte Methode zu lehren; mit den Problemen muß er – falls er sie ernst nimmt – selbst fertig werden, und dabei kann ihm nur eine Methode helfen, keine vorgegebenen und vorgeblichen Lösungen.

In diesem Zusammenhang gehört auch Wittgensteins Einsicht, daß vieles, was traditionell als philosophisches Problem gilt, diesen Namen nicht verdient. Einer seiner methodischen Grundsätze ist der Gedanke, daß es eine Frage nur dort gibt, wo es auch eine Antwort – oder zumindest die Andeutung einer Antwort – gibt. So muß z. B. vieles von dem, was die philosophische Ethik zu sagen meint, bloßes „Schwefeln" bleiben, weil es hier nichts zu sagen gibt. Es gibt Haltungen und Handlungsweisen, die „das Ethische" zeigen, aber unsere Sprache kann davon nicht reden, wenngleich eine ethische Haltung einstehen, z. B. religiöse Ausdruck: (Wittgenstein denkt hier gewiß an Kierkegaard und Augustinus, aber auch an Dostojewski). Implizit lehnt er den Gedanken ab, unsere Aussagen könnten auf „das Ethische" oder „die Werte" wie auf einen unerkannten Gegenstand hindeuten; nur ein Tun, eine bestimmte Art zu handeln könne zum Ausdruck bringen, daß in diesem Tun selbst etwas Ethisches liegt und sich vielleicht zeigt. Diese Einstellung machte er 1930 in einem Vortrag deutlich: „Wenn es mit der Ethik überhaupt etwas auf sich hat, so ist sie etwas Übernatürliches, während unsere Wörter nur Fakten zum Ausdruck bringen – so wie eine Teetasse halt nur eine Teetasse voll Wasser enthalten kann, auch wenn ich's literweise drübergieße" *(Lecture on Ethics, 7).*

Hiermit ist ein Aspekt von Wittgensteins Verhältnis zur philosophischen Tradition genannt: Abgesehen von der Analyse einiger Begriffe wie „wollen", „wünschen", „beabsichtigen" usw. kann, ja darf die Philosophie nichts mit dem Ethischen zu tun haben – sie wäre sonst bloßes Geschwätz und würde das Ernsteste lächerlich machen. Für Wittgenstein ist selbstverständlich, daß alle wirklich philosophischen Fragen solche der „Logik" bzw. „Grammatik" unserer Begriffe sind. Erkenntnistheorie im klassischen Sinne ist kein Gegenstand für ihn. Themen wie Begründung, Rechtfertigung, Erfahrungserkenntnis usw. leben zwar in gewisser Weise fort, aber sie stehen in einem völlig neuen Kontext – anstelle der Deduktion aus Prinzipien: Verdeutlichung durch Beispiele, anstelle der Definition der Hauptbegriffe: Erläuterung durch Hinweis auf wirkliche oder erfundene Sprachspiele, anstelle der Berufung auf (reine) Erkenntnisvermögen: Anführung primitiver Lehr- und Lernsituationen, anstelle von Theorie und Lehre: Klärung und Diskussion. Freilich verändert der ungewohnte Kontext auch die Probleme selbst; die neue Fragestellung läßt die Themen in ihrer Eigenart nicht unberührt. Doch damit bewirkt der Philosoph nichts Neues, er stellt das Selbstverständliche, aber vielleicht Vergessene oder Übersehene deutlich dar, ohne selbst etwas zu schaffen: „Die Arbeit des Philosophen ist ein Zusammentragen von Erinnerungen zu einem bestimmten Zweck" (PU § 127).

Anmerkung:

Für Mitteilugen über Wittgensteins Leben und Meinungen danke ich Brian McGuinness und Rush Rhees. Der Hinweis auf das eingangs zitierte Gedicht stammt von Prof. Anscombe.

Der größte Teil der bisher publizierten Werke Wittgensteins wurde in der Reihe seiner *Schriften* im Suhrkamp Verlag veröffentlicht (bisher 7 Bände). Daneben gibt es auch Sonderausgaben im gleichen Verlag. Einige der hier genannten Schriften sind nicht dort veröffentlicht:

Lecture on Ethics, *Philosophical Review* 1965, 3–12
Bemerkungen über Frazers *The Golden Bough, Synthese* 1967, 233–253

Abkürzungen:

TLP = Tractatus Logico-Philosophicus (Schriften I)
WWK = Wittgenstein und der Wiener Kreis (Gesprächsaufzeichnungen von Waismann, Hrsg. B.F. McGuinness, Schriften III)
PU = Philosophische Untersuchungen (Schriften I)
VB = Vermischte Bemerkungen (Hrsg. von Wright, Bibliothek Suhrkamp 535)

Die wichtigsten Beiträge zum Leben und Charakter Wittgensteins:

Norman Malcolm, *Ludwig Wittgenstein. A Memoir* (With a Biographical Sketch by Georg Henrik von Wright), OUP, London 1958. (Dt. bei Oldenbourg, München-Wien 1960.)

Paul Engelmann, *Ludwig Wittgenstein. Briefe und Begegnungen,* Hrsg. B. F. McGuinness, Oldenbourg, München-Wien 1970.

Wittgensteins Briefwechsel mit Eccles, Engelmann, Ficker, Keynes, Moore, Ramsey und Russell erscheint 1980 im Suhrkamp Verlag. Eine definitive Biographie gibt es noch nicht. Die kürzlich erschienene Rowohlt-Bildmonographie (Bd. 275) von Wuchterl/Hübner enthält interessantes Bildmaterial.

Sir Karl Popper (* 1902)

William Warren Bartley III

Ein schwieriger Mensch

Eine Porträtskizze von Sir Karl Popper

I

Anfang des Winters 1960 saß ich mit Karl Popper am späten Nachmittag im Zimmer der Praxis seines Arztes in der Harley Street in London. Popper liebte es, seine Zeit mit seinen Studenten zu verbringen. Um sich in Gespräche mit uns zu vertiefen, nützte er jede freie Minute aus. So pflegten wir ihm überallhin zu folgen und unablässig miteinander zu philosophieren – zur Praxis des Arztes oder Zahnarztes, hin und zurück zum Bahnhof, auf Spaziergängen, im Taxi oder in der U-Bahn.

An diesem Nachmittag hatten wir hitzig über die Vorsokratiker diskutiert. Es trat eine Gesprächspause ein, und ich bemerkte, daß sich Poppers Stirn verfinsterte, als ein nicht zur Sache gehörender Gedanke in seinem Bewußtsein aufflackerte.

„Bill, die Leute sagen, daß ich ein schwieriger Mensch bin. Bin ich wirklich ein schwieriger Mensch?"

Ohne Zögern platzte ich mit der Antwort heraus: „Karl, nur ein schwieriger Mensch könnte eine solche Frage stellen!"

II

Das erste Mal hörte ich von meinen akademischen Lehrern in Harvard, was für ein schwieriger Mensch Popper sei. Als ich ihnen im Frühjahr 1958 eröffnete, daß ich nach London gehen würde, um bei Popper zu studieren, rieten sie mir aufs heftigste ab und warnten mich, daß ich dies einmal bereuen würde. Als sie später erfuhren, daß ich es keineswegs bereute, waren sie sehr böse mit mir.

Ende September desselben Jahres hatte ich eine Unterredung mit der Vorsitzenden der Promotionskommission der London School of Economics and Political Science. Diese setzte mich von zwei Dingen in Kenntnis: Ich könnte den Ph. D. ablegen, wenn ich zumindest zwei Jahre an dieser Schule studieren und „ein sehr gutes Buch schreiben" würde, und mein Studienberater sei Professor . . . – nennen wir ihn „X". Daraufhin versicherte ich, das Buch sehr gerne zu schreiben, daß ich aber über den Atlantik gekommen sei, um bei Popper zu studieren, und daß ich noch morgen nach Amerika zurückkehren würde, wenn er nicht mein Berater werden würde. Daraufhin schalt sie mich aus und nannte mich einen schwierigen Menschen.

Am nächsten Morgen traf ich zum ersten Male meinen neuen Studienberater Karl Popper. Er war eine eindrucksvolle Erscheinung: Sein Oberkörper war dank eines breiten Brustkastens gut proportioniert, aber seine Beine waren sehr kurz; von der Sitzfläche seines Stuhles schienen seine Beine auf den Fußboden herabzubaumeln. An der Spitze dieses eigentümlichen Körpers thronte eine eindrucksvolle, hochgewölbte Stirn, umrahmt von den größten Ohren, die ich jemals gesehen hatte. Sie waren zugespitzt, fast wie bei einem Kobold. Aber zwischen ihnen befand sich ein liebenswürdiges Gesicht – großmütig, stolz, freundlich und sehr ernst. Seine Augen waren direkt auf mich gerichtet, und dies mit etwas Unbehagen. Und ich spürte sofort – und habe es auch später immer gespürt – daß ich seine volle Aufmerksamkeit genoß: Es gab nichts Routinemäßiges in dieser Unterredung.

Wir unterhielten uns nicht über das Wetter oder das Leben in London. Er begann die Unterredung damit, daß er mir verkündete, mit den philosophischen Ansichten meiner Lehrer in Harvard überhaupt nicht einverstanden zu sein und faßte die Unterschiede knapp zusammen. Daraufhin traf er die Feststellung – in seinem breiten Wiener Akzent und unter Verwendung von Germanismen – daß ich sehr schlecht schreibe (ich war gebeten worden, einen Aufsatz vorzulegen und hatte einen eingereicht, für den mir ein Preis zuerkannt worden war) und daß ich lernen müßte, besser zu schreiben, bevor ich erwarten dürfte, irgendwelche Fortschritte in der Philosophie zu machen. Er fuhr fort, indem er mir genau erklärte, was an meinem Aufsatz falsch sei: Er sei anmaßend und stellenweise unklar, indem er Verworrenheit, Ungewißheit und Unwissenheit durch einen brillianten oder doch zumindest ins Auge stechenden Stil kaschiere. Seiner Ansicht nach war ich mehr an Effekthascherei interessiert als daran, die Wahrheit zu finden. Ich weiß nicht warum: Aber von diesem Zeitpunkt an hatte ich ihn gern und wußte, daß ich von ihm lernen konnte: Daß dies jede Schwierigkeit wert wäre, die auftauchen könnte.

III

Eine Woche später wohnte ich zum erstenmal seinem Seminar bei. In Seminaren in England und Amerika ist es üblich, daß der Student zunächst ein Referat hält, woran sich Fragen, Erläuterungen und eine allgemeine Diskussion mit den anderen Teilnehmern anschließen. Der Professor kann sich mehr oder weniger in die Diskussion einschalten: Er führt den Vorsitz und lenkt die Sitzung, wobei er als letztgültige, im voraus bestimmte Autorität gilt. Poppers Seminare waren anders: Sie waren angestrengte Konfrontationen zwischen Popper und dem Vortragenden – ob dies nun ein Student oder ein Gasthörer war. Bei dieser speziellen Sitzung nun schaffte es der Student etwa, zwei Abschnitte vorzutragen. Popper unterbrach bei jedem Satz; nichts wurde unwidersprochen hingenommen: Jedes Wort war bedeutsam. Er stellte eine Frage; der Student machte Ausflüchte. Popper stellte dieselbe Frage noch einmal; wiederum wich der Student aus. Popper wiederholte die Frage noch einmal. Und dann beantwortete der Student die Frage endlich. „Lagen Sie dann nicht mit Ihrer ersten Antwort falsch?“, fragte Popper nach. Der Student entzog sich dieser unerwünschten Konsequenz mit einem Schwall von Worten. Popper hörte zu und sagte dann: „Gewiß. Aber lagen Sie dann nicht mit Ihrer ersten Antwort falsch?“ Der Student sah nun seinen Irrtum und gestand ihn ein. „Entschuldigen Sie sich?“, fragte Popper. Dem kam der Student nach, worauf Popper großzügig lächelte und sagte: „In Ordnung, dann können wir Freunde sein“.

Einem anderen Studenten erging es nicht so gut. Er wich Poppers Fragen aus, wechselte seine Position, ohne dies einzugestehen, ging jeder Kritik aus dem Wege, rief die Anwesenden als Zeugen an, versuchte zu schwafeln, wurde immer widersprüchlicher . . . und streitlüsterner. Schließlich forderte Popper ihn auf, das Seminar zu verlassen, aber dies lehnte er ab. Daraufhin nahm Popper ihn am Kragen und warf ihn aus dem Seminar.

Später hörte ich Popper seine Methode erklären. Es gäbe nichts Einfacheres, so äußerte er, als einem Studenten verständig zuzunicken und ihm zu sagen, daß das, was er geschrieben oder gesagt habe, „interessant" sei. Aber dies sei kein Lehren und habe kein Lernen zur Folge; es sei vielmehr das affektierte Ritual des Akademikers. „Ich nehme meine Studenten ernst", sagte er, und er faßte ihre intellektuelle Redlichkeit als persönliche Verantwortung auf, hervorgerufen durch die gleiche Sorge, die den amerikanischen Philosophen Charles S. Peirce veranlaßte, folgendes zu schreiben: „Es ist furchtbar mitanzusehen, wie eine einzige unklare Idee, eine einzige Formel ohne Bedeutung, die im Kopf eines jungen Mannes nistet, sich manchmal wie eine träge Substanz, die eine Arterie verstopft und die Ernährung des Hirns hindert, auswirkt und ihr Opfer dazu verdammt, in der Blüte seiner geistigen Kraft und inmitten von geistigem Überfluß dahinzuwelken."[1]

Einige Mitglieder des Seminars waren indes nicht willens, diese tiefe Erfahrung des Ernst-genommen-werdens zu machen und schieden bald aus. Von den etwa ein Dutzend, die übrigblieben, verfaßten zumindest sechs „sehr gute Bücher" in den unmittelbar folgenden Jahren. Dies sind mein *The Retreat to Commitment* (1962; *Flucht ins Engagement,* 1964), Joseph Agassis *Towards an Historiography of Science* (1963), Ian C. Jarvies *The Revolution in Anthropology* (1964), Imre Lakatos' *Proofs and Refutations* (1964), J. W. N. Watkins' *Hobbes's System of Ideas* (1965) und A. I. Sabras *Theories of Light from Descartes to Newton* (1967). Noch ein weiteres Buch sollte hier erwähnt werden: Sir Ernst Gombrichs *Art and Illusion* (1960). Obwohl Gombrich kein Mitglied des Seminars war, nahm er doch von Zeit zu Zeit aktiv daran teil. Die wesentlichen Teile aller dieser Bücher wurden zum ersten Male, so glaube ich, in Poppers Seminar während dieses Zeitraumes vorgetragen. Wenige Seminare auf der ganzen Welt können mit dieser Leistung konkurrieren.

Jedes einzelne dieser Werke spiegelt Poppers Ideen wider; aber jedes zeigt auch – wesentlicher noch – seinen persönlichen Einfluß. Seine philosophischen Vorstellungen – über Falsifizierbarkeit, den Kalkül des natürlichen Schließens, die Propensitätsinterpretation der Wahrscheinlichkeit, Indeterminismus, das Leib-Seele-Problem, objektive Erkenntnis, metaphysische Forschungsprogramme, Stückwerk-Sozialtechnik und so weiter, genau wie seine Kritik am Marxismus, an verschiedenen Zweigen der Psychologie, am Platonismus, Hegelianismus, an der Analytischen Philosophie und am Positivismus – lehrte er uns in seinen offiziellen Vorlesungen und durch seine Bücher. In seinen Seminaren brachte er uns folgendes bei:

Du mußt ein Problem haben, keine Themen.

Versuche nicht originell zu sein. Finde ein Problem, das dich reizt. Arbeite an ihm und begreife das, was du erhältst.

Du mußt den *Wunsch* haben, mit deinem Leser zu kommunizieren: Du mußt deutlich sein, niemals große Worte verwenden und nicht unnötig kompliziert sein. Verwende z. B. keine logischen Symbole oder mathematischen Formeln, wenn du es möglicherweise vermeiden kannst. Beherrsche die Logik, aber protze nicht mit ihr.

Es ist unmoralisch, wenn man anmaßend ist oder wenn man seinen Leser oder Hörer mit seinem Wissen zu beeindrucken sucht. Denn du bist unwissend. Während wir uns in den wenigen Dingen, die wir wissen, unterscheiden können, sind wir in unserer grenzenlosen Unwissenheit alle gleich.

Sei nicht zu sehr von deinen Ideen eingenommen. Du mußt dich selbst bloßstellen, du mußt dich selbst dem Risiko aussetzen. Sei in deinen Ideen nicht zu vorsichtig. Ideen sind nicht rar: Wo sie entstanden sind, gibt es weitere. Lasse deinen Ideen freien Lauf: *Jede* Idee ist besser als gar keine. Aber wenn die Idee einmal dargelegt ist, darfst du nicht versuchen, sie zu verteidigen, nicht versuchen, sie zu glauben, sondern mußt sie kritisieren und durch die Entdeckung des Fehlers lernen. Ideen sind nur Vermutungen.

Wichtig ist nicht die Verteidigung irgendeiner bestimmten Vermutung, sondern der Fortschritt des Wissens.

So sei peinlich genau darauf bedacht, daß du deine Fehler zugibst: Du kannst aus ihnen nicht lernen, solange du nicht eingestehst, welche zu begehen.

Während Popper glücklicherweise viel Sinn für Humor besitzt, kann ich mir ein paar Gelegenheiten ins Gedächtnis zurückrufen, wo diese ununterbrochene, heftige Hingabe zur Entdeckung der Wahrheit etwas aus dem Gleichgewicht geriet, ja ans fast lächerliche grenzte. Da gibt es z. B. die Geschichte des Arztes, den Popper zum ersten Mal aufsuchte. Nachdem Popper seine Symptome geschildert hatte, kommentierte der unglückselige Doktor seine Ankündigung, eine Reihe von Tests vornehmen zu müssen: „Selbstverständlich kann sich die Medizin nicht auf Vermutungen verlassen!"

„Was wollen Sie damit sagen", begehrte Popper auf, „begreifen Sie nicht, daß die *gesamte* Medizin auf Vermutungen basiert?" Es folgte ein zwanzigminütiger Vortrag über die Methode der Vermutung und Widerlegung – zweifelsohne das einzige Mal, daß Popper ein Vortrag in Rechnung gestellt wurde.

IV

Persönlich beeindruckend war Popper auch in anderer Hinsicht – als Mensch mit grenzenloser Energie. Damit meine ich nicht nur den sprudelnden Überfluß seines Geistes, der alles zu wissen und über alles gründlich nachgedacht zu haben schien. Ich meine auch seine physische Energie. Als Mann von sechzig Jahren pflegte er – zwei Stufen auf einmal nehmend – von der unteren U-Bahnstation hinaufzulaufen, während ich, ein junger Mann von 27 Jahren, atemlos nach Luft schnappend mich hinter ihm abmühte. Ich weiß nicht, ob dies wegen oder trotz seiner Eigenarten möglich wurde: Er rauchte nicht und trank nicht, und zum Lunch aß er niemals mehr als einen Riegel Schweizer Schokolade. Er drängte diesen Lebensstil seinen Studenten nicht auf und moralisierte in solchen Angelegenheiten nicht. Dennoch ist es interessant, daß die meisten von ihnen nicht rauchen und Alkohol – wenn überhaupt – nur mit großer Zurückhaltung zu sich nehmen.

Die Einfachheit seiner Lebensart spiegelt sich auch in seinem Heim wider. Seit 1950 leben er und Lady Popper in Buckinghamshire, eine Zugstunde von London entfernt – abgeschottet von den Störungen eines Lebens in London; und die Stille dieser Abgeschiedenheit eröffnete ihm die Möglichkeit zu schreiben. Sein Haus, auf zwei Morgen Land gebaut, liegt hinter einer Privatstraße verborgen. Das Wohnzimmer, das sich zum Garten erstreckt, ist groß, und ein österreichischer Bauernteppich reicht vom einen bis zum anderen Ende. Dieser Raum enthält nur fünf Einrichtungsgegenstände: Ein großes Klavier, an dem Popper spielt (er komponiert auch und war einmal Mitglied von Schönbergs Verein für musikalische Privataufführungen), einen kleinen Schreibtisch, einen Bücherschrank, angefüllt mit Büchern über die Expeditionen in die Arktis; und zwei große hölzerne Lehnstühle, die am Ende des Raumes gleich neben dem Kamin stehen. Diese Stühle hat Popper nach eigenem Entwurf angefertigt (in den „Zwanzigern" war er in einer Tischlerlehre), und er und seine Frau benutzen sie schon seit Jahrzehnten: Sie begleiteten sie im Jahre 1937 von Wien nach Neuseeland und 1945 zurück nach London. Am Ende dieses Raumes befindet sich die Tür zu einem kleinen Studierzimmer, in dem Popper seine schriftlichen Arbeiten anfertigt. Es enthält einen großen Schreibtisch mit Stuhl, einen großen Schrank, in dem Popper seine Manuskripte aufbewahrt, und vereinzelte Bücherregale – ebenfalls von ihm entworfen – in denen er die Bücher aufbewahrt, die er gerade braucht. Ein Fernseher befindet sich nicht im Haus.

V

Ich habe einen guten Freund namens Ben-Ami Scharfstein, der Professor für Philosophie an der Universität von Tel Aviv und Verfasser vieler wundervoller Bücher über Kunst und Ästhetik, über das Chinesische und vergleichender Studien sowie über den

Mystizismus ist. Die meisten Philosophen, so behauptet nun Scharfstein, verstecken sich hinter Fassaden: Mit ihren Ideen verfolgen sie in Wirklichkeit die Absicht, diese Fassade noch schwerer durchschaubar zu machen.[2]

Es ist immer schwierig, eine solche Behauptung richtig einzuschätzen. Denn wir sind – jeder einzelne von uns – so geschickt darin, aus allem Profit zu ziehen, was unseres Weges kommt, daß es häufig schwer zu entscheiden ist, ob wir etwas zu unserem Vorteil zustande gebracht haben oder ob wir es einfach zu unserem Vorteil gedreht haben. Zweifellos ist jeder, der so clever ist, eine philosophische Richtung zu begründen, auch so clever, Mittel und Wege zu ersinnen, um sich zu verstecken – wenn man sich verstekken will.

Außerdem führt eine solche Auffassung dazu, den Kulturhistoriker in eine Art Graphologen zu verwandeln: Bei Abweichungen vom Standard des Schönschreibheftes sucht er nach Einsicht; fragwürdig drückt er seine eigene Individualität in seiner projektionsgeladenen Interpretation des Geschreibsels anderer aus.

Aber wie dem auch immer sei, so könnte doch eine These wie die von Scharfstein niemals vorgebracht werden, wenn es nicht wenigstens einige Philosophen gäbe, auf die sie – zumindest auf den ersten Blick – zuzutreffen scheint. Wittgenstein könnte da als ein gutes Beispiel angesehen werden. Ohne Zweifel behauptet er, daß alles, was wahrhaft bedeutsam ist, unsagbar ist und daß das Innere eines Menschen unergründlich ist. Aus Scharfsteins Blickwinkel würde dies eine Fassade darstellen, eine Fassade, die nur zu gut geeignet ist, den Blick des neugierigen Forschers von Wittgenstein selbst abzulenken. Und es ist tatsächlich schon geschrieben worden, daß Wittgenstein „es vor allen Dingen verabscheuen würde, daß irgend jemand sein Privatleben erkundet".[3] Einer seiner literarischen Nachlaßverwalter hat sogar geschrieben: „Wenn durch einen Knopfdruck es hätte sichergestellt werden können, daß sich die Leute nicht um sein Privatleben kümmern, dann hätte ich auf diesen Knopf gedrückt."[4] Vielleicht hatte Wittgenstein einige Dinge zu verbergen.[5]

Scharfsteins These – daß das Werk eines Menschen ein *verborgener* Ausdruck seines inneren Zustandes ist – ist eine subtile Variante des *erkenntnistheoretischen Expressionismus;*[6] der weit verbreiteten Idee, daß das Werk eines Menschen, ob nun in der Kunst oder in der Philosophie, ein Ausdruck seines inneren Zustandes ist und daß seine Qualität völlig von der Qualität dieses inneren Zustandes abhängt.[7] So hat der Philosoph und Psychologe John Oulton Wisdom behauptet, daß der philosophische Idealismus von Bischof Berkeley ein Ausdruck seines inneren Zustandes ist, wie er von der Psychoanalyse erforscht wird. Wisdom behauptet, daß Berkeleys Idealismus, seine Verneinung der Existenz von Materie, verbunden sei mit – und zugleich ein Ausdruck von – derselben unbewußten Analität, die auch sein Leiden an einem Dickdarmkatarrh bedingte.[8] An anderer Stelle hat Wisdom behauptet, daß Hegels Philosophie ein Ausdruck seiner Abgeschiedenheit, Einsamkeit und Depression sei.[9]

Kann Poppers Denken auf diese Weise verstanden werden? Und wenn ja, was drückt es aus?

Bevor wir uns dieser Frage zuwenden, müssen wir zuerst fragen, ob überhaupt irgend jemandes Denken auf diese Weise angemessen gedeutet wird. Es ist wichtig, diese Frage zu stellen, da der Expressionismus kaum auf diese interessanten Bemerkungen von Scharfstein und Wisdom begrenzt ist, sondern in der westlichen Kultur weitverbreitet ist, indem es die Aufmerksamkeit und das Interesse von der Qualität des Produktes auf den Charakter des Schöpfers verlagert und dadurch häufig das romantische Vertieftsein in die Persönlichkeit fördert, das so vorherrschend in unserer Kultur – wenn nicht gar ein Ausdruck ihrer – ist. Er ist darüberhinaus eine Haltung, die – in der Vergangenheit häufig Physiognomie genannt – durch den langen Gebrauch gutgeheißen wird. Im 18. Jahrhundert findet man ihn bei J. J. Winckelmann, der die teilnahmslosen, marmornen Vorderansichten der klassischen Statuen als Ausdruck der „edlen Einfalt und stillen Größe" der griechischen Seele verstand; und ebenso in Johann Casper Lavaters *„Physiognomischen Fragmenten"* (1775–78), der den Charakter der Menschen aus ihrem Scherenschnitt zu entschlüsseln suchte. Diese Methode wurde später von Georg Christoph Lichtenberg verspottet, der in seiner köstlichen Parodie auf Lavater zeigte, daß jemand, der der Methode Lavaters folgt, die Fähigkeit verliert, zwischen Goethes Haarzopf und Goethes *Faust* zu unterscheiden. Ein sogar noch früheres Beispiel stellt G. B. Della Porta dar, der in *De humana Physiognomia* eine Wissenschaft der Physiognomie durch einen Vergleich zwischen Menschentypen und bestimmten Tieren zu entwickeln suchte. So würde ein Mensch mit Hakennase einen edlen Geist besitzen und jemand mit einem Schafgesicht ein Schaf sein. Es ist leicht, sich über diese Auffassungen lustig zu machen: Man führt Beispiele an, in denen der Realist unter Dickdarmkatarrh leidet und der extrovertierte Hegelianer glücklich ist. Oder man erinnert an Winston Churchills Beschreibung eines politischen Gegners als „Schaf im Schafspelz". Im folgenden möchte ich mich nicht über Physiognomie oder Expressionismus lustig machen, sondern einigen grundlegenden wissenschaftlichen Einwänden anschließen, wie sie in Poppers Philosophie dargelegt und veranschaulicht werden.

Wir können damit beginnen, daß wir den menschlichen Ausdruck in einen weiteren Kontext einbetten.

Zu diesem Zweck greife ich auf Karl Bühlers berühmtes Werk *Sprachtheorie*[10] zurück. Bühler, von 1922 bis 1938 Professor für Philosophie und Psychologie an der Universität Wien, untergliederte die kommunikative Funktion von Sprache in drei Komponenten: 1) die *Ausdrucksfunktion,* wobei die Kommunikation dazu dient, die Gefühle und Gedanken des Sprechers auszudrücken; 2) die *Signal-* oder *Stimulus-* oder *Auslöserfunktion,* wobei die Kommunikation dazu dient, Reaktionen im Hörer hervorzurufen oder auszulösen; 3) die *Darstellungsfunktion,* die in dem Maße vorhanden ist, in dem in der Kommunikation Gegenstände und Sachverhalte beschrieben werden. Diese drei Funktionen sind insoweit voneinander unabhängig, als jede von der vorangehenden begleitet wird, aber nicht von der nachfolgenden begleitet werden muß. So mag jemand etwas ausdrücken, ohne etwas zu signalisieren oder etwas ausdrücken und signalisieren, ohne es darzustellen. Aber man kann nicht signalisieren, ohne auszudrücken, oder darstellen, ohne zugleich auszudrücken und zu signalisieren. Eine weitere Funktion wurde Bühlers Klassifikation durch Popper beigefügt: nämlich 4) die *argumentative Funktion,* auf die die gleiche hierarchische Ordnung Anwendung findet:

Man kann nicht argumentieren, ohne zugleich darzustellen, zu signalisieren und auszudrücken.[11] Die beiden ersten Funktionen finden natürlich auf Tiersprachen Anwendung. Sicherlich drücken Tiere etwas aus und signalisieren. Aber die beiden anderen Funktionen – Darstellen und über diese Darstellungen argumentieren – sind möglicherweise für den Menschen charakteristisch; obwohl diejenigen, die das Leben und die Sprache von Tieren erforschen, sehr wohl hoffen mögen, auf Entdeckungen zu stoßen, die zumindest einige unserer Ansichten über die Grenzen tierischer Kommunikation widerlegen.[12]

Als Hilfe zum Verständnis seiner Ansichten entwarf Bühler folgendes Diagramm:

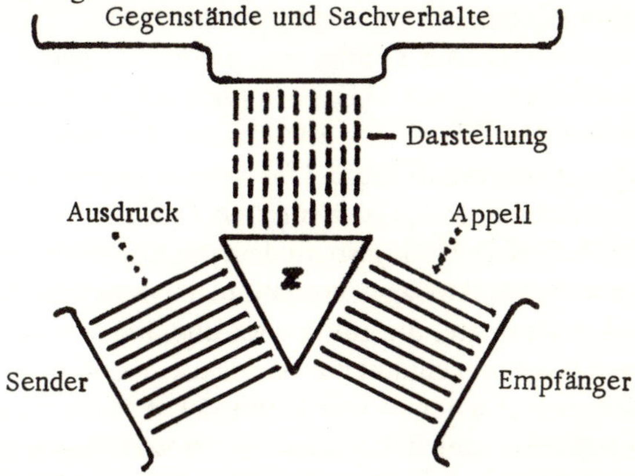

Das Dreieck in der Mitte steht für das sprachliche Zeichen. Dieses Zeichen kann vom Sprecher oder Hörer dazu verwandt werden, sich selbst auszudrücken; es kann beim Empfänger oder Hörer als Signal oder Anrufung aufgenommen werden, das vom Sprecher beabsichtigt oder nicht beabsichtigt worden ist. Und dasselbe Zeichen kann dazu benutzt werden – vom Sender, vom Empfänger oder beiden – einen vom Sender und Empfänger unabhängigen Sachverhalt zu versinnbildlichen.

Das Schema kann offensichtlich auf zeitgenössische Kunst, Musik und Dichtung angewandt werden – oder auf Theorien über diese. Man dehne den Zeichenbegriff aus, über die konventionelle Sprache auf ein Kunstwerk. Solch ein Werk mag bestimmte subjektive Zustände des Geistes oder Intentionen seitens des Künstlers ausdrücken; und diejenigen die das Werk empfangen oder auf es Antwort geben, können es so entschlüsseln, müssen es aber nicht, wie es der ursprüngliche Sender im Sinn hatte. Und das Kunstwerk kann, kann aber auch keine zutreffende Repräsentation sein.

Aber wir wollen dies nicht länger verfolgen, sondern – nun mit dem Schema von Bühler im Hinterkopf – zu unserer Frage zurückkehren: Kann eine philosophische Theorie auf die Ausdrucksebene zurückgeführt werden? Natürlich sind die Ideen eines Philosophen Ausdruck seiner selbst; in einem trivialen Sinne drückt man mit allem, was man tut, sich selbst aus. Aber die Frage besteht darin, ob solche Ideen auf die Ausdrucksebene *zurückgeführt* werden können, ob sie *nur* Ausdruck sind.

Wie Popper schlüssig gezeigt hat, ist die Antwort auf diese Frage entschieden negativ.[13] Es ist *unmöglich* die beschreibende und argumentative Ebene der Sprache auf die Ausdrucks- oder Signalfunktion zurückzuführen: *Eine kausal- physikalische Theorie der darstellenden und argumentativen Funktion der Sprache ist nicht möglich.* In dem Maße also, in dem die Theorien eines Philosophen darstellende Aussagen enthalten, die wahr oder falsch sein sollen, und Argumente, die gültig oder ungültig sein sollen, können solche Theorien nicht auf die Ausdrucksebene zurückgeführt werden. Poppers Argument wurde mit der Absicht vorgebracht, den Physikalismus und Behaviorismus zu widerlegen und nicht solche expressionistischen Theorien über Kunst und Philosophie, wie sie aus Scharfsteins und Wisdoms Ansichten zu folgen scheinen. Jedoch findet das Argument auf den Expressionismus genauso Anwendung wie auf den Physikalismus und Behaviorismus.

Popper greift solche materialistischen, mechanistischen und deterministischen Philosophen an – die alle in ihrer Charakterisierung des menschlichen Selbst expressionistisch sind – die den Menschen und sein Denken auf die Bedingungen zurückführen, unter denen sie entstanden sind; seien diese nun ökonomisch, psycho-sexuell oder auf irgendeine andere Art gedeutet. Diese Philosophien nehmen absurderweise an, daß es einen unveränderlichen persönlichen Kern des Individuums gibt, dessen Ausdruck sein Werk und sein Denken sind – fast wie die blauen Augen oder roten

Haare eines Menschen als Ausdruck seiner Gene aufgefaßt werden können; oder wie die Prägung der Graugans oder, sagen wir, ihre motorische Anlage des futtersuchenden Verhaltens Ausdruck ihrer Gene ist. Solche Philosophien unterlassen es ganz unwissenschaftlich, die sich ständig ändernde, flammenähnliche Eigenart des Individuums in Betracht zu ziehen, die aktive kybernetische Beziehung zwischen einem Menschen und seiner kulturellen Welt, und die kreative, nicht-vorhersagbare Natur dieser Beziehung.

Der Mensch überschreitet die Bedingungen seiner Geburt, seiner Gene und seiner Instinkte durch die Sprache und durch den Zugang, den ihm diese zu dem gibt, was Popper *Welt 3* nennt. Popper unterscheidet zwischen der *Welt 1,* die die Welt der physischen Dinge ist, der Tische und Stühle, der Elektronen und der Planeten; der *Welt 2,* die die Welt der subjektiven Erfahrung, der Gedanken, des Fühlens, der Wahrnehmungen und der Träume ist; und der *Welt 3,* die die Welt des „objektiven Geistes" oder objektiven Erkenntnis ist. Letztere ist der Bereich des objektiven Gehaltes und der Bedeutung von Ideen und anderen Werkzeugen des Verstandes, der Bereich solcher Dinge wie der logische Gehalt von Büchern, Bibliotheken und der Informationsspeicher von Datenverarbeitungsanlagen; der logischen Struktur von Argumenten, der objektiven Problemsituation in einer bestimmten Wissenschaft zu einer bestimmten Zeit. Wenn wir uns dem Wissen von einem Darwinschen, biologisch-orientierten Standpunkt aus nähern, dann können wir Welt 3 als natürliches exosomatisches menschliches Produkt ansehen, in gewisser Hinsicht dem Netz einer Spinne vergleichbar. Diese Welt ist autonom und existiert unabhängig davon, ob sie in der subjektiven Erfahrung irgendeines menschlichen Lebewesens aktualisiert wird. Das heißt, der objektive Gehalt der Welt 3 Phänomene stellt eine Möglichkeit dar, die erforscht werden kann, aber nicht muß. Die ökologische Nische, in die der moderne Mensch hineingeboren wird, enthält diese objektive Erkenntnis, diese Möglichkeit. Dazu schreibt Popper: „So ist es mit allen ökologischen Nischen. Es sind Möglichkeiten, die als solche objektiv untersucht werden können, bis zu einem gewissen Grade unabhängig von der Frage, ob diese Möglichkeiten je von einem Lebewesen aktualisiert werden."[14]

Einige Menschen werten diese Möglichkeiten natürlich in nur sehr geringem Maße aus. Weit entfernt von der Annahme, daß die Erschaffung von und die Wechselwirkung mit der Welt 3 ein natürlicher oder universeller „Ausdruck" des Menschseins ist (und hierin unterscheidet sich die Welt 3 vom Spinnennetz), betont Popper die Bedeutsamkeit der Tradition, um die Welt 3 zu stützen.[15]

In der Wechselwirkung mit der Welt 3 hat der Mensch zumindest die Gelegenheit, sich selbst zu formen, seinen Ursprung und seinen eigenen Selbst-Ausdruck zu überschreiten. Im Zusammenwirken mit und im Beitrag zu dieser Welt kann der Mensch ein Universum erschaffen und für sich selbst nutzbar machen, in dem sein Ich verankert ist und das die Besonderheiten seiner Geburt und frühen Kindheit bei weitem überschreitet. In diesem Vorgang *wird jedermanns Ich dauernd überschritten, mitsamt dem Ausdruck vom eigenen Ich.*

Wie geht dies zu? Nach dem Spracherwerb sieht man sich selbst nicht nur als Subjekt, sondern auch als Objekt: Ein Objekt, über das man nachdenken kann, das man kritisieren und ändern kann. Angenommen, jemand entwickelt eine Idee – eine Idee über das Wesen der Welt, über die menschliche Gesellschaft, über das eigene Ich oder irgendetwas anderes. Diese Idee gewinnt in der Welt 3 sofort ein objektives Eigenleben und *enthält wesentlich mehr, als jemals von ihrem Urheber beabsichtigt:* Sie hat unbeabsichtigte, nicht-vorhersehbare Konsequenzen und damit unbekannte, unerforschte Möglichkeiten. Dies ist dem eigentümlichen Charakter der menschlichen Sprache zuzuschreiben, enthält sie doch die darstellende und argumentative Ebene. Popper drückt dies schlagend darin aus, daß „wir niemals wüßten, worüber wir sprächen". Alles, was wir sagen, hat Folgerungen, die das überschreiten, was zum Zeitpunkt der Äußerung gewußt oder beabsichtigt worden ist. Denn wenn wir eine Theorie entwickeln oder versuchen, eine solche zu verstehen, dann bringen wir auch alle ihre logischen Folgerungen vor, also alle jene Aussagen, die aus ihr folgen – genauso wie die weiteren Folgerungen, die sich daraus ergeben, daß diese Theorie mit anderen Theorien vereinigt wird. Es gibt eine unendlich große Zahl von nicht-vorhersehbaren nicht-trivialen Aussagen, die zu dem informativen Gehalt jeder Theorie gehören.

Ein einfaches Beispiel kann hierzu aus Poppers eigener intellektueller Entwicklung herangezogen werden. Am Anfang entwickelte er seine Vorstellungen vom logischen Gehalt einer Theorie und von unbeabsichtigten Konsequenzen im Zusammenhang mit seinen Studien über die Unterschiede und gegenseitigen Beziehungen der Theorien von Newton und Einstein – also durch Arbeiten in der Wissenschaftstheorie und Erkenntnislogik und bei der Entwicklung seiner berühmten Theorie der Falsifizierbarkeit. Popper hatte zunächst nicht die geringste Absicht, diese Ideen irgendwo anders anzuwenden – gewiß nicht auf die Sozialphilosophie, politische Theorie oder Ethik. Später jedoch bemerkte er, daß ganz ähnliche Erwägungen auf das soziale Geschehen Anwendung fanden: Daß auch soziale und politische Verfahrensweisen unbeabsichtigte Konsequenzen haben und daß diese einfache, beinahe triviale Tatsache eigene weitreichende Konsequenzen hat. So bedeutete es z. B., daß eine groß-angelegte Sozialtechnik unnütz ist und daß deterministische Theorien der Entwicklung der Geschichte, wie der Marxismus – die Popper „historizistische Theorien" nennt – falsch sein müssen.

Auf diese Weise wurde ein Philosoph der Physik zur Begründung dessen gebracht, was Sir Isaiah Berlin in seiner Karl Marx-Biographie als die „gewissenhafteste und gewaltigste Kritik der philosophischen und historischen Doktrinen des Marxismus durch einen heute lebenden Verfasser" beschreibt. Es kann tatsächlich behauptet werden, daß Poppers gesamte politische Theorie und Sozialphilosophie, wie sie in *Die offene Gesellschaft und ihre Feinde* und in *Das Elend des Historizismus* entwickelt wurde, ein genaues Herausarbeiten der Folgerungen der logischen Idee des Gehalts und der unbeabsichtigten Konsequenzen darstellt. Im Verlauf dieses Prozesses wurde Popper, der als junger Mann begeisterter Sozialist war, dazu gezwungen, seinen Sozialismus aufzugeben und eine umfassende Kritik an sozialistischen und marxistischen Modellen der Planwirtschaft zu entwickeln.

So kann eine neue Idee, die jemand hervorbringt, die Nische verändern, in der man lebt. Sie mag neue Möglichkeiten und Probleme für einen bereithalten; da es logisch unmöglich ist, daß man diese Entwicklungen vorausgesehen hat, ist es absurd, sie als „Ausdruck" seines Ich zu deuten. Die Verästelungen von Ideen über die Welt, über die Gesellschaft, über das Individuum, über jemandes Ziele und Präferenzen können – indem man ihnen nachgeht, indem man mit ihnen arbeitet, indem man sie sich als Probleme zu eigen macht – eine radikale Wirkung auf jemandes Auffassung von sich selbst (und jemandes Selbstauffassung ist – zumindest in dem Maße, in dem sie bewußt artikuliert ist – Gegenstand der Welt 3) und sein instinktmäßiges Leben haben. Weit davon entfernt, das alte Selbst und die alte Selbstauffassung auszudrücken, können sie vollständig mit ihnen in Widerspruch liegen.

Im Fall des Individuums, das wie der Wissenschaftler oder der Philosoph durch seine Wechselwirkung mit der Welt des Geistes ausgezeichnet ist, ist man sogar versucht zu sagen – im Gegensatz zu Scharfstein und Wisdom – *daß es eher ein Ausdruck seiner Ideen ist als die Ideen ein Ausdruck von ihm.* Einige Personen haben diese Art des Denkens bis zum Extrem getrieben: Ich denke da als Beispiel an die physischen Therapeuten in den Vereinigten Staaten, an die Schule von Ida Rolf z. B., die behauptet, daß unser ganzer Körper, ja schon die Rückgratverkrümmung und die Faszie der Muskeln, Ausdruck unserer Gedanken ist.[16]

Aber auch dies ist nicht richtig: Obwohl die Wirkung der Welt 3 auf jeden von uns – selbst die orginellsten Köpfe – die Wirkung übersteigt, die irgendein Individuum auf sie haben kann, ist das ganze Modell des Ausdrucks zu passiv. Die *Beziehung* zwischen uns selbst und unserem Werk ist keine Sache des Ausdrucks: Vielmehr ist die Wechselwirkung höchst aktiv. Popper drückt dies so aus:[17]

„Alles (hängt) von dem Geben und Nehmen zwischen uns und unseren Werken (ab), die wir zur dritten Welt beisteuern, von der ständigen Rückkoppelung, die durch bewußte Selbstkritik verstärkt werden kann. Das Wunder des Lebens, die Entwicklung, auch dic geistige, ist gerade diese Methode des Gebens und Nehmens, diese Wechselwirkung zwischen unseren Handlungen und ihren Ergebnissen, durch die wir ständig über uns, unsere Fähigkeiten und Begabungen hinauskommen. Diese Selbstüberschreitung ist die auffallendste und wichtigste Tatsache allen Lebens und aller Entwicklung, besonders der menschlichen Entwicklung.“

VI

Wenn man sich diese Fakten über Sprache, Denken und Kultur – Fakten, zu deren Entwicklung und Anwendung Popper viel beigetragen hat – einmal vergegenwärtigt hat, dann kann man das Vorhaben nicht länger ernst nehmen, die Philosophie eines Menschen auf seine persönlichen Umstände zurückzuführen oder sie einfach als Form des Ausdrucks anzusehen. Um Poppers Philosophie zu verstehen, muß man ihren Gehalt studieren – und dies bedeutet ein Eindringen in die abstrakten Bereiche von Logik und Methodologie, der Quantenmechanik, der Wahrscheinlichkeitstheorie sowie der politischen Philosophie und der Sozialphilosophie. Dies ist eine lohnende Aufgabe. Weit davon entfernt, ein Ausdruck des Zeitgeistes zu sein oder gar seiner Heimatstadt Wien, ganz zu schweigen seiner Persönlichkeit, ist Poppers Philosophie vollkommen antithetisch zu den dominierenden Themen der gegenwärtigen abendländischen Philosophie. In der Tat muß der Kenner der Geistesgeschichte und der wissenschaftlichen Diskussion einfach den ungewöhnlichen Genuß hochschätzen, der ihm in Poppers Werk bereitgehalten wird. In einer Zeit, in der die meisten ernstzunehmenden Physiker Induktivisten, Subjektivisten, Positivisten und Instrumentalisten sind, entpuppt sich der führende Philosoph der Physik, Karl Popper, als Deduktivist, Realist, Anti-Positivist und Anti-Instrumentalist. Das Ergebnis von Poppers Lebenswerk ist somit eine eindrucksvolle Herausforderung der konventionellen Wissenschaftstheorien. Die Wichtigkeit liegt nicht einfach in der Kritik: Konventionelle Wissenschaftstheorien sind auch schon vorher angegriffen worden, häufig in Verbindung mit der ideologischen Verteidigung der Religion oder aus politischen Gründen. Ein solches Motiv liegt Poppers Werk nicht zugrunde; vielmehr stellt es eine grundlegende Nachprüfung der Wissenschaftstheorie aus der Wissenschaft selbst heraus dar und zielt auf ein adäquateres wissenschaftliches Weltbild. Eine Methodologie, die so tief von der historischen Betrachtung abhängt, ist auf alle Gebiete und Disziplinen anwendbar, zumindest in dem Maße, in dem sie nach adäquateren Erklärungen und Beschreibungen streben.

Natürlich kann man von dieser anstrengenden Aufgabe, nämlich dem Versuch des Verständnisses dieser systematischen Philosophie und der Rekonstruktion der komplizierten Problemsituationen in der Physik und Philosophie, wie sie so gründlich in Poppers Schriften – und erneut in Poppers intellektueller Autobiographie *Ausgangspunkte* – entworfen sind, absehen. Man kann sich statt dessen mit einer Geschichte über die verborgenen Konflikte begnügen, die in Popper sein *müssen,* um so viel Energie zu erklären: Daß sein unbezähmbarer Wagemut in den vereinsamten, arktischen Regionen des Verstandes z. B. irgendwelche tiefen Minderwertigkeitsgefühle kompensieren hilft; daß seine Aufforderung zur Kritik jedes Produkts menschlichen Geistes eine Maske ist, um von der Kritik an sich selbst abzulenken. Aber solche Träumereien haben geringen Wert bei der Interpretation seines Denkens. Wie er selbst sagen würde „erklären sie alles und deshalb nichts“. Solcherart ist keine Biographie, die durch die Suche nach Einsicht motiviert ist; es ist vielmehr eine Biographie nach Verordnung.

Popper gehört zu der Minorität von Menschen – Philosophen, Poeten, Wissenschaftlern – die ihr eigenes Leben und den Verlauf der menschlichen Geschichte auf ihrer höchsten Stufe als Suche nach Rekonstruktion und Selbstüberschreitung begreifen; die sich auf endlose Wege, niemals endende Fragen einlassen, auf der Suche nach einer tieferen Realität, Bedeutung und Verstehen. Der Versuch, einen solchen Menschen zu verstehen, mag mit alltäglichen „Weisheiten“ über die Konflikte und Gefühle der Unzulänglichkeit beginnen – aber kaum dabei stehenbleiben – die ein Teil des Schicksals von uns allen sind.

VII

Meine Zweifel über den Wert der expressionistisch-psychologischen Darstellung verfolgten keineswegs die Absicht, die philosophische Biographie und die Kulturgeschichte im Wert herabzusetzen. Ganz im Gegenteil[18]: in den abschließenden Paragraphen möchte ich gerne auf ein Gebiet hinweisen, wo ich sicher bin, daß künftige Biographen Poppers enorme Ressourcen finden werden.

Die zeitgenössische Fachliteratur richtet ihr Augenmerk viel zu selten auf etwas, was für derartige Analysen bestens geeignet ist: Nämlich die Existenz, Zusammensetzung, Entstehung, Versorgung und Integration eines locker zusammengefügten intellektuellen Zirkels. Ein solcher Zirkel, der erforscht *worden* ist, ist die Wiener Gruppe aus der Zeit vor dem ersten Weltkrieg um Adolf Loos, Karl Kraus, Hugo von Hofmannsthal, Franz Kafka, Robert Musil, Ludwig Wittgenstein, Sigmund Freud, Arnold Schönberg, Anton Webern, Oskar Kokoschka, Fritz Mauthner, Bruno Walter, Gustav Mahler, Anton Bruckner und Ludwig Boltzmann.[19] Wenn ich von einer „Gruppe" spreche, meine ich natürlich nicht, daß diese Männer Mitglieder einer Art von Klub waren oder daß sie sich zu regelmäßigen Sitzungen zusammenfanden! Aber diese Männer lebten zur selben Zeit in derselben Stadt; viele von ihnen kannten sich persönlich; und es gibt ein kompliziertes und bedeutsames Netzwerk von überlappenden Beziehungen zwischen ihnen: Ein Netzwerk, das für die Entstehung, Entwicklung und Verbreitung ihrer Ideen bedeutsam war.

Noch eine andere, viel vertrautere und viel fester umrissene Gruppe ist die berühmte Bloomsbury-Gruppe in England, die Mitglieder G. E. Moore, Virginia Woolf, Leonard Woolf, Bertrand Russell, Lytton Strachey, Roger Fry, John Maynard Keynes, Clive Bell, Desmond MacCarthy. Duncan Grant, Vanessa Bell, E. M. Forster und R. H. Tawney einschloß.[20]

Noch eine andere Gruppe von großer Bedeutung, die bisher von niemandem zusammenhängend behandelt worden ist – und die einen tiefen Einfluß auf das amerikanische und europäische Denken während der letzten dreißig Jahren hatte – schließt Karl Popper ein. Unter ihren Mitgliedern würden sich – zusätzlich zu

Popper – Karl Bühler, Ludwig von Bertalanffy, Sir Ernst Gombrich, F. A. von Hayek und Konrad Lorenz befinden. Es wäre auch möglich, Arthur Koestler dieser Gruppe zuzurechnen.

Der Psychologe Karl Bühler kann als Schlüsselfigur dieser Gruppe angesehen werden. Bühler, 1879 in Meckesheim in der Nähe von Mauer geboren, war Deutscher und gehörte einer früheren Generation an. Popper, Gombrich und Lorenz waren seine Schüler; und ich habe an anderer Stelle behauptet, daß auch Wittgenstein durch Bühler wesentlich beeinflußt worden ist.[21] Die anderen auf unserer Liste sind Zeitgenossen; mit Ausnahme von Koestler, der in Budapest geboren wurde, waren alle Wiener; und alle waren in den zwanziger Jahren Studenten an der Universität von Wien. Der Nationalökonom (und in diesem Fach Nobelpreisträger), Philosoph und Psychologe F. A. von Hayek (der auch, nebenbei bemerkt, ein Cousin zweiten Grades von Ludwig Wittgenstein ist) ist der Älteste, geboren 1899. Von Bertalanffy, Biologe und Mitbegründer der Kybernetik und allgemeinen Systemtheorie, wurde 1901 geboren, Popper 1902. Konrad Lorenz, Ethologe (und in diesem Fach Nobelpreisträger) und Philosoph, wurde 1903 geboren; Koestler, Romanschriftsteller und Wissenschaftshistoriker (und wie Popper Träger des Sonning Preises), wurde 1905 geboren, Gombrich, unzweifelhaft der führende Kunsthistoriker der englischsprachigen Welt, wurde 1909 geboren. Bühler, Popper, Gombrich, Hayek und Koestler verließen die deutschsprachigen Länder in den Dreißigern; Bertalanffy in den späten Vierzigern. Mit Ausnahme von Lorenz erwarben sich alle ihren guten Ruf hauptsächlich in englischsprachigen Ländern.

Popper und Lorenz waren Jugendfreunde; Popper, Gombrich und Hayek wurden als Erwachsene enge Freunde und überlappen inzwischen mit einer weiteren bedeutsamen Gruppe. Aber dies ist eine andere Geschichte.

Intellektuellenzirkel sind natürlich an und für sich keine Seltenheit. Der wesentliche Punkt ist, daß man in allen drei erwähnten Gruppen eine außerordentliche Kreuzbefruchtung findet, das Erblühen, die Produktion des Genies, während die meisten Intellektuellenzirkel nicht viel mehr tun können, als ihre Mitglieder in ihrem gemeinsamen intellektuellen Tod – ja sogar in ihrem gegenseitigen intellektuellen Selbstmord – zu unterstützen und zu trösten, ja sogar zu bestärken. Solche Zirkel – insbesondere wenn sie herausragend schöpferisch sind – können *als* Gruppen erforscht werden, als Nischen der Kreativität . . . und der geistigen Pathologie.

Ungeachtet der ganz verschiedenen Disziplinen, in denen die Denker unserer letzten Gruppe ausgebildet wurden und in denen sie sich einen Namen machten, überlappen sich doch die Ideen und Probleme, an denen sie interessiert sind, in hohem Maße. Sie sind natürlich weitgehend unabhängig voneinander und stimmen auf keinen Fall in allen Fragestellungen miteinander überein; es gibt z. B. sowohl große Ähnlichkeiten als auch gewichtige Unterschiede in den Erkenntnistheorien von Lorenz und Popper, und gar noch größere zwischen Popper und Koestler. Alle Mitglieder dieser dritten Gruppe sind durch ihre Einstellung auf eine genau definierte Menge von Problemen verbunden, in ihrer nachdrücklich antiempiristischen, Neukantianischen Betrachtungsweise und ihrem biologisch orientierten Blick auf menschliches Wissen. Sie sind alle an der gegenseitigen Durchdringung von Physik, Biologie und Psychologie interessiert; sie sind allesamt Universalgelehrte, die zwischen den „zwei Kulturen" eine Brücke schlagen und sie damit als unrichtig erweisen, indem sie sowohl Wesentliches zu den Geisteswissenschaften, zu den Sozialwissenschaften, zur politischen Theorie als auch zu den Naturwissenschaften beitragen; alle betonen die angeborenen biologischen und psychologischen Bedingungen und Begrenzungen des Denkens; sie werden alle von Problemen der Emergenz und Kreativität in Anspruch genommen.

Des weiteren findet man eine interessante Kontinuität zwischen den erwähnten Gruppen; und Wittgenstein hält es in gewissem Sinne mit allen dreien. Das Entscheidende ist aber, daß man in der dritten Gruppe die Lösungen der Probleme findet, die auf klassische Weise von Mitgliedern der ersten Gruppe gestellt wurden.

Popper ist der bedeutendste Theoretiker innerhalb dieser dritten Gruppe und hat die grundlegendsten theoretischen Entdekkungen gemacht. Nachdem er seine Karriere in der Philosophie der Physik begonnen hatte, ging er daran, neue Grundlagen für die Logik und die Wahrscheinlichkeitstheorie zu erarbeiten, um sich schließlich auch einen Namen als Sozialphilosoph und politischer Theoretiker zu machen. In seinen Augen sind diese Gebiete aber nicht getrennt, sondern eng miteinander verflochten: Wie bereits früher angedeutet, verbindet sich in seinem Werk Indeterminismus der Geschichte mit Indeterminismus in der Physik und die Kritik von Theorien mit der rationalen Reform sozialer Institutionen. In späteren Jahren hat er seine Aufmerksamkeit einem Gebiet zugewandt, das in seinem früheren Werk kaum angedeutet worden war: der Biologie und der Evolutionstheorie. Diese neue biologische Arbeit bedeutet nicht einfach Zuwachs: Sie eint sein ganzes Denken. In der *Logik der Forschung* (1934) hatte Popper die Erkenntnistheoretiker gedrängt, sich ihrer Aufgabe durch das Studium der am besten entwickelten Form des Wissens zu nähern: wissenschaftlichen Theorien. Nun, in *Objektive Erkenntnis* (1974), wendet er sich auch primitiven und vormenschlichen Formen des Wissens und der Evolution als Beispielen für das Anwachsen des Wissens zu und behauptet: „Die wesentliche Aufgabe der Erkenntnistheorie besteht darin, das Wissen als kontinuierlich mit tierischem Wissen zu verstehen; und ebenso darin, die Diskontinuierlichkeiten – wenn es welche gibt – mit tierischem Wissen zu verstehen.“[22] Erkenntnistheorie wird für ihn die Wissenschaft vergleichbarer kognitiver Systeme. Hier wird die Verbindung zu Lorenz' sowohl theoretischer als auch praktischer Arbeit deutlich, genauso wie die frühere Verbindung beider zu Bühler.[23]

Obwohl die Kriegsumstände, die die meisten dieser Männer zum Verlassen von Wien zwangen, natürlich zutiefst zu bedauern sind, war ihre Übersiedlung letztendlich ein Segen für das gesamte europäische Denken. Am meisten für England, das die Heimat von Koestler, Popper und Gombrich – und zwanzig Jahre lang für Hayek – wurde. Der von Popper vertretene Standpunkt steht der traditionellen britischen Philosophie zutiefst feindlich gegenüber und steht in völliger Opposition zur gegenwärtigen britischen Schulphilosophie. Dies ist ein weiterer Grund dafür, daß er als schwieriger Mensch angesehen wird. Aber die Klarheit und Schärfe der Formulierung wird gerade durch solche Konfrontation erreicht – Popper selbst nennt dies einen „Kultur-Zusammenprall". Und es kann gesagt werden, daß Popper und seine Freunde und Mitarbeiter nun eine Art von „offizieller Opposition" zur herrschenden britischen Ideologie darstellen; und daß alles, was an der gegenwärtigen britischen Wissenschaft und Philosophie kreativ ist, durch ihr Werk beeinflußt worden ist.

Anmerkungen

1 Vgl. Charles S. Peirce: *Schriften zum Pragmatismus und Pragmatizismus, Frankfurt/M., 1976, S. 186f.*

2 Siehe Ben-Ami Scharfstein: *The Philosophers: Their Lives and the Nature of their Thought,* 1980.

3 Fania Pascal: *„Wittgenstein: A Personal Memoir",* in *Wittgenstein: Sources and Perspectives,* ed. C. G. Luckhardt (London: Harvester Press; 1979), S. 23.

4 Elizabeth Anscombe, wie sie von Paul Engelmann: *Ludwig Wittgenstein – Briefe und Begegnungen* (R. Oldenbourg, Wien und München), S. 12, zitiert wird.

5 Siehe W. W. Bartley III: *Wittgenstein* (New York: J. B. Lippincott Co.; 1973).

6 Der Begriff „erkenntnistheoretischer Expressionismus" wurde von K. R. Popper: *Objektive Erkenntnis* (Hamburg, 1973) S. 166f. geprägt.

7 Über den Expressionismus siehe E. H. Gombrich: *The Sense of Order* (New York: Phaidon; 1979), S. 42–4 und *Meditations on a Hobby Horse* (New York: Phaidon; 1963), S. 56–69 und S. 78–85; siehe dazu auch: K. R. Popper: *Ausgangspunkte* (Hamburg: Hoffmann und Campe; 1979), Kapitel 13 und 14.

8 J. O. Wisdom: *The Unconscious Origin of Berkeley's Philosophy* (London, 1953).

9 J. O. Wisdom: „What Was Hegel's Main Problem?", Royal Institute of Philosophy Lecture, London, 2. Februar 1962. Siehe auch das Buch von Wisdom: *Philosophy and Its Place in Our Culture* (New York: Gordon and Breach; 1975). Für einen ziemlich ähnlichen Ansatz siehe

Morris Lazerowitz: *The Language of Philosophy: Freud and Wittgenstein* (Dordrecht: D. Reidel; 1977).

10 Karl Bühler: *Sprachtheorie: Die Darstellungsfunktion der Sprache* (Leipzig, 1934; zweite Auflage Stuttgart: Gustav Fischer Verlag; 1965).

11 K. R. Popper: *Conjectures and Refutations* (London: Routledge and Kegan Paul; 1962), S. 134 u. 295; *Objektive Erkenntnis,* a.a.O., S. 53, 137, 179 u. 261; *The Self and Its Brain (Das Ich und sein Gehirn),* zusammen mit Sir John Eccles (New York: Springer Verlag; 1977), S. 57–8. Siehe auch meine Erörterung in: W. W. Bartley III: *Morality and Religion* (London: Macmillan and Co.; 1971), 2. Kapitel.

12 Ein mögliches Beispiel sind Frischs Bienen.

13 Siehe dazu: „Language and the Body-Mind Problem", in *Conjectures and Refutations,* a.a.O., S. 293–98.

14 *Objektive Erkenntnis,* a.a.O., S. 134.

15 *Conjectures and Refutations,* a.a.O., S. 120–35.

16 Siehe W. W. Bartley III: *Werner Erhard: The Transformation of a Man* (New York: Clarkson N. Potter, Inc.; 1978).

17 *Objektive Erkenntnis,* a.a.O., S. 167.

18 Siehe dazu meine Biographien von Ludwig Wittgenstein und Werner Erhard, a.a.O.

19 Unter den vielen wissenschaftlichen Untersuchungen über diese Denker siehe: Frank Field: *The Last Days of Mankind* (London: Macmillan; 1967); William M. Johnston: *The Austrian Mind* (Berkeley: University of California Press; 1972); und Carl Schorske: *Fin de Siècle Vienna* (New York: Alfred A. Knopf, Inc.; 1979). Siehe auch W. W. Bartley III: *Wittgenstein,* a.a.O. und meine Besprechung von Toulmin/Janek *Wittgenstein's Vienna* in: *Philosophy of the Social Sciences,* 5, 1975, S. 88–91.

20 Es gibt viele ausgezeichnete wissenschaftliche Untersuchungen über die Bloomsbury-Gruppe. Siehe: Quentin Bell: *Bloomsbury* (New York: Basic Books; 1968); Leon Edel: *Bloomsbury: A House of Lions* (New York: J. B. Lippincott; 1979).

21 Siehe dazu W. W. Bartley III: „Theory of Language and Philosophy of Science as Instruments of Educational Reform: Wittgenstein and Popper as Austrian Schoolteachers", in Robert S. Cohen/Marx W. Wartofsky (eds.): *Methodological and Historical Essays in the Natural and Social Sciences* (Dordrecht: D. Reidel Publishing Co.; 1974), S. 307–37; „Sprach- und Wissenschaftstheorie als Werkzeuge einer Schulreform: Wittgenstein und Popper als österreichische Schul-

lehrer", *Conceptus,* 3, 1969, S. 6–22; „Die österreichische Schulreform als die Wiege der modernen Philosophie," *Club Voltaire: Jahrbuch für kritische Aufklärung,* Vol. IV (Rowohlt, 1970); mein Buch *Wittgenstein,* a.a.O.; und mein Buch: *Ludwig Wittgenstein e Karl Popper: Maestri di scuola elementare* (Rome: Armando Armando: 1976).

22 Für eine Ausarbeitung dieser Gesichtspunkte, siehe meine Untersuchungen des Popperschen Denkens: „The Philosophy of Karl Popper: Part I: Biology & Evolutionary Epistemology", *Philosophia,* 6, September-December 1976, S. 463–94; „Part II: Consciousness and Physics: Quantum Mechanics, Probability, Indeterminism, The Body-Mind Problem", *Philosophia,* 7, July 1978, S. 675-716. Siehe auch Karl R. Popper: „Replies to My Critics," in P. A. Schilpp: *The Philosophy of Karl Popper* (LaSalle: Open Court; 1974), p. 1061.

23 Siehe dazu Konrad Lorenz: *Die Rückseite des Spiegels* (R. Piper Verlag, 1973), insbesondere die erkenntnistheoretischen Prolegomena, in denen sowohl Bühler als auch Popper behandelt werden. Siehe auch Lorenz: „Kants Lehre vom Apriorischen im Lichte gegenwärtiger Biologie", *Blätter für Deutsche Philosophie,* 15, 1941, S. 94–125.

Aus dem Englischen von
Wolfgang Dittel

Claude Lévi-Strauss (*1908)

Günter Metken

Claude Lévi-Strauss – Künstler und Gelehrter

Der Mythologe vom Collège de France

Winter 1974. Erstmals in der Vorlesung im Collège de France. Im Hörsaal sechs, ungenügend gegen den Straßenlärm abgeschirmt, drängen sich Leute vom Fach, Studenten aus anderen Disziplinen und Ländern, viele aus der Dritten Welt, einige Damen, die üblichen Penner. Lévi-Strauss tritt ein, gebräunt, straff und hager, sehr elegant, mit seinen fast siebzig Jahren alterslos wirkend. Vorgebeugt, mit Vogelnase und scharfen Brillengläsern, faßt er die Hörer ins Auge und spricht dann, frei oder aus einem Manuskript zusammenfassend, über einige Mythen aus Nordamerika im Vergleich mit der europäischen Gralssage. Auch bei den Indianern der Ebene taucht jener sieche König auf, den, wie Amfortas im keltischen Bereich, nur die Frage nach seinem Leiden erlösen könnte. In beiden Fällen liegt sein Schloß im Ödland, gibt es eine nie versiegende Speisung, die wir Gral nennen. In Amerika hängen die Erzählungen mit dem Jahreszeitenrhythmus des Lachsfangs oder Maisanbaus zusammen. Der Vortragende nennt die Beispiele, ohne seine Schlußfolgerungen zu forcieren. Ein direkter Einfluß der Mythen aufeinander ist ausgeschlossen, die zeitlichen und literarischen Abstände sind zu groß. Aber darauf will Lévi-Strauss auch garnicht hinaus. Ihm geht es um die Aufdeckung verwandter Strukturen, hier die Nichtkommunikation (die nichtgestellte Frage). Eleganz und Humor der Formulierung paaren sich bei ihm mit genauer Beachtung der Quellen und Untersuchungen.

Das Wort „Struktur“ fällt übrigens nicht, der Vater des Strukturalismus hat immer nur als Ethnologe gearbeitet, allerdings auf eine Weise, die das Fach sprengte oder erst zur *science humaine* ausweitete, wie die Geisteswissenschaft französisch heißt. Auch die Ethnologie macht ja seit einem Jahrhundert Wandlungen durch, ganz ähnlich wie Archäologie und Geschichte. Zunächst mußte sie die Fremdheit jener „Naturvölker" entdecken, die man bis tief ins 19. Jahrhundert an der eigenen Elle maß. Vom Positivismus wurden die primitiven Gesellschaften wie eingefrorene Reste eines archaischen, unwandelbaren, trotz lebendiger Gegenwart vergangenen Zustands studiert. Neuerdings erst beobachtet man auch ihren historischen und sozialen Wandel, was die Auseinandersetzung mit fremden Gemeinschaften zum Dialog mit der eigenen werden und beide sich ineinander spiegeln läßt. Vorgelebt wurde diese Haltung von Jean-Jacques Rousseau, der sich als Präzedenzfall der Entfremdung in seiner Epoche beschrieb und dank seinem Wissen vom eigenen Anderssein die Ethnologie zugleich möglich und irreversibel machte. Zeit und Fortschritt leugnend, stellt er sogenannte primitive und entwickelte Gesellschaften gleich, trennt sie damit aber endgültig voneinander, versuchen doch nur die zweiten die ersteren zu begreifen.

Lévi-Strauss hat die Öffnung zur Gegenwart maßgeblich betrieben. Auf den Ergebnissen der einst durch Franz Boas inspirierten amerikanischen Schule fußend, welche die Sitten der nordwestlichen Indianer namentlich in Britisch-Columbien erforschte, ist er in der kombinierenden Auslegung weit vorgestoßen, oft zu weit für Kollegen. Er geht von Marx aus und versteht sein Vorgehen insofern als materialistisch, als er die Transzendenz ablehnt. Determinismus und entsprechendes Drängen auf geschichtlichen Fortschritt als Befreiung aus primitiven Zuständen sind ihm allerdings ebenso fremd. Für ihn bedeuten Mythen immanente Welterklärungen, eine Art gleitender Kodifizierung des Verhältnisses zu angenommenen Übermächten. Die Starre der Mythen im Vergleich mit empirischer Erfahrung wird durch den anpassungsfähigeren Ritus kompensiert. Formen der etablierten Religion wie das Christentum fallen ebenso unter die Mythen wie Richard Wagners *Parsifal*-Auslegung oder der Freudsche Ökipuskomplex, der für ihn bereits wieder Bestandteil des Ödipusmythos ist. Versucht wird ein Zusammenspiel von analytischer und dialektischer Vernunft, wobei letzterer die Planung zufällt und ersterer die Aufschlüsselung. Das Ziel ist die Aussöhnung von Freud und Marx, indem sich die zu Bewußtsein gebrachten Mythen als gesellschaftliche Regulatoren erweisen.

Es ist Lévi-Strauss darum zu tun, Natur und Kultur wieder zusammenzuführen, das „wilde" und das rationale Denken in Übereinstimmung zu bringen. Der häufig zitierte Rousseau wird zur Leitfigur seines Denkens, das eine utopische Note enthält, ist er doch letztlich davon überzeugt, daß dem Weißen daran gelegen sein muß, sich Denken und Mythenbildung der „Wilden" wieder einzuverleiben. Es sind komplementäre Formen des sich Zurechtfindens in der Welt, die erste zurückgedrängt durch die technisch-instrumentale Vernunft. Deshalb werden in den *Mythologica,* dem auf vier stattliche Bände angewachsenen Hauptwerk, Gegensatzpaare wie „Das Rohe und das Gekochte", „Honig und Asche", Nacktheit und Kleidung miteinander verglichen, wobei Lévi-Strauss den Übergang von Natur zu Kultur jedesmal genau einkreist und den Begriff des Naturmenschen ad absurdum führt. Im ganzen hat sich sein Forschen vom Ethnographischen her immer mehr zum Anthropologischen geöffnet; die Ergründung fremder Zustände ist auf Erkenntnis der eigenen gemünzt.

Nach dem Bisherigen ist begreiflich, warum Lévi-Strauss in Fachkreisen auf Kritik stößt, warum er aber auch ein weiter gefächertes Publikum als nur Spezialisten hat. Dieser Ausstrahlung entspricht eine unorthodoxe Laufbahn. Bevor wir sie zusammenfassen, sei seine wissenschaftliche Position allgemein umrissen, und zwar von einem faszinierten Gegner, Professor Edmund Leach aus Cambridge, dem die Methode seines Pariser Kollegen letztlich interessanter vorkommt als die praktischen Ergebnisse ihrer Anwendung:

> Claude Lévi-Strauss ist Professor für Sozialanthropologie am Collège de France und anerkanntermaßen der hervorragendste Vertreter dieses Faches außerhalb der englischsprachigen Welt. Es gibt allerdings zwei verschiedene Gruppen von Wissenschaftlern, die sich Sozialanthropologen nennen. Das Vorbild der ersten Gruppe ist Sir James Frazer (1854–1941), der Verfasser des bekannten Werkes ‚Der goldene Zweig'. Er war ein Mann von monumentaler Gelehrtheit, der aber das Leben der primitiven Völker, über die er schrieb, nicht aus unmittelbarer Anschauung kannte.

Er hoffte, grundlegende Erkenntnisse über die Natur der menschlichen Psychologie durch den Vergleich von Einzelheiten der menschlichen Kultur im weltweiten Rahmen zu gewinnen. – Das Vorbild der zweiten Gruppe ist Bronislaw Malinowski (1884–1942), ein geborener Pole und naturalisierter Engländer, dessen Lebenswerk in der Auswertung von Forschungen bestand, die er in einem einzigen kleinen melanesischen Dorf vier Jahre lang persönlich geleitet hatte. Er wollte vor allem darstellen, wie diese exotische Gemeinde als soziales System „funktionierte" und wie das Leben ihrer einzelnen Mitglieder von der Wiege bis zur Bahre verlief. An den Unterschieden zwischen den Kulturen war er stärker interessiert als an den überall vorhandenen Gemeinsamkeiten.

Fast alle Sozialanthropologen in Großbritannien und in den Vereinigten Staaten behaupten, sie seien „Funktionalisten"; allgemein gesagt sind sie Anthropologen im Stil und in der Tradition von Malinowski. Im Gegensatz dazu ist Claude Lévi-Strauss ein Sozialanthropologe in der Tradition von Frazer, wenn er auch einen eigenen Stil entwickelt hat. Seine Aufmerksamkeit ist letztlich nicht auf Tatsachen über die Organisation irgendeiner bestimmten Gesellschaftsform oder einer Gruppe von Gesellschaften gerichtet, ihm geht es vielmehr in erster Linie um die Feststellung von Tatsachen, die etwas über das „Wesen des Menschen" aussagen. Der Unterschied zwischen seiner Position und der der Funktionalisten ist grundlegend.

Edmund Leach: Claude Lévi-Strauss dtv 747, S. 7–8

Lévi-Strauss wurde 1908 als Sohn eines französischen Künstlers in Brüssel geboren und studierte 1927–32 in Paris Jura, Philosophie und Soziologie, wobei er sich mit Emile Durkheims *Methode der Soziologie* und den sozialanthropologischen Untersuchungen von Marcel Mauss *(Die Gabe)* vertraut machte. Zunächst als Gymnasiallehrer tätig, erreicht ihn 1934 ein Ruf als Soziologe an die Universität von Saô Paulo. Nach dem Eintreffen in Brasilien nimmt er bald Fühlung mit den Eingeborenen des Innern auf und wird zum Ethnologen aus Passion, der in dieser Zeit Lowies wichtiges Werk *Primitive Society* in der Übersetzung von Alfred Métraux liest. Er leitet zwei wissenschaftliche Expeditionen zu Indianerstämmen des Mato Grosso und des südlichen Amazonasbeckens, die lange Zeit seine Hauptinformanten bleiben und auch das Thema seiner ersten Fachveröffentlichung über die gesellschaftliche Organisation der Bororo-Indianer bilden (1938). Bei Kriegsausbruch zum Militärdienst in Frankreich zurück, kann Lévi-Strauss 1941 in die Vereinigten Staaten gelangen. Er lehrt, eingeladen von Robert Lowie, in New York an der New School of Sociel Research und verfaßt dort, in engem Kontakt mit der amerikanischen Forschung und dem Linguistenzirkel um Roman Jakobson, seine Schriften über das Familien- und Gesellschaftsleben der Nambikwara-Indianer sowie über die Grundstrukturen der Verwandschaft in Indianergesellschaften. Von 1946–47 ist er Kulturattaché an der französischen Botschaft, geht aber dann nach Paris zurück, um sich seiner wissenschaftlichen Arbeit zu widmen, zunächst am Musée de l'Homme, dann an der Ecole pratique des Hautes Etudes, wo er den Lehrstuhl für vergleichende Religionswissenschaft der schriftlosen Völker betreut. Seit 1959 lehrt Lévi-Strauss am Collège de France. Im gleichen Jahr findet im Musée Guimet eine von ihm mitverantwortete Masken-Ausstellung statt, die weitgehend struktural angeordnet ist. Struktural ist auch die Einteilung, die er für die öffentlich zugängliche Studiensammlung des französischen Volkskundemuseums (Musée des Arts et Traditions populaires) entwirft. Sie führt Familien von Tätigkeiten wie das Sammeln, Pflücken und Jagen, sodann die nach Verwendung gestaffelten Geräte gleich Sprach- und Wortfamilien vor. Aber man trifft den Gelehrten auch bei weniger strengen Anlässen, etwa der Vernissage einer Ausstellung des Musée des Arts décoratifs über Zuckerwerk als Kunst, einem allerdings tief ins Anthropologische reichenden Ausflug zu den Tisch- und Eßsitten, die er gerade untersucht hat.

Das wilde Denken

In *Traurige Tropen* (1955), einem der packendsten Reiseberichte unserer Zeit, schildert Lévi-Strauss seine Erfahrungen mit Brasilien, seine Besuche in Haciendas und Ghost Towns der Kolonialzeit, die Begegnungen mit Weißen und Mischlingen und den Resten indianischer Kulturen. Das Buch, von Rousseau und der großen Reiseliteratur der Vergangenheit geprägt, ist voller Melancholie über jene verpaßte historische Begegnung, als Europa im 16. Jahrhundert in Amerika landete und diese Neue Welt, anstatt sie wirklich zu entdecken, zerstört. Damals wurde die Chance vertan, das wilde und das zivilisierte Denken zu konfrontieren und, vielleicht, zum ganzen Menschen zu vereinigen. Aber die Trauer sitzt tiefer, sie rührt an ein Kernproblem der Ethnologie. Der Autor fragt sich:

> Zu welcher Zeit hätte die Erforschung der primitiven Völker Brasiliens die höchste Befriedigung gebracht? Wann hätte man ein solches Wissen in reinster Form vermitteln können? Was wäre schöner gewesen, im 18. Jahrhundert mit Bougainville, oder im 16. mit Léry und Thevet nach Rio zu fahren? Jeder Lichtstrahl in die Vergangenheit erlaubt es mir, eine Sitte zu retten, ein Fest zu bewahren, eine Überzeugung zu teilen. Doch kenne ich die Texte allzu gut, um nicht zu wissen, daß ich, wenn ich mich eines Jahrhunderts berauben würde, gleichzeitig auf Informationen und Merkwürdigkeiten verzichten müßte, die heute mein Denken bereichern. Und so sehe ich mich in einem Kreis gefangen, aus dem ich nicht ausbrechen kann. Je weniger nämlich die menschlichen Kulturen in der Lage waren, miteinander in Berührung zu treten, um sich dadurch gegenseitig zu verderben, desto schwieriger fiel es auch ihren verschiedenen Emissären, Reichtum und Bedeutung der vorhandenen Vielfalt zu erfassen. So bin ich letzten Endes der Gefangene einer ausweglosen Alternative. In der Vergangenheit hätte ich mich einem gewaltigen Schauspiel gegenüber gesehen, von dem ich nichts oder fast nichts verstanden oder für das ich – was schlimmer gewesen wäre – nichts als Spott und Verachtung übrig gehabt hätte; in der Gegenwart aber jage ich den Spuren einer Wirklichkeit nach, die längst versunken ist. So bin ich in beiden Fällen der verlierende Teil, und dies sogar mehr, als es scheint. Denn während der Anblick von Schatten Trauer in mir zu wecken vermag, läßt mich das wirkliche, das lebendige Schauspiel unbewegt, jenes Schauspiel, das in diesem Augenblick irgendwo Gestalt annimmt, das zu betrachten und zu verstehen meine Fähigkeiten, die Fähigkeiten eines Menschen von heute, jedoch nicht ausreichen. An diesem selben Ort wird in einigen hundert Jahren ein ebenso verzweifelter Forscher dem nachtrauern, was ich heute

hätte sehen können und was mir entgangen ist. Als Opfer eines doppelten Unvermögens verletzt mich alles, was ich wahrnehme, und muß ich mir andauernd vorwerfen, nicht genügend zu sehen.

Cl. Lévi-Strauss: Traurige Tropen, Köln, Kiepenheuer & Witsch, S. 21

Erst die Verknüpfung des einst mit dem jetzt gibt dem Forschen schließlich seinen Sinn. Das Sterben im Mato Grosso ist ebenso unaufhaltsam wie die Ausrottung der nordamerikanischen Indianer oder die „Zivilisierung" von Afrika und Neuguinea. Lévi-Strauss will deshalb Funktion und Funktionieren solcher verschwindenden Denkweisen kodifizieren die, im Unterschied zur unsrigen, auf durchgehende Totalität aus sind. Es ist, soweit Mythen in Betracht kommen, ein Denken in Bildern und Vorgängen, eine vergegenwärtigende Setzung analog zur Welt. Auch die Riten sind kontinuierlich und gelten für jede Situation ohne Ausnahme, sodaß man mit dem Hilfsbegriff des Tabus arbeiten mußte, um die starre Einhaltung von Vorschriften, Gewohnheiten und Hierarchien zu bezeichnen. Lévi-Strauss sieht hier eine Reflexion am Werk, welche die Sprache beim Wort nimmt, ihrem Sinn vertraut. Das wilde Denken und Verhalten stellt eine Reihe semantisch bedeutsamer Botschaften dar, es ist ein Zeichensystem, eine Bilderschrift, wie man sie erst mit der modernen Linguistik wieder begreifen lernt.

Von den Indianern ausgehend, hat Lévi-Strauss 1948 in den *Structures élémentaires de la parenté* am Modell der Gatten- und Verwandtschaftswahl, der möglichen und der sich ausschließenden Verbindungen die komplizierten gesellschaftlichen Einteilungen der Wilden, ihre Zonen der Anziehung und Abstoßung, mit den Methoden der ab de Saussure entwickelten Linguistik aufgezeigt. Er verläßt dabei die zeitlich sukzessive Auffassung von Geschichte – die für ihn, übertrieben ausgedrückt, ein Ergebnis willkürlicher und für die einzelnen Epochen, zum Beispiel Altsteinzeit oder Renaissance, nicht übereinstimmender Auswahlkriterien ist –, zugunsten eines räumlich ausgebreiteten Synchronismus. Die angeblich starren, formalistischen Klassifizierungen der Eingeborenen erweisen sich bei näherem Zusehen als nuancierte, einander vielfach überschneidende Systeme, die sich, wie in den Aufsätzen der *Strukturalen Anthropologie* (1958) dargelegt, in den Grundrissen der Dörfer, den Heirats- und Besuchssitten, einer Zweiteilung in der Kunst, in Sprache und Symbolen niederschlagen.

In dieser Optik ist der Totemismus eine allzu bequeme Einteilungsform der primitiven Gesellschaft, mit der Lévi-Strauss 1962 in *Das Ende des Totemismus* aufräumt. Im gleichen Jahr erscheint *Das wilde Denken.* Darin will der Ethnologe sozusagen synoptisch die „konkrete Wissenschaft" der Wilden im Gegensatz zu unserer abstrakten herausarbeiten. In einer Beispielsammlung, die zur Apologie gerät, schildert er ihre Präzision im Erfassen von Natur – Elemente, Geologie, Flora, Fauna – und Gesellschaft, wobei der farbige Linné keine auf- und absteigenden Arten kennt, sondern ein psycho-physisches Ineinander, eine in Gebräuchen und Worten eingefangene Begrifflichkeit der eigenen Situation in der Welt, die jeweils nach innen und nach außen gerichtet ist, sodaß Verbote und Inhibitionen sowohl soziale Einrichtungen wie die Einteilung des Umkreises spiegeln.

Natürlich birgt dieses komparatistische Verfahren auch Risiken in sich, zumal wenn Beispiele aus Sagen und Literaturen vieler Völker und Zeiten angezogen werden. Bei Lévi-Strauss, der sich als Autodidakten bezeichnet und vor seiner Wandlung zum Ethnologen nie im Völkerkundemuseum gewesen sein will, geht ein Gesamtplan den Einzeluntersuchungen voraus und orientiert sie. Manche Mythenauslegungen und Vergleichskriterien erscheinen subjektiv; sein souveränes Verfügen über das Forschungsmaterial enthält auch artistisch-ludische Züge. Lévi-Strauss schreibt bei Musik und zunächst immer in einem Wurf; erst dann folgt die Ausarbeitung. Seine literarische Geschmeidigkeit, der poetische Glanz von Passagen, die neben schwierigen begrifflichen Erörterungen stehen, gipfeln in Einleitung und Schlußkapitel der *Mythologica*, letzteres „Finale" in seiner Paarung mit Einsichten der Biologie, der Genetik, der Naturkunde im weitesten Sinn von ansteckender Schwermut:

Der fundamentale Gegensatz, Erzeuger aller anderen, die in den Mythen wuchern und deren Inventar diese vier Bände aufgestellt haben, ist derselbe, den Hamlet in Form einer noch allzu leichtgläubigen Alternative ausspricht. Denn zwischen dem Sein und dem Nichtsein zu wählen, ist nicht Sache des Menschen. Eine seiner Geschichte konsubstantielle geistige Anstrengung, die erst mit seinem Verschwinden von der Szene des Universums aufhören wird, zwingt ihn dazu, die beiden widersprüchlichen Evidenzen auf sich zu nehmen, deren Anstoß sein Denken in Gang setzt und, um ihren Gegensatz zu neutralisieren, eine unbegrenzte Reihe weiterer binärer Gegensätze erzeugt, die, ohne jene erste Antinomie je aufzulösen, auf immer kleineren Stufenleitern sie nur reproduzieren und perpetuieren: Realität des Seins, von der der Mensch in seinem tiefsten Innern spürt, daß sie als einzige fähig ist, seinen alltäglichen Gesten, seinem moralischen und sentimentalen Leben, seinen politischen Entscheidungen, seinem Engagement in der sozialen und natürlichen Welt, seinen praktischen Unternehmungen und seinen wissenschaftlichen Errungenschaften Grund und Sinn zu verleihen; gleichzeitig aber auch Realität des Nichtseins, deren Erahnung die andere unlösbar begleitet, da es dem Menschen zufällt, zu leben und zu kämpfen, zu denken und zu glauben, vor allem Mut zu bewahren, ohne daß ihn die gegenteilige Gewißheit je verläßt, daß er früher nicht auf der Erde war und es nicht immer sein wird und daß mit seinem unvermeidlichen Verschwinden von der Oberfläche eines Planeten, der ebenfalls dem Tod geweiht ist, auch seine Mühen, seine Schmerzen, seine Freuden, seine Hoffnungen und seine Werke schwinden, als hätten sie nie existiert, da kein Bewußtsein mehr da ist, um auch nur die Erinnerung an jene ephemeren Bewegungen zu bewahren, es sei denn, durch einige rasch verblaßte Züge einer Welt mit fortan unbewegtem Gesicht, die außer Kraft gesetzte Feststellung, daß sie stattgefunden haben, das heißt nichts.

Cl. Lévi-Strauss: Mythologica IV, 2 Suhrkamp Taschenbuch Wissenschaft, 170, S. 817

Glanzvoll auch die Abschnitte, in denen Lévi-Strauss Analogien zwischen Musik und mythischem Denken entwickelt: Eigenzeitlichkeit bei Enthobensein aus der äußeren Zeit, Rekurrenz der Themen, psycho-physisches Beteiligtsein am Rhythmus, Sprache jenseits der Artikulation, Virtualität der Gegenstände. Musik ist, wie die Mythen, nur in sich selbst übertragbar, transformierbar. Sie setzt als ein System jenseits der Sprache die in der Neuzeit unterbrochene Mythenbildung fort, von Monteverdi über Bach bis hin zu Richard Wagner. Musik kompensiert ihre Sprachlosigkeit durch eine metaphorische Wucherung in Tönen, ihre Ortlosigkeit durch das endlose Wiederanknüpfen und Weiterweben aus vorhandenem Material, ganz wie die Mythen. Solange die Rede anhält, das heißt die Indianer nicht ausgestorben sind, geht die Mythenbildung weiter. Der Forscher kann sie also nicht ganz katalogisieren, sondern nur wiederkehrende Strukturen vergleichend interpretieren, einen Code zu finden suchen, zwischen Sinnlichkeit und Verständnis vermitteln wie in der Musik. Erst das ständige Wiederlesen, Vergleichen und Neuanordnen in Motivkästen enthüllt die Struktur, die parallel, umgekehrt oder komplementär sein kann. Entsprechend sind die Abschnitte der *Mythologica* in den musikalischen Formen der Ouvertüre, Sonate, Fuge, Kantate und Variation abgefaßt. Das Denken kreist hier spiralförmig um sich selbst, gleich der endlosen Chromatik Richard Wagners. Lévi-Strauss betont gern die Vorbildlichkeit der Leitmotive im *Ring des Nibelungen*, welche die Mythen weiterspinnend zur Sprache bringen und neuverflechten.

Wenn Gurnemanz im ersten Akt des *Parsifal* singt:

> Du siehst, mein Sohn,
> Zum Raum wird hier die Zeit.

und sich gleichzeitig die Szene ändert, ist dies für Lévi-Strauss „die gewiß befriedigendste Definition des Mythos, die je gegeben wurde" – statt dem Nacheinander eine flächige Ausbreitung des stets Gleichzeitigen. Die Äußerung findet sich, jene anfangs genannte Vorlesung weiterführend, im Programmheft der Bayreuther Festspiele. Anläßlich einer Neuinszenierung wird hier der *Parsifal*-Stoff „Von Chrétien de Troyes bis Richard Wagner verfolgt. Der Autor analysiert den irisch-keltischen Beitrag sowie die auffällige Verschiebung und Vertiefung der Gralsidee durch Wolfram von Eschenbach und erkennt die Originalität des Dichters und Musikers Wagner darin, daß er zwei mythische Grundvorstellungen miteinander konfrontiert. Einmal die Oedipus-Welt des Zauberers Klingsor, in welcher die Gralsbotin Kundry inzestuös als Verführerin Parsifals in Muttermimikry auftritt, zugleich Jokaste und Sphinx, deren Rätsel der fahrende Ritter zu lösen hat. Diesem Bereich schrankenloser Wollust – die Blumenmädchen – und Über-Kommunikation steht die erstarrte Kommunikation der Gralsritter gegenüber, denen ein kranker, seines Amtes nicht mehr mächtiger Amfortas gebietet:

„Zwischen beiden Welten findet weder Vermittlung noch, mythologisch gesprochen, ein Ausgleich statt. Beides kann nur jener bewirken, der die eine Welt aufgesucht und wieder verlassen konnte, der aus der anderen ausgeschlossen und wieder in sie eingetreten ist. Der, vor allem, kennt und nicht kennt, also weiß, was er nicht weiß. Der durch Mitleid wissend wird. Nicht durch Mitteilung, sondern dank einer Regung des Mitgefühls, das einen Ausweg aus dem Dilemma bietet, in welchem sein lange unterschätzter Intellektualismus das mythische Denken gefangen hielt."

Leitmotive

Gespräche mit Lévi-Strauss verlagern sich, sobald er, sehr höflich, das ethnologische Laientum des Partners entdeckt hat, rasch auf das Gebiet der Musik.

Denn die Faszination durch das Werk läuft parallel zu einem großen persönlichen Zauber. Der Mythologe ist nicht ohne Koketterie. Die Festschrift zum 60. Geburtstag ziert als Titel eine gewidmete Collage von Max Ernst. Sie erinnert daran, daß sich Lévi-Strauss im Kriege in New York oft mit den surrealistischen Künstlern traf, die alle Sammler ethnographischer Objekte waren und diesen Einwirkung auf ihre Arbeiten einräumten. Gleich einem Entdecker lernt er das Indianermuseum kennen, in das ihn die Künstler begleiten. Ein enthusiastischer Text von 1953 bezeugt die gemeinsame Faszination:

„Es gibt in New York einen verzauberten Ort, wo sich die Träume der Kindheit ein Stelldichein geben; wo jahrhundertealte Baumstämme singen und sprechen; wo undefinierbare Gegenstände den Besucher mit der ängstlichen Starre von Gesichtern belauern; wo Tiere mit übermenschlicher Sanftmut ihre kleinen Pfoten gleich Händen falten und um das Vorrecht bitten, dem Auserwählten den Palast des Bibers zu bauen, ihn durch das Reich des Seehundes zu geleiten oder ihn in einem mystischen Kuß die Sprache des Frosches oder des Eisvogels zu lehren. Diesen Ort, dem veraltete, aber erstaunlich wirkungsvolle museographische Methoden den zusätzlichen Reiz des Dämmerlichts der Höhlen sowie der schwankenden Anhäufung verlorener Schätze verleihen, diesen Ort kann man täglich von 10 Uhr bis 17 Uhr besichtigen im *American Museum of Natural History*: es handelt sich um den weitläufigen Saal im Erdgeschoß, den Indianerstämmen der Nordküste des Pazifik gewidmet, die von Alaska bis Britisch Columbien reicht.

Sicher ist die Zeit nicht mehr fern, da die Sammlungen aus diesem Teil der Welt aus den ethnographischen Museen verschwinden werden, um in den Museen der Schönen Künste zwischen dem alten Ägypten oder Persien und dem europäischen Mittelalter Platz zu nehmen. Denn diese Kunst darf sich mit den größten Kunstformen messen, und in den anderthalb Jahrhunderten, die wir von ihrer Geschichte kennen, zeugte sie von einer Vielfalt, die die anderen bei weitem übertraf, und entfaltete scheinbar unversiegbare Fähigkeiten der Erneuerung. Um sich von jener unaufhörlichen Erneuerung, jener großen Erfindungsgabe, die überall, wo sie wirkt, Erfolg verspricht, jener Verachtung für ausgetretene Pfade, die zu immer neuen Improvisationen drängt und unfehlbar die glänzendsten Früchte zeitigt, eine Vorstellung zu machen, mußten unsere Zeitgenossen auf das außergewöhnliche Schicksal eines Picasso warten. Max Ernst, André Breton, Georges Duthuit und ich haben uns bescheidenere Sammlungen zugelegt: wir teilten uns, je nach unseren aktuellen Mitteln, die bei den New Yorker Antiquaren zum Verkauf angebotenen Gegenstände – in einer Zeit, die heute selbst schon mythisch erscheint, da solche Werke kaum Interesse erweckten;

Cl. Lévi-Strauss: Der Weg der Masken, Insel Taschenbuch 288, S. 9 passim.

Daß Lévi-Strauss heute so breit diskutiert wird, hängt also weniger mit der abgeklungenen Mode des Strukturalismus zusammen, deren Fluktuationen beispielsweise ein Michel Foucault, ein Roland Barthes weit mehr unterworfen sind, als mit seinen beredt vorgetragenen Auffassungen. Aufklärer und Progressisten werfen ihm vor, die Geschichte, genauer gesagt, ihre revolutionären Prioritäten aufzugeben. Das sich Versenken in „zeitlose" Gesellschaften sei eine Flucht aus der Realität. Symptomatisch war die Auseinandersetzung mit Sartre, dem Studienfreund der dreißiger Jahre, in dessen Zeitschrift ‚Les Temps Modernes' bis 1962 auch seine Aufsätze erschienen. Im folgenden Jahr polemisiert er im neunten Kapitel seines Buchs *Das wilde Denken* gegen Sartres *Kritik der dialektischen Vernunft.* Am wenigsten daran behagte ihm die Sartre unterstellte, aus dem Zusammenhang erschließbare Ansicht, daß die Mitglieder primitiver Gesellschaften notwendig zur rationalen Zergliederung und Beschreibung unfähig sein müßten. Dies ist von der Gegenwart als jeweiligem Kulminationspunkt der historischen Entwicklung aus geurteilt. Der Ethnologe denkt anders:

„(Er) hat Achtung vor der Geschichtswissenschaft, aber er räumt ihr keinen bevorzugten Platz ein. Er begreift sie als eine Forschung, die die seine ergänzt: die eine entfaltet den Fächer der menschlichen Gesellschaft in der Zeit, die andere im Raum. Und der Unterschied ist weniger groß, als es scheint, da der Historiker sich bemüht, das Bild verschwundener Gesellschaften so wieder herzustellen, wie sie in den Augenblicken waren, die für sie Gegenwart waren, während der Ethnograph sein bestes tut, um die historischen Etappen zu rekonstruieren, die den heutigen Formen zeitlich vorausgegangen sind."

Auch die Geschichte ist dem Proustverehrer Lévi-Strauss erinnerte Gegenwart; Wie die Mythen sind alle ihre Ereignisse Teile einer völligen Gleichzeitigkeit. Solch sublimierter Schau ist von der angelsächsischen Anthropologie die tagtägliche Banalität der Fakten entgegengehalten worden, der sich Lévi-Strauss, nur flüchtig „vor Ort" forschend, entziehe. Auf Informanten und Archive gestützt, baue er seine Theorien am Schreibtisch mit immenser Gelehrsamkeit aus. Auf den Vorwurf, sein im Grunde geisteswissenschaftliches System hielte der Wirklichkeit, die nur im geduldigen Umgang mit den Eingeborenen in ihrer Sprache erfahrbar sei, nicht stand, erwidert er 1975 in *Der Weg der Masken*:

> Einer der verderblichsten Begriffe, den uns der Funktionalismus hinterlassen hat und der noch manche Ethnologen in seinem Bann hält, ist der Begriff der isolierten, in sich abgeschlossenen Völker, die jeweils für sich allein eine ganz besondere ästhetische, mythische oder rituelle Erfahrung machen. Damit verkennt man, daß vor dem kolonialen Zeitalter und der zerstörerischen Fernwirkung, die die westliche Welt durch ihre pathogenen Keime und ihre Exportartikel auch in den geschütztesten Gegenden ausgeübt hat, diese damals noch zahlreicheren Populationen auch enger zusammenstanden. Von einigen Ausnahmen abgesehen, blieb nichts, was bei dem einen Volk vorging, seinen Nachbarn unbekannt, und die Art und Weise, wie ein jedes sich selbst und die Welt erklärte und sich vorstellte, wurde in einem ununterbrochenen und heftigen Dialog erarbeitet.
>
> Denen, die uns das Recht absprechen, die Mythen oder die Kunstwerke einer Population durch Vergleiche mit den Mythen und Kunstwerken anderer Völker zu interpretieren, und die einzig die Methode für legitim halten, z. B. die Mythen einer Gruppe auf deren soziale Organisation, ihr ökonomisches Leben und ihre religiösen Glaubensvorstellungen zu beziehen, antworten wir: gewiß, damit müssen wir beginnen und zunächst der Ethnographie der betreffenden Gruppe alles abfragen, was sie weiß. Genau das haben wir im übrigen bei unseren Untersuchungen der amerikanischen Mythologie unaufhörlich getan und stets darauf geachtet, uns bei jeder Gruppe alle Informationen dieser Art zu vergegenwärtigen, die wir selbst oder andere an Ort und Stelle gesammelt haben oder die in der Literatur verfügbar sind. Einzig diese letzteren können wir verwenden im Fall von Gruppen, die entweder physisch ausgestorben sind oder deren Kultur im Lauf der Jahre verfallen ist. Opfern eines Schicksals, das jenes andere, diesmal wissenschaftliche Verbrechen nicht zu rechtfertigen vermag, nämlich so zu tun, als hätten sie nicht existiert. Nur diejenigen können unsere fast manische Ehrfurcht vor den Fakten geringschätzen, deren ethnologische Bildung sich auf die Gruppe beschränkt, die sie persönlich untersucht haben;
>
> *Cl. Lévi-Strauss: Der Weg der Masken, it 288, S. 132–133*

Die Frage ist, ob man nicht beides braucht, Nähe und Übersicht, trotz dem Groll der Feldforscher, die sich als Zulieferer ausgebeutet vorkommen; ob nicht letztlich eine Synthese heute der Lageerkenntnis förderlicher ist als die Partikularwissenschaft. Die Künstler empfinden es jedenfalls so, die von Mythen und wildem Denken als einem Gedächtnis angezogen werden, dessen die Menschheit bedarf, will sie nicht besinnungslos abtreiben. Namentlich Vertreter der „Spurensicherung" haben aus seinen Büchern eine Absage an den vorwärtsdrängenden Fortschritt als Amnesie und Zerstörung herausgelesen. Selbst die Photos, die der Gelehrte einst der Erstausgabe seiner *Traurigen Tropen* mitgab, fanden ein Echo. Sie zeigten nackte oder ärmlich bekleidete Frauen, mit ihren Kindern am Boden liegend. Es waren Bilder des Beschützens, des Vertrautseins mit einer zwar harten aber noch nicht entfremdeten Natur, aufgenommen ohne Reporterhast, ohne Zuspitzung auf eine Pointe. Solche im Textzusammenhang, aber auch isoliert sprechenden Bilder haben einer Reihe um 1970 auftretender Künstler geholfen, ihren scheinbar unprofessionellen, banalen Aufnahmestil zu entwickeln, der jedoch durch die rhythmische Abfolge der Photos ein Gefühl für Zeitablauf und Authentizität entwickelt. Zu nennen wären Christian Boltanski, Claudio Costa, Jochen Gerz, Anne und Patrick Poirier und andere.

Lévi-Strauss nimmt solchen Zuspruch zur Kenntnis, ohne sich darüber zu äußern. Seit dem Abschluß der *Mythologica* ist das schon erwähnte Buch über Masken erschienen, in dem, wieder zum Befremden der Zunft, Mythenstrukturen zur kunsthistorischen Bestimmung genutzt werden. Warum, so fragt sich der Ethnologe, stehen gewisse Indianermasken wie die der Salish scheinbar abseits, warum entsprechen sich andere geographisch weit auseinanderliegende wie Positiv und Negativ? Was bewirkt das Wiederauftauchen von Formen und Farben über beträchtliche Zeiträume hinweg? Die Antwort stellt die übliche Ableitung auf den Kopf, ist aber wohl geeignet, bei vorsichtiger Anwendung mehr Licht in die Herstellung von Kunst bei „geschichtslosen" Völkern zu bringen:

Auf alle diese Fragen konnte ich erst dann eine Antwort geben, als ich begriffen hatte, daß sich die Masken, ebensowenig wie die Mythen, nicht für sich und durch sich allein, als isolierte Gegenstände deuten lassen. Semantisch gesehen, gewinnt ein Mythos erst dann einen Sinn, wenn man ihn in die Gruppe seiner Transformationen eingebettet hat; ebenso entspricht ein Maskentypus, rein plastisch gesehen, anderen Typen, deren Form und Farben er transformiert, um zu seiner Individualität zu gelangen. Damit diese Individualität derjenigen einer anderen Maske entgegensteht, ist es erforderlich und ausreichend, daß zwischen der Botschaft, welche die erste Maske übermitteln oder konnotieren soll, und der Botschaft, welche die andere Maske in derselben oder einer benachbarten Kultur zu befördern hat, dieselbe Beziehung vorherrscht. In dieser Perspektive wird man nun feststellen, daß die sozialen oder religiösen Funktionen der verschiedenen Maskentypen, die man einander gegenüberstellt, um sie vergleichen zu können, untereinander in derselben Transformationsbeziehung stehen wie die plastische Form, die Zeichnung und die Tönung der Masken als materieller Gegenstände. Und da sich an jeden Maskentypus Mythen knüpfen, die den Zweck haben, seinen legendären oder übernatürlichen Ursprung zu erklären sowie seine Rolle im Ritual, in der Ökonomie und in der Gesellschaft zu begründen, wird eine Hypothese, die eine Methode, welche sich bereits bei der Untersuchung der Mythen bewährt hat, auf Kunstwerke ausdehnen will (die jedoch nicht nur Kunstwerke sind), ihre Bestätigung finden, wenn wir letztlich zwischen den Gründungsmythen jedes Maskentypus Transformationsbeziehungen nachweisen können, die denen entsprechen, die in rein plastischer Hinsicht zwischen den eigentlichen Masken vorherrschen.

Cl. Lévi-Strauss: Der Weg der Masken, a.a.O., S. 16–17

1974 wird Lévi-Strauss in die Académie Française gewählt, eine Entscheidung, die nicht nach dem Herzen aller vierzig „Unsterblichen" ist, mißtrauen doch einige seinem schriftstellerischen Glanz, weil er schwierige wissenschaftliche Fragen behandelt, während die Fachleute ihn wieder für einen Dichter und verkappten Musiker halten. Allerdings müssen sie ingrimmig zugeben, daß er trotz begrifflicher Strenge auf der ganzen Welt gelesen wird und

– ein Beweis für die Stichhaltigkeit der Darstellung – übersetzt nicht weniger anspricht als im Original. Der Kandidat nutzte die traditionelle Aufnahme zu einer humorvollen ethnographischen Beschreibung dieses Eintrittszeremonials in einen Männerbund. Die Wahl in die Akademie hat aber auch wissenschaftliche Folgen. Lévi-Strauss erwärmt sich offenbar für die Arbeit am „Dictionnaire“, dem bis zum Buchstaben F gediehenen Wörterbuch der französischen Sprache als Pflichtpensum der Akademiker. Die Beschäftigung mit Wortfamilien, Wortverzweigungen läßt ihn die 1949 angestellte Untersuchung von Verwandtschaftsbeziehungen bei wilden Völkern wieder aufnehmen, nun allerdings unter komparatistischem Aspekt. Schon im vierten Jahr liest er über mittelalterlich-feudale Sippenbezeichnungen wie „das Haus“ (z. B. Wittelsbach) als Analogie zu sonst mit unserer Terminologie nicht faßbaren Clan-Einteilungen. Weltweit schieben sich über die, wie immer gearteten und institutionalisierten, Blutsbande Beziehungen anderer Art: zum Beispiel ein gemeinsames Territorium oder die durch Zuwahl ergänzte politische Faktion. Solchen Zusammenschlüssen ist mit dem Familienbegriff nicht beizukommen, wie Lévi-Strauss, auf unser Mittelalter übertragen, am Beispiel der Welfen und Waiblinger, Guelfen und Ghibellinen erläutert. Man darf von dieser noch unabgeschlossenen Untersuchung prinzipielle Aufschlüsse über die Mechanik gesellschaftlicher Gruppierungen erhoffen.

Dies Wiederaufgreifen eines Themas nach dreißig Jahren, auf anderer Ebene und sozusagen in einer höheren Spiralwindung, zeigt wie sein Denken selbst in der Art der von ihm ver- und entflochtenen Mythen arbeitet. Daß Lévi-Strauss immer finde was er suche, daß er sich von seiner Idee und nicht primär vom Material leiten lasse, ist ein oft gehörter Einwand aus der Fachwelt. Mag sein, daß er seine Beweisketten manchmal schlüssig macht, wie die Pragmatiker behaupten, zumal wenn er in Analogie zur Musik arbeitet. Andererseits ergibt die Spiegelung eines Gedankens in verschiedenen Medien ein verfügbares Muster, das von Künstlern, Theologen, Schriftstellern und Kritikern weitergedacht werden kann. Selbstzweck oder Selbstgenügsamkeit wären diesem Werk wohl noch weniger vorzuwerfen als seine breite Streuung.

Denn auch Feldforschung lockt ihn weiterhin. Im Sommer begibt sich Lévi-Strauss gelegentlich zu den Indianern an der pazifischen Nordwestküste Kanadas, die dank Red Power erneut traditionsbewußt sind. Selbst in der Stadt Vancouver konnte er ein Wiedererstarken der Riten feststellen, nur daß z. B. die Initiation jetzt therapeutischen Zwecken, Abwehr von Drogen etc., dient. Lévi-Strauss glaubt, daß die moderne Religions- und Mythenforschung noch sehr vieles ergründen kann, sogar in Mitteleuropa, wenn sie in einem breiten, möglichst gemischten Material Originales von Herangetragenem zu trennen weiß.

Martin Heidegger (1889–1976)

Peter Rohs

Martin Heidegger

Jeder wesentliche Denker denkt – so Heidegger – nur einen Gedanken. Aber es fragt sich, ob es der sein muß, den er selbst dafür hält.

Was für Heidegger sein einer Gedanke gewesen ist, ist offenkundig: das Sein als Sein – was immer das ist – ist das zu Denkende. Mit großartiger, imponierender Hartnäckigkeit und in nie ablassendem Ernst will er uns stets auf dies Eine hinlenken, das not tut: wir haben uns auf das Denken des Seins einzulassen. Und wie um uns die Sache auch gehörig wichtig zu machen, legt er dar, daß dies nicht nur eine Sache einiger Philosophen sei und vielleicht, wenn es nicht geschähe, einen Mangel in der Grundlegung einer abstrakten Theorie bedeuten würde, – nein, das Geschick des Abendlandes, Heil oder Unheil der Menschheit hänge davon ab, ob es gelinge, das Sein so zu denken, wie es gedacht sein wolle. Ob die Menschheit, indem sie den Erdball ruiniere, sich in immer totalere Irrnis und Sinnlosigkeit verliere, oder ob ihr zukünftig auf neue Weise Sinn und Heimat beschieden sei, das liege ganz bei diesem Einen. Heideggers Denken bietet viel Befremdliches, das Befremdlichste aber dürfte sein: eine augenscheinlich philosophische Fachfrage, eine Frage nach dem Sinn eines philosophischen Grundbegriffes wird als das behauptet, das den „geschicklichen" Weg der Menschheit durch ihre Geschichte bestimmt, an dem sich Gelingen oder Mißlingen eines zukünftigen Menschseins entscheidet.

Philosophen sind manchmal, was die Wichtigkeit ihrer Philosophie betrifft, nicht eben bescheiden gewesen. Kaum einer aber hat der Philosophie überhaupt – und damit doch auch der eigenen – eine derartige Rolle für die Geschicke der Menschheit zugewiesen wie Heidegger. Philosophie ist für ihn die „Basis", das übrige Geschehen mit allem, was als groß und wichtig gilt, nur „Überbau". „Jedes Zeitalter der abendländischen Geschichte gründet in der jeweiligen Metaphysik"[1]; „Die Geschichte der Metaphysik ist der

Wesensgrund aller Geschichte"[2]; „Denn die Metaphysik bestimmt die Geschichte des abendländischen Weltalters. Das abendländische Menschentum wird in allen seinen Verhältnissen zum Seienden, d. h. auch zu sich selbst, nach allen Hinsichten von der Metaphysik getragen und geleitet."[3] Kühne Sätze fürwahr!

Und vielleicht erklären sie auch ein wenig von der ungemeinen Faszination, die von dem Heideggerschen Denken ausgegangen ist und immer noch ausgeht. Heidegger wollte die Philosophie wieder wichtig machen. Aus einer akademischen Disziplin, mit viel Gelehrsamkeit und wenig Aufregendem verbunden, sollte wieder eine „Sache des Denkens" werden, in der etwas auf dem Spiel steht, in der etwas geschieht. Und dies auf eine Weise, die nicht auf vordergründige Aktualität und Modernität erpicht war, sondern das Wesentliche in dem lange Gedachten und oft Wiederholten freizulegen vermochte. Es sollte gezeigt werden, daß gerade in dem Umkreis der überkommenen Grundworte metaphysischen Denkens – Sein und Zeit, Form und Denken, Identität, Differenz und Grund – etwas von einer Wichtigkeit verborgen ist, die die akademischen Untersuchungen über sie nicht einmal ahnen lassen. Mit Heidegger wurde die Philosophie wieder etwas, bei dem nicht mehr oder weniger gleichgültig ist, ob es betrieben wird oder nicht, etwas, das sein muß, damit wir Menschen sein können. Und sie wurde es so, daß ihre Geschichte daran partizipieren konnte und, indem sie ihr Gewicht einbrachte, selbst wieder Gewicht bekam. Seit Hegel hat wohl erst Heidegger wieder solche Möglichkeiten aufgetan. Ist es da ein Wunder, daß sein Denken so faszinierte? Daß es aufregte, anzog und abstieß wie wohl kein anderes in diesen Jahrzehnten? (Lediglich der sehr andere Wittgenstein könnte da verglichen werden.)

Für Heidegger ist das Geschick des Seins das Wesensgesetz der abendländischen Geschichte. Was der Mensch ist und sein kann, entscheidet sich daran, wie er „ist" und „sein" selbst zu denken vermag. „Vor aller Abhängigkeit des Menschen von Mächten und Kräften, Vorsehungen und Aufträgen ist das Wesen des Menschen in die Wahrheit des Seins eingelassen."[4] Deswegen sein Gedanke: die Wahrheit des Seins zu denken. Was aber heißt dies? Wie kam es zu diesen seltsamen Ansichten, die vielleicht manchem als größenwahnsinnig erscheinen mögen? Folgen wir erst einmal einigen Schritten der Heideggerschen Entwicklung.

Wie scheinbar abseitig und beiläufig es anfing, schildert er selbst uns in einigen seiner seltenen autobiographischen Ausführungen. Im Jahre 1907, so berichtet er, habe der väterliche Freund Conrad Gröber (später Erzbischof von Freiburg) dem damals 18-jährigen Gymnasiasten Brentanos Buch „Von der mannigfachen Bedeutung des Seienden nach Aristoteles" geschenkt. Seitdem sei dieses Buch „Stab und Stecken" seiner ersten unbeholfenen Versuche gewesen, in die Philosophie einzudringen. „Unbestimmt genug bewegte mich die Überlegung: Wenn das Seiende in mannigfacher Bedeutung gesagt wird, welches ist dann die leitende Grundbedeutung? Was heißt Sein?"[5] Eine rein akademische Frage also zunächst, gestellt im Kontext der Aristoteles-Interpretation und zielend auf die Bedeutung eines sprachlichen Ausdrucks.

Eine wirkliche Antwort auf diese Frage wird man im übrigen in Heideggers Werk bis zum Ende nicht finden, aber seltsamerweise besagt das gar nicht so viel. Heidegger versteht es, die Fraglichkeit seiner Fragen auf eine so virtuosen Weise zu exponieren, daß auf die Antworten dann gar nicht mehr viel ankommt. Man möchte denken, eine Frage ernsthaft zu fragen heiße, sich ernsthaft um eine Antwort zu bemühen. Heidegger dagegen verbohrt sich so sehr in seine Fragen selbst, daß an Antworten dann gar nicht mehr viel liegt. Und es ist eine Eigentümlichkeit des von ihm entwickelten Denkstiles, daß die Art, wie er sich in seine Fragen hineindenkt, häufig gar nicht als Bemühung um eine Antwort verstanden werden kann. –

1909 begann Heidegger sein Studium, und zwar zunächst, was sicher von Interesse ist, der katholischen Theologie. Über die inneren Gründe seines Wechsels zur Philosophie ist nie etwas verlautet. Die frühen Publikationen dann – 1913 die Doktorarbeit, 1916 die Habilitationsschrift – verraten kaum schon etwas von dem späteren Denken. Es sind gediegene, nicht besonders aufregende Forschungsarbeiten im üblichen akademischen Komment. Noch nichts von dem späteren gewaltsam-eindringlichen Umgang mit Sprache. Danach schwieg er über zehn Jahre, tätig nur als Dozent (1916 – 23 in Freiburg, 1923 – 28 in Marburg). In dieser

Lehrtätigkeit entwickelte sich – vornehmlich bei der Beschäftigung mit Aristoteles – sein Eigenes, die Thematik seines Hauptwerkes, sein Sprachstil. Und auch ohne zu veröffentlichen bekam er langsam einen Namen, wurde über seine seltsame Art gemunkelt. Gadamer: „Ich erinnere mich genau, wie ich erstmals seinen Namen hörte. Das war 1921 in München, als in einem Seminar von Moritz Geiger ein Student höchst seltsame, pathetische Reden in ungewohnter Ausdrucksweise hielt. Als ich nachher Geiger fragte, was das war, sagte er mir voller Selbstverständlichkeit: ‚Ach, der ist verheideggert'."[6]

Heidegger war akademischer Lehrer, aber ein solcher, der von den eingeschliffenen Verfahrensarten akademischen Lehrens nichts mehr wissen wollte. Gelehrte Interpretationen der bedeutenden Philosophien der Vergangenheit sind seit dem 19. Jahrhundert das tägliche Brot des philosophischen Lehrbetriebs geworden. Häufig genug nimmt dieses Geschäft einen ordentlichen, gesetzten und zufriedengestellten Gang. Heidegger wollte durch neuartige, ganz unkonventionelle und möglichst radikale Fragen, auch durch eine Ausdrucksweise, die zu den herkömmlichen Schablonen möglichst quer stand, diesen Betrieb aufbrechen. Und es gelang ihm, neue Betroffenheit hervorzurufen. Keine „Problemgeschichte" mehr, kein Aufweisen von Einflüssen, Abhängigkeiten usw. in Dingen, die einen dann doch nichts angehen, – statt dessen die Forderung unbedingter Dringlichkeit. Gegen Sekundärliteratur der üblichen Art spricht, daß sie in der Tat etwas „Sekundäres" ist, daß sie ihren Namen zu Recht trägt. Heidegger wollte eine Auslegung, die selbst etwas Primäres wird, ein Denken, das nicht deswegen stattfindet, weil nun einmal eine auszulegende Tradition da ist, das geschieht, weil dringende Fragen es erfordern.

Arnold Schönberg ist ein „konservativer Revolutionär" genannt worden. Auch auf Heidegger paßt diese Bezeichnung. Wie für Schönberg ist für ihn gleich wesentlich das Bewußtsein der Verantwortung gegenüber der Tradition, der Verpflichtung zu ihrer Aneignung, und der unbedingte Wille, aus ihr auszubrechen, es anders zu machen, es neu zu versuchen. Bei Heidegger gilt dies vor allem auch wieder für die Tradition der Auslegung selbst: Aristoteles oder Kant sollen anders, ursprünglicher aufgefaßt werden, als das in den herkömmlichen Auslegungen mit allem ihrem Hin und Her geschehen konnte. Heidegger mischt sich nie in die Auseinandersetzungen solcher Wissenschaftlichkeit, in das, was da gefragt und gestritten wird. Nicht um das ist es zu tun, was da als „Aristoteles-Forschung“ oder „Kant-Forschung“ gilt. An deren Stelle setzt er von vornherein sein „ursprünglicheres Fragen“. In dieser Haltung liegt viel Unfaires gegenüber der gewissenhaften und ja durchaus nicht nur langweiligen Arbeit dieser „Forschung“; aber es gelang Heidegger, in seiner Art etwas Neues in Gang zu bringen. Dann die Wucht des Auftretens, die auch von neutralen oder ablehnenden Beobachtern überliefert wird – verständlich also, daß die jungen Hörer Heideggers mitgerissen wurden. Verständlich aber auch, daß hier vielfach die Gefahr des Unseriösen lauerte. Man kann dies alles heute selbst wieder auf seine Einflüsse hin verrechnen, man kann die Jugendbewegung, den Expressionismus, die dialektische Theologie nennen, auf Kierkegaard oder Dostojewski hinweisen; – es bleibt aber, daß dieser Auslegungswille imstande war, das Überlieferte gleichsam zu verjüngen und Abgestorbenes wieder lebendig werden zu lassen. Auch die „Forschung“ hat von diesen Impulsen Nutzen gehabt.

Heideggers Wille zu revolutionärem Neubeginn zeigt sich aber wesentlicher noch in seiner Stellung zur tradierten Metaphysik selbst. Was in seiner späteren Rede vom „Ende der Metaphysik“, ihrer notwendigen Überwindung manifest wird, ist ein Grundmotiv überhaupt seiner Arbeit: die feste Überzeugung, daß auf den bisherigen Wegen und mit den bisherigen Mitteln nichts mehr zu erreichen sei. Noch irgendeine neue Variante von Erkenntnistheorie, noch einmal dafür zu argumentieren, ob ein bißchen mehr Idealismus oder Realismus richtiger sei, – dies Spiel sei ausgespielt, dergleichen von vornherein totgeboren. Diese überkommenen Denkformen und Problemschemata seien „vernutzt“, überlebt, sie müßten „destruiert“ werden. Dies ist das wesentliche Motiv für Heideggers eigenwillige Sprache: um nicht in den alten Gleisen fortzuwursteln, müssen die tradierte Begriffssprache, das Vokabular und die Argumentationsmuster aufgelöst werden. Nicht als ob neue Worte neue Gedanken garantieren könnten, aber alte Worte sind neuen Gedanken im Wege. Die von Heidegger für sich entwickelte Ausdrucksweise soll so helfen, neue Felder freizulegen, neue „Anblicke“ zu ermöglichen, um nicht darauf beschränkt zu bleiben, an gehabten Lösungen gehabter Fragen geringe Modifikatiönchen anzubringen.

Ein solcher Aufbruchswille war damals – in den „goldenen Zwanzigern“ – ein Signum der Zeit. Ob Dichter, Musiker, Maler – sie wußten sich gehalten, zu neuen Ufern zu streben. Die alten Manieren waren vorbei. In Heidegger spiegelt sich dieser Wille der Zeit mehr als irgendwo sonst in der Philosophie wider. Auch andere Philosophen waren um einen Neubeginn bemüht. Husserl, mit dem Heidegger seit der Freiburger Dozentenzeit engen persönlichen Kontakt hatte, den er später sogar als seinen „Lehrer“ bezeichnet hat, – Husserl hat eine Neubegründung der Philosophie als „strenger Wissenschaft“ auf der Basis nicht mehr zu bezweifelnder phänomenologischer Evidenzen versucht. Auch hier die Überzeugung, daß das Spiel der herkömmlichen Varianten von Erkenntnistheorie usw. sich totgelaufen hatte. Der „Wiener Kreis“ versuchte diesen Neubeginn im Anschluß an die moderne Wissenschaft, um gleichsam durch deren Kraft sich aus dem überkommenen Gerede freizumachen. Aber obwohl auch hier ein Neubeginn, so sind doch diese Ansätze – Husserl wie der Wiener Kreis – durch die intendierte Wissenschaftlichkeit gar nicht so revolutionär. Sie sind gleichsam ebenso prosaisch – und auf dieselbe Weise prosaisch – wie das, was man in den Jahrzehnten davor getrieben hatte. Die akademische Philosophie hatte ja seit langem um „Wissenschaftlichkeit“ Sorge getragen. Es gab hier also nichts, das sich zu dem Tradierten verhielt ungefähr wie Kubismus, Futurismus oder Zwölftonmusik. Heidegger am ehesten und am weitesten realisiert da für die Philosophie, was in dieser Zeit gewollt wurde. Seine Überzeugung, daß einer Philosophie, die mit den Wissenschaften mitzulaufen versuche, bald der Atem ausgehen müsse, aber auch sein Wille, die „vernutzte“ Begriffssprache der Tradition aufzulösen, geben seinen Arbeiten schon rein äußerlich die von allem Gewohnten so stark abweichende herausfordernde Befremdlichkeit, wie sie auch den Gedichten, Bildern, Musikstükken der Zeit eigen ist. Das ist nicht mehr die gediegene akademische Prosa, wie sie auch in jenen anderen Neuansätzen noch gepflegt wurde. Auch darin ist Heidegger der „Philosoph des Expressionismus“.

Philosophie ist keine Kunst, und es ist keine philosophische Qualität, eine außergewöhnliche Prosa zustande zu bringen. Auf Heideggers Tendenz aber, philosophisches Denken von aller Wissenschaftlichkeit abzusetzen und es als etwas dieser gegenüber „Ursprünglicheres“ zu behaupten, ist zurückzukommen. Diese Tendenz, die sich im Laufe seiner Entwicklung ständig verstärkt, führt schließlich zu dem rational kaum noch kontrollierbaren „weisenden“, aber auch abweisenden Reden der späteren Jahre, dessen Problematik auf der Hand liegt. Was taugt Expressionismus, wenn er Philosophie wird?

Heidegger ist aber ebensosehr ein konservativer wie ein revolutionärer Philosoph. Sein Versuch eines radikalen Neuansatzes bleibt – ganz anders als im Wiener Kreis, wo die klassische Metaphysik nicht mehr interessierte, anders auch als bei Husserl, dessen Denken ebenfalls weitgehend unhistorisch ist – unabtrennbar auf Geschichte verwiesen. Heideggers Philosophie ist zu wesentlichen Teilen eine Philosophie der Philosophiegeschichte, bestimmt aus der historischen Situation am Ende der Metaphysik; seine Arbeit – in den Veröffentlichungen, mehr noch in den Lehrveranstaltungen – wendet sich immer wieder erneut zur Auslegung klassischer Texte der sogenannten „wesentlichen Denker“. Die „Destruktionen“ sollen die Gegenwart in den Anspruch des Gedachten zurückführen. Heidegger fragt nicht (wie das sonst geschieht), was jene vergangenen Philosophen uns heute noch zu sagen haben; seine Sorge gilt der Gefahr, wir heute könnten in eine solche Verfassung kommen, daß uns jenes Denken nichts mehr zu sagen hat. Die Größe der Überlieferung gilt – wie in der Musik für Schönberg – als im wörtlichen Sinne maßgebend.

Konservativ ist Heidegger aber auch in vielen Dingen des persönlichen Zuschnittes. Der Bezug zur Heimat des badischen Landes ist für sein Philosophieren nichts Äußerliches. Aus einfachen Verhältnissen stammend, hat Heidegger sich den bäuerlichen Menschen des Schwarzwaldes mehr zugehörig gefühlt als der urbanen Weltläufigkeit der Gebildeten, der Professoren und wortgewandten Intellektuellen. In diesem Kreis, in den er ja durch seine bürgerliche Stellung gekommen war, blieb er outsider, und er hat dies – bis in die Kleidung hinein – auch selbst betont. Er ist auch nie zu Kongressen gefahren, deren Rummel schon damals ausreichte, ihn fernzuhalten. Undenkbar, ihn in einer Fernsehdiskussion zu erleben, und gar mit einem dezidierten Gegner, gegen den er sich seiner Haut zu wehren hätte! Statt dessen lieber Gespräche unter wenigen und nahen, am liebsten auf der Hütte bei Todtnauberg, wo er sein besinnliches Denken in Land und Leute hineingefügt fühlte.

Die Besinnung auf die Notwendigkeit des Heimat-habens geht bei Heidegger bis in die „Seinsfrage" hinein. Für ihn liegt in dieser ontologischen Grundfrage recht unvermittelt die Frage, ob wir noch Heimat haben oder haben können. Er hat da keinerlei Scheu anzuecken; auch nicht davor, daß sich Intellektuelle über seine Naivität lustig machen könnten. Und es gibt da fürwahr viel Anlaß zum Spotten. Das sogenannte „Hüttenbuch" etwa[7] enthält schon starken Tobak, Sentenzen von der Art „Wenn es von den Hängen des Hochtales, darüber langsam die Herden ziehen, glockt und glockt . . .". Ähnlich im berühmte „Feldweg". Ich glaube, man irrt, wenn man meint, Heidegger sei sich der stilistischen Einfaltspinselei in solchem „Zeug" nicht bewußt gewesen. Dazu war er wieder viel zu raffiniert. Was er aber sicher wollte, war, uns nach unserer Heimat fragen. Und provozieren wollte er vermutlich auch, aber anders als die landläufigen Dokumenta-Provokationen. Dieses konservativ-bäuerliche, bisweilen ein kleines bißchen krähwinklig anmutende Gehabe kontrastiert seltsam mit der Geste des Denkers, der es in dem, was er treibt, nie unter dem „Geschick des Abendlandes" tut, der stets etwas Menschheits-Entscheidendes unter der Hand haben will. Sicher wird sich die Größe dieses Denkens von dem, was nur absonderlich und eng ist, nie abtrennen lassen. –

Im Herbst 1928 wurde er als Nachfolger Husserls (und mit dessen Unterstützung) ordentlicher Professor in Freiburg, nahe der Heimat also. Kurz vorher, 1927, war „Sein und Zeit" erschienen, Heideggers magnum opus, ein Buch, das wie kein zweites in unserem Jahrhundert das Denken in Bewegung gebracht hat. Auch

Gegner haben bescheinigt, daß es das anspruchvollste philosophische Werk seit den Tagen Hegels sei. Und man kann schon jetzt sagen, daß es mit anderen großen philosophischen Werken die Fähigkeit teilt, seine Widerleger zu überleben. Dieses Buch ist Heideggers entscheidendes Wort geblieben, obwohl es ein Torso ist, ein erster Teil, dessen zweiter nicht mehr erschienen ist. Die für diesen zweiten Teil vorgesehene Gliederung lernen wir in den einleitenden Abschnitten des erschienenen kennen.

„Sein und Zeit" hat nicht nur eine außerordentlich große Wirkung gehabt, sondern auch eine solche, die den eigentlichen Intentionen Heideggers wenig entsprach. Was zunächst wirkte, war das existenzialistische Pathos der Analyse der menschlichen Situation, nicht die Ontologie des Seins. Daß es kein festes Wesen, keine „Natur" des Menschen gibt, sondern dieser als „Dasein" sein Sein als je seiniges zu sein hat, sich dabei auf seine Möglichkeiten hin selbst entwerfend, daß seine Grundbefindlichkeit die Angst ist, aus der heraus er in den Tod als seine eigentlichste Möglichkeit vorlaufen kann, daß dieses „Eigentlichsein" vor dem Tode in die „Uneigentlichkeit" ausweichen kann, in das Verfallensein an das „man", an das, was „man" redet, meint und tut, an Gerede und Betrieb, – Beschreibungen dieser Art, in einem befremdlich-scholastischen Deutsch und mit herrischer Geste dem Leser fast eingehämmert, mußten zuerst Eindruck machen, und Heidegger wurde demgemäß als Vorläufer und Weggenosse von Jaspers und Sartre verstanden (und auch kritisiert). Heidegger hat gegen diese Auslegung seines Werkes leidenschaftlich protestiert; was er wolle, sei „um Welten" von allem Existenzialismus unterschieden. Er beginne und schließe mit der „Frage nach dem Sein"; dies sei kein Existenzialismus. Sein und Zeit, nicht Angst und Sorge sei das Thema.

Dieser Protest ist in einer Hinsicht sicherlich berechtigt. Die eigentlich bedeutende Leistung von „Sein und Zeit", derenthalben dies Buch stets zu den großen philosophischen Werken zählen wird, ist die Interpretation des Seins aus der Zeit. „Die allein erschienene erste Hälfte von ‚Sein und Zeit' führt von der Frage nach dem Sein zur Frage nach der Zeit und zur Antwort auf diese zweite Frage, aber nicht mehr von da zur Antwort auf die erste

Frage, die nach dem Sein. Aber die Leser haben das Fehlen der Antwort auf die anfänglich leitende Frage nach dem Sein leicht verschmerzt angesichts dessen, was Heidegger auf dem unvollendeten Wege dahin entdeckt hatte, daß nämlich der Mensch nicht in der Zeit lebt wie in einem Medium, das er verlassen kann, um in das andere Medium der Ewigkeit überzusiedeln, sondern daß die Zeit gewissermaßen die Substanz ist, aus der der Mensch gemacht ist. Das war eine Entdeckung, die Heidegger unsterblichen Ruhm verbürgt. Die leicht erkennbaren Konsequenzen dieser These, daß es weder ein ewiges Leben des Menschen noch einen ewigen göttlichen Geist geben kann, hat er allerdings niemals gezogen."[8]

Daß dies so ist, ist in der Tat eine wahrhaft bedeutende und auch gegenüber dem früheren Denken revolutionierende Einsicht Heideggers. Das Sein des Menschen ist nur zu verstehen, wenn man sieht, daß er nicht äußerlich „in die Zeit fällt", so als könnte er auch ohne Zeit sein, sondern daß sein Tätigsein wie auch seine Passivität, sein „Geworfensein" in der Einheit ihrer mannigfaltigen Funktionen nur in der Zeit möglich ist, d. h. nur deshalb, weil die Zeit „die Substanz ist, aus der der Mensch gemacht ist". Dies ist weit entfernt von allem Materialismus – schon weil die Zeit nichts „Materielles" ist; es ist ebenso etwas anderes als der frühere Idealismus – die Zeit ist auch keine Idee, keine Vorstellung, kein Begriff.

Freilich ist dann zu fragen, was denn die Zeit – diese Substanz, aus der der Mensch gemacht sein soll – ihrerseits eigentlich ist. Heideggers Untersuchungen hierzu (die seine Hauptthese erst rechtfertigen) gehören ebenfalls zu den bedeutendsten Leistungen der neueren Philosophie. Nicht die Zeit, wie sie z. B. als Parameter in physikalischen Gleichungen auftritt, ist diese Substanz. Von dieser Zeit unterscheidet Heidegger eine „ursprüngliche", die erst das innerste Wesen unserer selbst – das, aus dem wir sind – sein kann. Die innere Bewegung des Daseins (von Heidegger als „Sorge" analysiert) sei nicht ein Vorgang, der in der Zeit vorkommt und abläuft wie eine Bewegung der gewohnten Art, sie geschehe in der „ursprünglichen Zeit".

Es wird bisweilen als das wesentliche Ziel Heideggers bezeichnet, daß er die traditionelle Ontologie habe überwinden wollen, in der der Mensch nach der Seinsart der Dinge bestimmt worden sei. Demgegenüber solle gezeigt werden, inwiefern das Dasein ein Seiendes von anderer Art als ein Ding sei, inwiefern das Dasein etwas „Nichtdingliches" sei. In Wirklichkeit aber sieht Heidegger, daß die Frage eine andere sein muß: es kommt nicht darauf an, ein Seiendes von der Art des Daseins zu unterscheiden von einem Seienden, wie es ein Ding ist; es muß vielmehr der Prozeß, der Vorgang, als der Dasein ist, unterschieden werden von solchen Prozessen, die mit Dingen ablaufen. Nicht daß das Dasein als Seiendes etwas anderes ist als z. B. ein Stein, ist der Punkt; sondern dies, daß das „Da-sein" als Vorgang, als Bewegung, als Tätigkeit etwas anderes ist als eine Bewegung wie das Herabfallen eines Steines. Es müssen primär Prozessarten, nicht Sorten von Seienden unterschieden werden, und die Unterscheidung dieser Prozeßarten geschieht im Hinblick auf die Zeit, die jeweils für sie konstitutiv ist. Die „Sorge" (der Prozeß, der wir selbst sind) läuft nicht in der Zeit ab wie das Herabfallen eines Steines; Heidegger analysiert sie als ein „Vorlaufen" des Daseins, in dem dieses in seinem „Seinkönnen auf sich zukommt". Daß das Dasein sich in seiner Zukunft in seinen Möglichkeiten voraus ist, hat nichts damit zu tun, daß es zu verschiedenen Zeitpunkten an verschiedenen Orten ist. Und es ist – so Heidegger – jenes, das als „ursprüngliche Zeitlichkeit" denjenigen Prozeß ausmacht, der wir selbst sind. Nicht daß die Augenblicke unseres Daseins der Reihe nach aufeinander folgen, sondern daß wir in Zukunft vorlaufend aus dem Gewesenen sind, ist die „Substanz, aus der wir gemacht sind". Es ist dies die sonderbare Bewegung, die als das Verfließen der Zeit jedermann wohlvertraut ist.

Heideggers Analysen der Temporalität sind im einzelnen sehr kompliziert und können hier nicht, wie es nötig wäre, behandelt werden. Da aber auch ich der Überzeugung bin, daß in ihnen die Entdeckung liegt, die (wie Bröcker sagt) „Heidegger unsterblichen Ruhm verbürgt", ging es ebenfalls nicht an, sie ganz mit Stillschweigen zu übergehen. Das Wesentliche ist wie gesagt, daß sich die Eigentümlichkeit unseres „Daseins", unseres Menschseins nur aus der Eigenart des Prozesses, der wir selbst sind, ergeben kann;

daß diese in seiner besonderen „ursprünglichen" Zeitlichkeit besteht; und daß deswegen die Zeit der Kern unseres Wesens ist. Ich weiß nicht, ob diese skizzenhaften Bemerkungen etwas davon ahnen lassen, weshalb hier eine bedeutende philosophische Einsicht vorliegt; aber es ist so, daß damit die Philosophie einen wichtigen Schritt vorwärts getan hat.

Heidegger hat diese Gedanken entwickelt in ausdrücklicher Gegenwendung gegen die traditionelle Ontologie, deren Grundbegriffe auf seinem Wege „destruiert" werden sollten. Dies hat schwerwiegende Folgen gehabt. In den herkömmlichen Auffassungen wurde nämlich der Mensch verstanden als „animal rationale". Als das Wesen des Menschen wurde die „Vernunft" angesehen; Vernunft aber hat als etwas „Zeitloses" gegolten. Wenn nun Heidegger die Zeit als das Wesen des Menschen explizieren wollte, dann mußte die Folge sein, daß die Vernunft als derart zeitlos aus diesem Wesen herausrückte. „Sein und Zeit" (und noch mehr die folgenden Schriften) wendet sich daher gegen die Bestimmung des Menschen als des „vernünftigen Wesens". Vernunft, Moral, Humanität – solche Ausdrücke bekommen nun einen negativen Akzent, sie werden der Tradition eingeordnet, die es zu destruieren gilt. Und zwar ist es gerade die bedeutendste Einsicht Heideggers, die ihn auf diesen Weg bringt. Gewisse Momente des geistigen Klimas und der Zeitströmungen wirken dabei verstärkend – der Historismus Diltheyscher Herkunft wird von Heidegger auf der Basis seiner Zeittheorie radikalisiert, theologisch-existenzialistische Vorstellungen und ein gewisser „expressionistischer" Irrationalismus kommen hinzu, vielleicht auch manches, was mit dem individuellen Charakter Heideggers zu tun hat. Heidegger hat es so, wie Löwith sagt[9], fertig gebracht, „einer Generation von Studierenden neue Maßstäbe zu geben und sie zu überreden, daß ‚Logik' und ‚Vernunft' sich in dem ‚Wirbel eines ursprünglicheren Fragens' auflösen müssen, daß Ethik, Kultur und Humanität, die wir ohnedies schon seit langem nur noch in Anführungszeichen schreiben, keine ernsten Anliegen sind, daß der Mensch kein ‚animal rationale' ist, sondern ein ekstatischer ‚Hirte des Seins', daß alles theoretische Vorstellen und technische Herstellen, in denen das wissenschaftliche Denken gründe, ein

Verfall der Subjektivität an die ihr entsprechende Objektivität und an unbedingte Vergegenständlichung ist."

Bezeichnend hierfür ist, daß Heidegger meint folgern zu müssen, die ursprüngliche Zeitlichkeit des Daseins schließe so etwas wie „ewige Wahrheiten" aus; deren Behauptung gehöre „zu den längst noch nicht radikal ausgetriebenen Resten von christlicher Theologie innerhalb der philosophischen Problematik".[10] Wahrheit gibt es nur relativ zu dem faktischen, zeitlichen, geschichtlichen Dasein; eine „ewige Vernunft" ist da nicht zu finden. Und wenn Heidegger sich auf die traditionelle Logik bezieht, dann nur, um darauf hinzuweisen, daß sie wenig wert ist[11]. Dem entspricht, daß ein Bemühen um logische Begründung in Heideggers Analyse-Technik nur eine geringe Rolle spielt. Daß bei dieser Sachlage die Erkenntnisverfahren der Wissenschaft sich keiner besonderen Wertschätzung erfreuen dürfen, versteht sich von selbst. Auch praktische Vernunft muß da entfallen. An ihre Stelle tritt eine Entschlossenheit, die „nicht weiß, wozu sie entschlossen ist"[12]. Die formelle Entschlossenheit des Daseins, das im Tode vor sich selbst kommt, ist das, was bleibt, ohne daß Heidegger darüber hinaus noch nach Kriterien der Vernünftigkeit dessen, wozu man entschlossen sein soll, fragen könnte.

Im Kant-Buch von 1929[13] wird das Dilemma weiter zugespitzt. Heidegger entwickelt die zentrale These, daß das Selbst in seinem innersten Wesen ursprünglich die Zeit selbst sei[14], im Gegenüber zur Kantischen Philosophie, einer klassischen Vernunftphilosophie. Heidegger stellt die Sache so dar, als sei Kant bis an die zentrale These herangekommen, sei dann aber vor diesem „Abgrund" zurückgewichen, weil der Primat von Vernunft und Logik zu fallen drohte. Statt dessen habe ihn die reine Vernunft als Vernunft noch stärker in ihren Bann gezogen[15]. Wieder zeigt sich, daß Heidegger seine Einsicht so versteht, daß sie erst ein solcher „Abgrund" wird. Er faßt zwar die Konzeption einer „reinen sinnlichen Vernunft" als der ursprünglichen Einheit und Ganzheit des menschlichen Subjekts ins Auge – vielleicht ist Heidegger nie weiter vorgedrungen –, aber er versteht es dann nicht, auch die Vernunft darin zur Sprache zu bringen. Für Heidegger bleibt die Vernunft außerhalb dieser ursprünglichen Zeitlichkeit; über der

Zeitlichkeit geht das Wesen des Menschen als „animal rationale" verloren. Es kommt nicht zu einer reinen sinnlichen Vernunft, die wirklich Vernunft und deshalb kein Abgrund ist, in dem der Primat der Logik fallen und bloße Entschlossenheit an die Stelle des kategorischen Imperativs treten müßte. Statt von einer solchen vernünftigen reinen sinnlichen Vernunft hören wir in der Freiburger Antrittsvorlesung aus dem gleichen Jahr 1929 „Was ist Metaphysik?", daß die Idee der Logik sich auflöse in dem „Wirbel eines ursprünglicheren Fragens". Ich meine, Heidegger selbst ist vor der reinen sinnlichen Vernunft zurückgewichen und hat sich statt dessen diesem verlockenden Wirbel anvertraut, aus dem allerdings Vernunft und Logik verschwunden waren. Seine tiefste Einsicht hat sich in einem bedenklichen Abgrund eingerichtet. –

Der Wirbel erfaßte bald darauf Heidegger in einer ziemlich vulgären Gestalt. Der Nationalsozialismus kam an die Macht, und zufolge dieses Ereignisses Heidegger in das Amt des Rektors der Universität Freiburg (im April 1933). Über dieses unerfreulichste Geschehen aus der Biographie Heideggers ist viel geschrieben worden; er hat aus seiner Sicht dazu in dem posthum veröffentlichten Interview mit dem „Spiegel" Stellung genommen[16]. Halten wir kurz die wichtigsten Fakten fest: Heidegger, der bis dahin politisch desinteressiert war, ist, nachdem er gegen seinen Willen und auf Druck der Kollegen Rektor geworden war, in die Partei eingetreten und hat sich in seiner Rektoratsrede „Die Selbstbehauptung der deutschen Universität" sowie in verschiedenen Aufrufen öffentlich für Hitler eingesetzt[17]. In diesen Aufrufen bedient er sich all' der Pathosformeln, die ihm seine Existenzialanalysen zur Verfügung stellen. Wenn er als Rektor etwas zu dem neueingerichteten Arbeitsdienst zu sagen hat, dann heißt es, daß sich darin „eine völlige Umprägung des deutschen Daseins von der nachwachsenden Jugend her vorbereitet", oder daß dadurch „alle anderen Erziehungsmächte zur Entscheidung gezwungen und verwandelt werden", daß „die Starken und Ungebrochenen, die aus dem erregenden Geheimnis einer neuen Zukunft unseres Volkes ihr Dasein durchsetzen", beglückt werden „durch Opferbereitschaft und Dienst im Bereich der innersten Notwendigkeiten deutschen Seins"[18]. Im Aufruf „Deutsche Studenten" für die

Freiburger Studentenzeitung heißt es: „Die nationalsozialistische Revolution bringt die völlige Umwälzung unseres deutschen Daseins.... Der Führer selbst und allein ist die heutige und künftige deutsche Wirklichkeit und ihr Gesetz.“[19] Oder aus dem Wahlaufruf vom November 1933: „Diese Wahl bleibt mit allen bisherigen Wahlvorgängen schlechthin unvergleichbar. Das Einzigartige dieser Wahl ist die einfache Größe der in ihr zu vollziehenden Entscheidung. Die Unerbittlichkeit des Einfachen und Letzten duldet kein Schwanken und kein Zögern. Diese letzte Entscheidung greift hinaus an die äußerste Grenze des Daseins unseres Volkes. ... Wir haben uns losgesagt von der Vergötzung eines boden- und machtlosen Denkens. Wir sehen das Ende der ihm dienstbaren Philosophie. Wir sind dessen gewiß, daß die klare Härte und die werkgerechte Sicherheit des unnachgiebigen einfachen Fragens nach dem Wesen des Seins wiederkehren.“[20] Man sieht, was geschehen ist: nun ist die Entschlossenheit an die Stelle der praktischen Vernunft und des kategorischen Imperativs getreten; die „Härte des Willens“, die „einzigartige Entscheidung“, die „Erneuerung von Grund auf“ werden gefüllt mit dem gerade „anwesenden“ Inhalt. Sie taugen dazu, weil sie von sich aus keinen Inhalt mitbringen. Schon in den Daseinsanalysen war von praktischer Vernunft keine Spur geblieben; es ist deswegen nicht eigentlich ein Irrweg der „Entschlossenheit“, wenn sie sich nun zum Führer und zum deutschen Sein entschließt. (Sogar das „Ende der bisherigen Philosophie“ wird für den neuen Zweck eingespannt!)

Immerhin, die Episode war nur kurz. Im Februar 1934 ist Heidegger vorzeitig von seinem Amt als Rektor zurückgetreten. Im Spiegel-Interview legt er die Gründe dar: Im badischen Kultusministerium in Karlsruhe sei von ihm verlangt worden, zwei Dekane durch der Partei genehmere Kollegen zu ersetzen. Er habe sich geweigert und sei zurückgetreten, als der Minister auf seiner Forderung bestand. Sein Nachfolger wurde als erster nationalsozialistischer Rektor angesehen. Heidegger hat es abgelehnt, seiner Amtseinsetzung beizuwohnen.

Heideggers Philosophie ist von der nationalsozialistischen Ideologie, dem, was die Rosenberg, Bäumler, Krieck, Weinhandl u. a. geschrieben und gelehrt haben, durch Welten getrennt, und

Heidegger hat in dieser Hinsicht keine Konzessionen gemacht, hat nicht seine Daseinsanalyse, sein Denken des Seins der Ideologie von Blut und Boden usw. zu assimilieren versucht. Und diese eigentlichen „Philosophen“ der Bewegung haben auch ihrerseits Heidegger niemals als einen der ihren angesehen, sondern ihn heftig bekämpft. Heideggers Vorlesungen wurden späterhin vom SD überwacht. Es gab nur einen möglichen Berührungspunkt. Worin er liegt, wird deutlich, wenn man auf das Vorkommen der gleichen Worte und Wendungen in den philosophischen Schriften und den Aufrufen achtet. Und man kann nicht leugnen, daß durch dieses doppelte Auftreten auch Licht fällt auf den Sinn dieser Ausdrücke im philosophischen Kontext.

Ein Wort noch zu einem möglichen Antisemitismus Heideggers. Es gibt keinen Beleg für antisemitische Auffassungen oder Äußerungen Heideggers. Im Gegenteil, er hat auch nach der berühmten Auseinandersetzung mit Cassirer auf den Davoser Hochschultagen 1929 diesen zu einem Vortrag in Freiburg aufgefordert und dort freundschaftlich empfangen[21]. Und er hat auch nach 1933 noch jüdische Schüler gehabt, die ihm ihre Dankbarkeit bestätigt haben[22]. Fraglich könnte höchstens sein, wie er sich in seiner Amtszeit zu den von oben angeordneten Maßnahmen gegen jüdische Dozenten verhalten hat, ob er sie willfährig hat durchführen helfen oder ihnen Widerstand entgegengesetzt hat. Im Spiegel-Interview legt Heidegger dar, er habe antisemitische Propaganda in der Universität sowie eine geplante Bücherverbrennung verboten, die Entfernung Bücher jüdischer Autoren aus der Bibliothek des Philosophischen Seminars verhindert und habe auch Professoren, deren Entlassung verlangt worden sei, gehalten. Und die aufkommenden Differenzen zu Husserl und seiner Familie hätten mit dem politischen Geschehen nichts zu tun gehabt. Die Widmung von „Sein und Zeit“ an Husserl blieb in der Auflage von 1935 erhalten und mußte erst 1941 gegen den Willen Heideggers wegfallen. Heidegger hat aber auch dann verlangt, daß die Hinweise im Text auf das, was er Husserl verdanke, bleiben müßten[23]. – Von anderer Seite ist freilich behauptet worden, Heidegger habe an der Entlassung jüdischer Dozenten mitgewirkt[24]. –

Genug hiervon. Im Denken Heideggers hat sich ungefähr um

diese Zeit eine wesentliche Wendung vollzogen, die vielverhandelte „Kehre“. Die äußere Gestalt der Schriften, aber auch ihr Inhalt beginnt sich in der Folge gegenüber „Sein und Zeit“ erheblich zu verschieben. Hatte jenes Werk noch einen weitgehend schulmäßig-systematischen Aufbau, so hält Heidegger nun eine solche Darstellungsart für zu sehr der Tradition verhaftet, um das, was er sagen will, ausdrücken zu können. Heidegger schreibt kein „großes Werk“ mehr, sondern kleinere Einzelabhandlungen, von denen jede für sich das immer selbe Thema in einem seltsam eindringlich-besinnlichen Denkstil in assoziativ-freien Gedankenketten, oft im „Gespräch“ mit einem der „wesentlichen Denker“, umkreisend anzugehen versucht. Das Sich-absetzen von der traditionellen Philosophie soll schon im logischen und literarischen Stil der Arbeiten sichtbar werden; die traditionelle Art sinnvollen, argumentierenden Redens, die ja – weit und locker genug gefaßt – durchaus Philosophie und Wissenschaften gemeinsam ist, gilt als auf eine beschränkte Interpretation von Wahrheit festgelegt und deshalb als außerstande, für den ins Auge gefaßten Aufbruch tauglich zu sein. In dem in herkömmlicher Weise begründenden und beweisenden Denken ist sozusagen die Perspektive impliziert, daß man einen ungläubigen Widersacher überzeugen und zur Zustimmung zwingen will. Heideggers Denken kann dies nicht und will es auch nicht. Es verlangt die Bereitschaft zu willigem, sich einlassendem Mitgehen. Es will nicht gegenüber kritischen Fragen standhalten können, sondern dem, der sich in die Sache einläßt und auf dem eingeschlagenen Weg der Besinnung nachzufolgen bereit ist, etwas sichtbar machen. Kritische Geister, die durch Argumente überzeugt werden wollen, ehe sie zum Mitmachen bereit sind, mögen sehen, wo sie bleiben. Wenn man will, also ein recht unkritisches Denken, dessen wesentliches Motiv jedoch gerade die Kritik ist, denn die Grundüberzeugung, daß an den herkömmlichen Arten, Ontologie, Erkenntnistheorie oder Moralphilosophie zu betreiben, nichts mehr daran ist, daß sie keinerlei Zukunft haben, ist das, was den späten Heidegger mit dem frühen verbindet, ist wohl überhaupt das Grundmotiv Heideggerschen Denkens. Die Überzeugung, daß die herkömmlichen Verfahren und Inhalte der Philosophie sich überlebt haben, und die zweite Überzeugung, daß in Philosophie dennoch eine wesentliche, über das Schicksal des Menschen entscheidende Möglichkeit liegen muß, daß es deswegen keine Alternative sein kann, sich auf Logistik oder Kybernetik zurückzuziehen, daß im Menschsein etwas Eigentliches liegt, das in diesen Reduktionsformen des Rationalismus verfehlt wird, das aber auch in der herkömmlichen Philosophie immer irgendwie ungesagt geblieben ist und deswegen eines ganz anderen Denkens bedarf, um befreit und ans Licht gebracht zu werden, – diese Überzeugungen sind es, die den gewollt befremdlichen Stil des späteren Heidegger verständlich machen. Die Befremdlichkeit soll sowohl das herkömmliche philosophische Denken wie den modernen wissenschaftstheoretischen Rationalismus auf ihren eingefahrenen Wegen befremden und dadurch Geburtshelfer eines ganz Neuen, Anderen, Besseren werden. Der Mensch ist mehr, als bisher gesagt worden ist und gesagt werden konnte, und es bedarf ganz neuer, verwandelter Arten des Sagens, um dieses Mehr zur Sprache zu bringen.

Diese Eigenart des Heideggerschen Denkens, die Absetzung gegen die Tradition gerade auch im Denkstil – bis in die Logik hinein – zu wollen, hat aber auch die Begrenztheiten dieses großangelegten Versuches zur Folge. Da Heidegger selbst kaum argumentiert, läßt sich mit ihm ebenfalls kaum argumentieren. Gegenüber „kritischen Auseinandersetzungen“ (wie der Zeitgeist sie gerne möchte) ist Heideggers Denken irgendwie ganz wehrlos und zugleich eigentümlich unerreichbar. Eine Nachfolge in objektiver Weise ist kaum möglich; weiterhin Abhandlungen dieser Art und in diesem Stil über das „Sein“ und das „Ereignis“ zu schreiben könnte nur zu Albernheiten führen. Und für ein Denken, das es für nötig hält, daß einem kritischen Fragen und Wissenwollen gegenüber nach Möglichkeit rationale Begründungen zur Verfügung sein müssen, findet sich bei Heidegger wenig Hilfe. Der Heideggersche Weg läßt sich darum kaum weiterverfolgen. Aber vielleicht ist auch das von Heidegger gewollt. Er charakterisiert Richard Wagner einmal als einen Menschen, der nicht zu denen gehöre, denen ihre eigenen Anhänger der größte Greuel sind[25]. Das sieht nicht so aus, als seien Heidegger Heideggerianer sympathisch oder willkommen.

Doch beschreiben wir das spätere Denken Heideggers auch seinem Inhalt nach noch ein wenig. In den Daseinsanalysen von „Sein und Zeit" waren wesentliche Aspekte menschlichen Daseins – wie Kunst oder Religion – unberücksichtigt geblieben. Es war also erforderlich, sollte das Dasein als Ganzes verstanden werden, die Analysen auch auf diese Themen auszudehnen. Dies geschieht in dem wichtigen Vortrag von 1935 „Der Ursprung des Kunstwerkes" (veröffentlicht 1950 in den „Holzwegen"), in dem in Gegenwendung zu den Begriffsschemata der traditionellen Ontologie („Form – Stoff" etc.) der Werkcharakter des Kunstwerkes analysiert wird. Heidegger stellt das „Werk" in den Widerstreit von „Welt" („Die Welt ist die sich öffnende Offenheit der weiten Bahnen der einfachen und wesentlichen Entscheidungen im Geschick eines geschichtlichen Volkes.") und „Erde" („Die Erde ist das zu nichts gedrängte Hervorkommen des ständig Sichverschließenden und dergestalt Bergenden.").[26] Welt und Erde sind Weisen des Sich-Lichtens und Sich-Verschließens, als deren Urstreit „Wahrheit west". Wahrheit bringt ins Helle und verdeckt darin auch immer. Kunst wird von Heidegger begriffen als ein Ins-Werk-Setzen solcher Wahrheit. Die Wahrheitsfähigkeit von Kunst wird gefaßt aufgrund einer Aus- und Umdeutung des Wahrheitsbegriffes.

Die Art dieser Analysen zeigt schon, daß es keineswegs nur um eine Ergänzung von „Sein und Zeit" zu tun ist. In den Fundamenten ist ein durchgreifender Wandel eingetreten. Vermutlich im Zusammenhang mit den Erfahrungen von 1933 ist Heidegger das Dezisionistische und zugleich der heroisch-nihilistische Gestus von „Sein und Zeit" verdächtig geworden. Manche Kritiker haben gemeint, die „Kehre" Heideggers sei geradezu eine Folge seines nationalsozialistischen Engagements. Dagegen spricht die Chronologie, denn die ersten Anzeichen für die Kehre gehen bis 1930 zurück. Doch mag auch Heideggers Denken aus eigenem Antrieb auf dem Weg über die Grenzen von „Sein und Zeit" hinaus gewesen sein, der innere Zusammenhang mit 1933 und der nachfolgenden Enttäuschung ist unverkennbar.

Wie Löwith schön gezeigt hat, bekundet sich der Abstand vor allem in der Umdeutung der „Entschlossenheit" schon im Kunstwerk-Aufsatz. „In ‚Sein und Zeit', dessen junge Leser entschlossen waren, ohne zu wissen wozu, ehe ihnen die vulgäre Geschichte des ‚man' einen Inhalt für ihre Entschlossenheit gab, ist die Entschlossenheit die Grundstimmung und -bestimmung eines eigentlichen Selbstseins im Gegensatz zum ‚Man-sein'. Wozu man sich entschließt, bleibt in ‚Sein und Zeit' absichtlich unbestimmt, denn es bestimme sich erst im Entschluß selbst, der ein Entwerfen von faktischen Möglichkeiten ist. . . . Nach ‚Sein und Zeit' wird die Freiheit des Selbst nicht mehr als die Freiheit eines Sein-könnens, sondern als die eines Sein-lassens bestimmt und demgemäß wird das entschlossene Verhalten zu einem ‚Sich-nicht-verschließen' umgestimmt. Die Entschlossenheit soll jetzt nicht mehr ein dezidiertes, resolutes Verhalten sein, sondern die Eröffnung des Daseins aus der Befangenheit im Seienden zur Offenheit des Seins. Sie ist nun ein Sicheinlassen auf das Offene, Unverborgene, Wahre des Seins, in das jegliches Seiende hereinsteht."[27] Heidegger blieb nicht verborgen, daß die Entschlossenheit eines Wahren bedurfte, zu dem sie entschlossen sein konnte. Die Kehre sollte eine Zukehrung zu einem solchen Wahren sein. Sie stand aber von vornherein unter einer maßgeblichen Rahmenbedingung: sie durfte keine Rückkehr zu traditionellen Vorstellungen sein. Denn daß deren Zeit abgelaufen sei, bleibt die ständige, nicht mehr in Frage gestellte Grundvoraussetzung des Heideggerschen Denkens. Das Wahre, an dem die Entschlossenheit orientiert sein konnte, konnte also nicht mehr als „Gott" bestimmt werden, und es konnte ebensowenig als „Vernunft" bestimmt werden. Heidegger versuchte es als „Sein" zu denken – im Sinne des Leitwortes seines Denkweges überhaupt.

Heidegger hat niemals gesagt, als was er „Sein" versteht, wenn man von einigen pathetischen Tautologien („das Sein ist es selbst" usw.) absieht. Vielleicht ist es aber nicht ganz unsachgemäß, das Heideggersche „Sein" zu bestimmen als etwas, das Orientierung ermöglichen soll, das aber weder Gott noch Vernunft ist. Es ist so Ausdruck von Heideggers Willen, wesentliche Orientierung zu suchen, ohne auf die Wege traditioneller Metaphysik zurückzukehren. Zwar befaßt sich Heidegger in seinen andenkenden Meditationen auch weiterhin mit „Seinsproblemen" im engeren Sinn, so wenn das Sein als gemeinsame Wurzel von Existenz und Essenz oder als Grund der Modalitäten verstanden werden soll. Doch tritt dieser Aspekt weit hinter den zurück, eine neue, Verbindlichkeit ermöglichende Instanz aufzutun, an deren „Schickungen“ oder „Fügungen“ der Mensch sich ausrichten könnte. Und der sachliche Zusammenhang von beidem bleibt sehr dunkel.

So konnte auch die „Kehre“ keine Zukehr zu reiner sinnlicher Vernunft mehr sein. Die Entschlossenheit von „Sein und Zeit“ ist keine „reine sinnliche praktische Vernunft“, und die Ent-schlossenheit nach „Sein und Zeit“ ist es ebensowenig. Heidegger weicht immer weiter zurück vor der reinen sinnlichen Vernunft, die im Kant-Buch kurz sichtbar geworden war. Statt dessen wird versucht, auf die „Stimme des Seins“ zu hören, dem Sein zu „ent-sprechen“.

Außer der Erfahrung vom „Ende der Metaphysik“ wird dabei eine weitere Grunderfahrung bestimmend für Heideggers neues „seinsgeschichtliches“ Denken: die Erfahrung von der Entfremdung, der Heimatlosigkeit, dem Entwurzeltsein des modernen Menschen, der orientierungslos sich selbst überlassen in der „Irrnis“ umhertreibt. Immer erneut – bisweilen in der erregten Sprache eines apokalyptischen Visionärs – führt uns Heidegger unsere wahre Lage vor Augen. Hier nur – um eines Eindruckes willen – ein Beispiel: „Im Zeitalter der ausschließlichen Macht der Macht, d. h. des unbedingten Andranges des Seienden zum Verbrauch in die Vernutzung, ist die Welt zur Unwelt geworden, sofern das Sein zwar west, aber ohne eigenes Walten. Das Seiende ist wirklich als das Wirkliche. Überall ist Wirkung und nirgends ein Welten der Welt und gleichwohl noch, obzwar vergessen, das Sein. Jenseits von Krieg und Frieden ist die bloße Irrnis der Vernutzung des Seienden in die Selbstsicherung des Ordnens aus der Leere der Seinsverlassenheit. ‚Krieg‘ und ‚Frieden‘ sind, zu ihrem Unwesen abgeändert, in die Irrnis aufgenommen und, weil unkenntlich geworden hinsichtlich eines Unterschiedes, in den bloßen Anlauf des sich steigernden Machens von Machbarkeiten verschwunden.“[28] Wenn man will, ein radikal gedachter „Untergang des Abendlandes“.

Heidegger vereinigt nun beides, indem er es auf sein Thema, die Seinsfrage bezieht. Das „Ende der Metaphysik“ ergibt sich aus der

„Seinsvergessenheit" der Metaphysik; die unerfreuliche Situation des modernen Menschen ebenfalls. So kommt es in wenigen Zügen zu einem im Grunde einfachen, aber groß angelegten Gedankengebäude, das schon zu imponieren vermag. Das Abendland wird gleichsam in seinen Grundriß vermessen, wobei überraschende Zusammenhänge ans Licht kommen.

Zunächst scheint die „Seinsvergessenheit" eine rein innerphilosophische Angelegenheit zu sein; sie würde dann etwa darin bestehen, daß die Metaphysik in allen ihren verschiedenartigen Ausprägungen unterlassen hat, die Bedeutung eines ihrer wesentlichsten Termini (oder vielleicht sogar des wesentlichsten) hinreichend aufzuklären. Das wäre eine Unterlassung, die auch dann, wenn sie zugegeben würde, kaum verständlich machen könnte, wieso gerade darin das „Ende der Metaphysik" liegen soll. Man würde vielleicht eher erwarten, daß nun eine Metaphysik folgen müßte, in der auch dieser Grundbegriff hinreichend expliziert wäre. Aber Heidegger „definiert" gleichsam die Metaphysik durch die Seinsvergessenheit; er sieht die Metaphysik in ihrem Wesen – und das heißt in der Gesamtheit der für sie möglichen Aussagen über Mensch und Welt, aber ebenso ihrer Denkordnung, ihrer Logik, ihren Begründungsverfahren – durch die Seinsvergessenheit bestimmt. Hier ist also nicht ein unbestimmt gebliebener Terminus näher zu bestimmen, sondern die ganze Sache von Grund aus umzukrempeln. Dabei ist kein Motiv zu sehen, warum z. B. die formale Logik, in der doch von allem Inhalt der Aussagen abstrahiert ist, in der Seinsvergessenheit begründet werden soll, – wenn nicht dies, daß sie schon in der traditionellen Philosophie gegolten hat, und Heidegger eben generell verdächtig ist, was in dieser gegolten hat. „Müßte das Sein selbst von Gnaden der Widerspruchslosigkeit des menschlichen Denkens sein, was es ist, dann bliebe es sich in seinem eigenen Wesen versagt."[29] Nicht „Beweise des Denkens", sondern „Winke des Seins" seien das Wesentliche[30]. Diese Absage an die tradierten – und ja nicht nur tradierten, sondern auch wohlbegründeten – Weisen philosophisch sinnvollen Redens führt zu (vorsichtig gesagt) recht „eigenwilligen" Texten. Um auch hierfür ein Beispiel zu geben: „Was Ding wird, ereignet sich aus dem Gering des Spiegel-Spiels der Welt. Erst wenn, jäh vermutlich, Welt als Welt weltet, erglänzt der Ring, dem sich das Gering von Erde und Himmel, Göttlichen und Sterblichen in das Ringe seiner Einfalt entringt. Diesem Geringen gemäß ist das Dingen selbst gering und das je weilige Ding ring, unscheinbar fügsam seinem Wesen. Ring ist das Ding: der Krug und die Bank, der Steg und der Pflug. Ding ist aber auch nach seiner Weise der Baum und der Teich, der Bach und der Berg."[31] Was soll man vom Sein halten, vorausgesetzt, dergleichen sei ein „Wink des Seins"?

Aber die Seinsvergessenheit ist nicht nur eine Sache der Philosophen, sondern der Menschheit überhaupt. Es ist nicht nur eine Sache der philosophischen Theorie, daß eine bestimmte Frage nicht in ihrer Bedeutung gesehen und deswegen nicht zureichend bedacht worden ist, sondern das Schicksal des Abendlandes, das Elend der Menschheit liegt genau daran. Das ist die wesentliche These der Heideggerschen „Seinsgeschichte", und sie ist zunächst so unplausibel wie nur denkbar. Aber indem Heidegger das durch Nietzsche vorgegebene Nihilismus-Thema aufgreift, versucht er seiner These Sinn zu geben. Nihilismus – das ist das Wesen jener Geschichte, in der es zunehmend mit dem Sein nichts mehr ist; und daß der Nihilismus das Geschick des heutigen Weltstunde ist, war schon Nietzsches Behauptung.

Selbstverständlich hat die Philosophie ihre Geschichte. Heidegger versteht nun diese Geschichte von der „Seinsvergessenheit" her, nämlich so, daß jede geschichtliche Stufe der Metaphysik eine bestimmte Auslegung des Seienden qua Seienden gibt, in der jedoch das Sein selbst jedesmal „ausbleibt" oder „sich verbirgt". Wie aber das Seiende als Seiendes verstanden wird, bestimmt überhaupt die geschichtliche Welt des Menschen. Das geschichtliche Sein des Menschen gründet in der Art, „wie der Mensch sich zum Seienden als solchen in Beziehung setzt, dieses Verhältnis und damit sich selbst gestaltet und behauptet."[32] Die Auslegung der Natur als „res extensa" bei Descartes z. B. ist „jener erstmalige entschlossene Schritt, durch den die neuzeitliche Kraftmaschinentechnik und mit ihr die neue Welt und ihr Menschentum metaphysisch möglich wurden."[33] Der philosophische Gedanke bestimmt das Verhältnis, das der Mensch zum Seienden hat, und dieses Verhältnis wieder bestimmt, was der Mensch tun und lassen kann, – daß er z. B. Kraftmaschinen bauen kann. So kommt es zu jener (schon eingangs genannten) These, daß jedes Zeitalter der abendländischen Geschichte in der jeweiligen Metaphysik gründet. Diese These ist impliziert darin, daß die „Seinsvergessenheit“ – also das, was die Destruktion der Geschichte der Metaphysik erforderlich macht – zugleich das sein soll, das für die unbefriedigende Situation insbesondere des modernen Menschen verantwortlich ist.

Die Neuzeit wird dabei zum „Zeitalter der vollendeten Sinnlosigkeit“, in ihr kommt die Seinsvergessenheit ins Äußerste, und zwar, weil ihr die „Metaphysik der Subjektivität“ entspricht, jene „alles neuzeitliche Menschentum und Weltverständnis lenkende Herrschaft des Subjektiven“[34], die in Nietzsches Metaphysik vom „Willen zur Macht“ ihr eigentliches Wesen hervortreten läßt. Nietzsche ist darum für Heidegger das ausgezeichnete Ende, die „Vollendung“ der abendländischen Metaphysik, die dem äußersten Entzug der Wahrheit des Seins entspricht. „Die unbedingte Vergegenständlichung des Seienden als solchen kommt aus der sich vollendenden Herrschaft der Subjektivität. Diese weist aus der äußersten Loslassung des Seienden als solchen in die Auslassung des Seins selbst, das dergestalt sein Ausbleiben ins Fernste verweigert und als diese Verweigerung das Sein in der Gestalt des Seienden als solchen ausschickt – als das Geschick der völligen Verborgenheit des Seins inmitten der vollständigen Sicherung des Seienden.“[35] Heideggers bekannte Auslegung der Technik als des „Gestells“ expliziert diesen Gedanken: die Technik „west“ aus dem Entzug des Seins, aus innerer Sinnlosigkeit. Zugleich ist sie aber etwas, das sich aus dem Gesetz unserer Geschichte notwendig ergibt. Sie gehört zum Ende der (als Metaphysik verstandenen) Philosophie. „Das Ende der Philosophie zeigt sich als der Triumph der steuerbaren Einrichtung einer wissenschaftlich-technischen Welt und der dieser Welt gemäßen Gesellschaftsordnung“[36], es verwirklicht sich als Kybernetik. Damit geht Heidegger über eine vornehmlich an Marx orientierten Gesellschaftskritik hinaus: es sind nicht mehr die „Produktionsverhältnisse“, die den Menschen in die Entfremdung zwingen, die Technik selbst als Ziel unserer Geschichte, als Wesen unserer Rationalität vollbringt dies; „die Welt zu verändern" (Marx), das hieße nun, nicht die Produktionsverhältnisse, sondern die Welt qua Technik wäre zu verändern. Der Ernst dieser Überlegungen bekundet sich vielleicht auch darin, daß auch viele dem Marxismus nahestehenden Kritiker unserer gegenwärtigen Welt (wie Marcuse oder die Autoren um die jugoslawische Zeitschrift „Praxis") in diesem Punkt Heidegger zu folgen bereit gewesen sind. Nicht eine Klasse, sondern die Technik selbst ist es, die heute aus ihrer Macht über den Menschen verfügt, ihn „stellt".

Die Seinsgeschichte ist also ein Weg ins Verderben und in immer tiefere Sinnlosigkeit, bis hin zu der vollendeten der Neuzeit. Für Heidegger wird darum der Anfang dieser Geschichte in besonderer Weise wichtig; ist man da doch noch am wenigsten in dieses Unglück hineingeraten. In seiner Auslegung der Vorsokratiker hat Heidegger bei ihnen eine ursprüngliche Nähe zum Sein aufzuspüren versucht, die hernach verloren ging. Eine solche Interpretation beruht dabei – hier wie auch sonst bei Heidegger – auf dem Verfahren, den jeweiligen Philosophen an seinen Platz in der Seinsgeschichte anzuordnen und von daher zu verstehen. Bei Heidegger wird jeder einzelne Philosoph aus der ganzen Philosophiegeschichte interpretiert (und dadurch in einem letzten Sinn nicht mehr ernst genommen). Und der Anfang dieser Geschichte ist darum so besonders wichtig, weil wir das Ende sind.

Die Destruktion dieser Geschichte wird zugleich zum heilsgeschichtlichen Geschehen. Die Sinnlosigkeit des Modernen gründet im Ausbleiben der Unverborgenheit des Seins. Also, so möchte man vorschnell schließen, müßte man dafür sorgen, daß die Unverborgenheit des Seins nicht mehr ausbleibt, sondern sich einfindet. Aber dies kann nach Heidegger das Denken der Menschen nicht erzwingen wollen, denn das Erzwingenwollen des Denkens ist gerade die Ursache des Unglücks; hat es doch zum „Willen zur Macht" und damit zum offenbaren Nihilismus geführt. Es bleibt nur die Möglichkeit eines „willigeren", dem Sein gehorsameren Denkens, das nichts vorstellen, nichts beweisen und nichts erzwingen will. Daß ein solches Denken möglich ist, bezeugt sich für Heidegger durch den Dichter Hölderlin, in dem genau ein solches Denken, wie es gebraucht werde, als Dichten wirklich geschehen sei. Hölderlin wird so zum Unterpfand dafür, daß auf das Zeitalter der vollendeten Sinnlosigkeit wieder eine sinnvollere Zukunft möglich sei. Neben die Nähe zum Sein bei den Vorsokratikern tritt die bei Hölderlin. Aber wir Menschen können dafür nichts tun; alles liegt daran, was das Sein selbst „verfügt", was es uns „schickt". Wir können nur bereit sein, und diese Bereitschaft für eine „Ankunft des Seins", für eine Wiederkehr von Sinn, von Erfülltheit und Nähe der Dinge will Heidegger wecken. Wie es im Spiegel-Interview heißt: „Nur noch ein Gott kann uns retten. Uns bleibt die einzige Möglichkeit, im Denken und im Dichten eine Bereitschaft vorzubereiten für die Erscheinung des Gottes oder für die Abwesenheit des Gottes im Untergang; daß wir im Angesicht des abwesenden Gottes untergehen."[37]

Heideggers Denken bekommt so eine immer stärker antisubjektivistische Tendenz. Er sieht letztlich die Seinsvergessenheit in der Eigenmächtigkeit des Menschen gegründet. Diese muß vor allen Dingen gebrochen werden. Heidegger kritisiert deswegen den „Humanismus" als eine unzulängliche, ,,metaphysische" Bestimmung des Menschen; die wahre Würde des Menschen sei, daß er der „Hirt des Seins" sei[38]. Der Mensch soll hören und dienen, nicht rechnen und herrschen. Diese Wendung gegen die Subjektivität kann keine erkenntnistheoretische oder sonstwie konkrete Begründung haben; sie ergibt sich aus der Gegenwendung gegen den Gang der Geschichte, der auf diese Autonomie hinstrebt, sowie daraus, daß die Zeit dieser autonomen Subjektivität als Zeit vollendeter Sinnlosigkeit erfahren wird.

Dieser Weg des Heideggerschen Denkens macht es unmöglich, daß es noch einmal vor den Gedanken einer reinen sinnlichen Vernunft kommt. Von dieser ist bis zum Schluß nicht mehr die Rede. Heidegger hat Kant vorgehalten, vor diesem Gedanken zurückgewichen zu sein. Kein Zweifel, Heidegger selbst ist vor ihm viel mehr zurückgewichen.

Anmerkungen

1 Nietzsche, 1961, I, 479.
2 Ebd. II, 202.
3 Ebd. II, 343.
4 Ebd. II, 482.
5 Frühe Schriften, 1972, S. X; Zur Sache des Denkens, 1963, 81.
6 Gadamer, in der FAZ vom 28.9.74.
7 Aus der Erfahrung des Denkens, 1954.
8 W. Bröcker, Rückblick auf Heidegger, Allg. Ztschr. f. Phil. 1, 1977, 25. Vgl. auch Löwith, Heidegger – Denker in dürftiger Zeit, 1960, 33f.
9 Heidegger – Denker in dürftiger Zeit, 1960, 16.
10 Sein und Zeit, 1957[8], 229.
11 Ebd. 129 u. ö.
12 Löwith, a.a.O. 49.
13 Kant und das Problem der Metaphysik, 1929.
14 Ebd. 1951[2], 177.
15 Ebd. 152f.
16 Spiegel vom 31.5.76.
17 Texte bei: Schneeberger, Nachlese zu Heidegger, 1962.
18 Ebd. 63, 180.
19 Ebd. 135f.
20 Ebd. 148f.
21 Ebd. 9.
22 Vgl. im Spiegel-Interview zu Helene Weiß.
23 Das persönliche Verhältnis von Heidegger und Husserl wird in seiner Entwicklung ausführlich dargestellt durch: K. Schuhmann, Zu Heideggers Spiegel-Gespräch über Husserl, Ztschr. f. phil. Forschung 32, 1978, 591–612.
24 Vgl. den Leserbrief von Edith Eucken Erdsiek an die FAZ vom 4.2.77.
25 Nietzsche I, 106.
26 Holzwege, 1950, 37.
27 Löwith, a.a.O. 15.
28 Vorträge und Aufsätze, 1954, 92f.
29 Nietzsche II, 339.
30 Ebd. II, 383.
31 Vorträge und Aufsätze, 180f.
32 Nietzsche II, 62f.

33 Ebd. II, 165.
34 Ebd. II, 141.
35 Ebd. II, 387.
36 Zur Sache des Denkens, 1969, 65.
37 Spiegel vom 31.5.76, S.209.
38 Platons Lehre von der Wahrheit. Mit einem Brief über den „Humanismus“, 1947, 75

Karl Jaspers (1883–1969)

Hans Saner

Karl Jaspers

Von der Weite der Vernunft und der Verläßlichkeit des Handelns

Wer ihn nicht näher kannte, sah meist nur die Schranken, die er um seine Person errichtete: die herbe, syntaktisch gehackte, in kurze Abschnitte gegliederte, zerrissene Prosa ohne Grazie und ohne Humor; den prinzipiell über die Köpfe hinwegzielenden Gestus seines öffentlichen Vortrags, in zwar freier, aber peinlich vorbereiteter Diktion; die in kalter Höflichkeit abweisende, sehr groß wirkende Gestalt, die keinen Ausbruch und keine unmittelbare Herzlichkeit zu kennen schien, sondern nur die kühl gesetzte Distanz; die Zurückgezogenheit im Haus, als ob die Arbeit und das Leben zu zweit alles wären, und das trennende Gespräch von Eck zu Eck im Arbeitszimmer, als müßte er seinen Partner ständig überblicken, ja diagnostizieren. Man konnte dann zwar fasziniert sein von seinem Ernst, dem Reichtum seines Denkens, der Präsenz des Gedächtnisses und der Souveränität seiner Intelligenz; aber zurückgestoßen und ausgeschlossen blieb man ja doch, als wäre die Welt manichäisch: er und die Anderen.

Wer ihn nur so erlebt hat, mußte skeptisch werden: Der Philosoph, der unablässig lehrte, daß wahr ist, was uns verbindet, tat nicht nur alles, um keinen an sich zu binden, sondern schien selber unfähig zur Kommunikation zu sein, sofern diese nicht allein Mitteilung durch Sprache bedeutet. Die psychologische Erklärung lag dann nahe: da lehrt einer aus einer Sehnsucht heraus, wozu er selber nicht fähig ist; die Logik der Vernunft spricht auch an Stelle der „Logik des Herzens“ und die Vornehmheit der Gestalt ist nur die humanisierte Kälte des Gefühls. Der Ernst dieses Denkens schien brüchig zu werden. Was Jaspers im Appell von anderer Existenz forderte und zugleich aus eigener Existenz zu erhellen vorgab, blieb im eigenen Dasein wie ohne Folge, als wäre die immer beschworene Einheit von Denken und Handeln zumindest in diesem zentralen Punkt ein leeres Wort.

Es ist kein Zweifel, daß nicht nur ganz Außenstehende diese Kälte schmerzlich erlebten: Für die meisten seiner Schüler tat er buchstäblich nichts. Wenn sie, nach der Promotion, bei ihm Hilfe für ihre Karriere suchten, begriffen sie meist schnell, daß sie sich selber durch Leistung zu empfehlen hatten. Seine Kollegen hielt er sich lieber vom Leib, als wären sie alle Platzhalter für einen Besseren, Kommenden. Und seine bedeutenden Zeitgenossen unter den Philosophen nahm er in ihrem Schaffen kaum ernst, als müßten sie gleich an den Großen der Geschichte gemessen werden. Wo er heimlich verehrte, bei Heidegger, Jünger und Klages, zersetzte er zugleich bis zur Unkenntlichkeit, und wo er zumindest noch anerkannte, bei Simmel, Scheler, Bloch und Lukács, distanzierte er sich gerne durch anekdotische Ironie. Über das Elend der Zeit schien nur einer erhaben zu sein: Max Weber, bis auch er abstürzte – auf einer Hintertreppe. Jakob Burckhardts Satz richtete die Zeit: „Größe ist, was wir nicht sind." Er bezog sich ein.

Wer ihn allerdings näher kannte, entdeckte, freilich mühsam, hinter all der Abweisung, einen überaus teilnehmenden, heiteren Menschen, der gerne lachte. Er liebte die Nachrichten aus aller Welt und über seine Bekannten. Zwar konnte es auch dann noch geschehen, daß er Allzu-Persönliches, vor allem über befreundete Dritte, mit dem Satz abwies: „Wir wollen lieber darüber nicht reden." Aber wenn er sprechen wollte, dann war er ein sehr lebendiger Partner. Er konnte geduldig und ganz präzis zuhören, steuerte direkt das Wesentliche an und hob alles aus seiner Plattheit. Nur im zu frühen Einverständnis ermüdete er schnell, und jede Art der Schmeichelei wies er als Stilbruch zurück. Im Grunde ging seine Erwartung fast immer auf einen Kampf, in dem die Dinge für ihn und den andern erst ganz zur Klarheit kamen. Das war nicht etwa die Pose des Siegers im voraus. Er freute sich, wenn er wirklich belehrt wurde, und er gab gerne zu, überzeugt worden zu sein – aber auch dies nicht als Geste. Meist jedoch endete das Gespräch gar nicht, sondern wurde, mit Rücksicht auf seine Krankheit, vertagt. Dann war es selbstverständlich, daß es zu einem späteren Zeitpunkt weitergeführt werden sollte.

In diesen Gesprächen lernte ich seine Menschlichkeit kennen. Er schonte die Anwesenden nie, die Abwesenden immer. Er sprach auch gleichsam an ihrer Stelle, nicht bloß um zu sagen, was sie sagen würden, sondern um verstehbar zu machen, was sie von ihren besseren Möglichkeiten her sein könnten. Diese Methode der humanen, sich die Psychologie verbietenden Vornehmheit hat ihm durch sein Leben den Ruf eines schlechten Menschkenners eingetragen. Er schien das Kleine, Häßliche in seinen Mitmenschen zu übersehen. Er übersah es nicht. Er schwieg nur lieber darüber, nicht allein, um kein Misanthrop werden zu müssen, sondern um den andern „im Umkreis seiner Stärke" vor sich zu sehen. Diese Stärke aber waren seine besseren Möglichkeiten, auf die hin er sich entfalten konnte. Wurde diese Fürsprache durch die Fakten oft widerlegt, dann konnte er hart werden im Urteil, freilich fast immer mit dem Zusatz: „Man soll nicht endgültig urteilen."

Auf ganz wenige Menschen aber ließ er überhaupt nichts kommen. Die Beziehung in ihrer Intaktheit galt ihm dann als absolut. Das waren, soweit ich es in seinem Alter miterlebt habe, drei Frauen: vorab seine Frau, die Mitarbeiterin und Mitdenkerin durch das Leben, dann Hannah Arendt, die kluge und immer verläßliche, aber sehr streitbare Freundin, und wohl auch Erna Möhrle, die Haushälterin, deren Heiterkeit ihm wohltat. Zu ihnen war er vollkommen ritterlich, und er schützte sie in jedem Fall nach außen, ganz gleich, wie die Fakten liegen mochten. Keine dieser Frauen betrachtete er jemals als bloße Lebenshilfe. Vielmehr ermöglichten sie auf ganz verschiedene Art das, was er unter Kommunikation verstand: jene enge, sich in einem langen Prozeß bewährende Beziehung, in der, durch Gespräch und Handlung, jeder ein unabhängiger und wahrhaftiger Mensch wird. Diese Einschätzung war ihm übrigens in bezug auf seine Haushälterin ganz ernst. Er hielt sie in ihrem Handeln für philosophischer als die meisten philosophicrenden Zeitgenossen in ihrem Reden. Mit dieser Wertschätzung machte er unkonventionell ernst: unter all seinen Erben bedachte er sie mit dem größten finanziellen Anteil, mit der einfachen Begründung: „Sie soll nicht mehr arbeiten müssen, sondern endlich ihre Unabhängigkeit frei leben dürfen."

Diese Menschlichkeit im engen Raum fand bei ihm eine Ergänzung durch eine bis ins hohe Alter lebendige Teilnahme für nahezu alles, was in der Welt der Politik und der Wissenschaft geschah. Er war ein großer Leser. An die 10000 Bände seiner Bibliothek, darunter Werke aus den verschiedensten Wissenschaften und

Literaturen und aus den entlegensten Philosophien, zeigen die Spuren davon. Daneben benutzte er die Universitätsbibliothek rege. Er versuchte, bis an die Grenzen seiner Arbeitskraft, umfassend orientiert zu sein, in der Meinung, daß der Philosoph eigentlich universal gebildet sein müßte. Daneben studierte er das Tagesgeschehen der großen und kleinen Politik in den späteren Jahren fast pflichtmäßig, und zwar nicht mit distanzierter Verachtung für den Plunder des Alltags, sondern in der Sorge eines Mannes, der schwer genug gelernt hatte, daß „die Politik unser Schicksal" ist, und nicht selten in der Empörung eines verhinderten Täters. Denn dies war er eigentlich. Seine Liebe von Jugend an für alles Praktische und Konkrete hätten ihn vielleicht zum Politiker werden lassen, wenn nicht die verhältnismäßig schwere, lebenslange Krankheit (Bronchiektase mit sekundärer Herzinsuffizienz) ihn zu einem stillen und schonenden Leben gezwungen hätte. Die Schranken, die er um seine Person und sein Haus legte, gründeten nie in der Verachtung der Öffentlichkeit – vielmehr liebte er sie – und auch nicht in einem Mangel an Temperament – es war elementar kämpferisch –, sondern in der ständigen Gefährdung seines Lebens durch die Krankheit. Sie ließ ihm kaum andere Möglichkeiten als ein Gelehrtenleben und sie lenkte es wohl auch in die Richtung auf Medizin, Psychiatrie und Psychologie.

Daß ohne sie sein Leben möglicherweise in anderer Richtung verlaufen wäre, läßt schon das Milieu vermuten, dem er entstammte. Der Großvater mütterlicherseits war Mitglied des Oldenburgischen Landtags, und ein Bruder der Mutter, Theodor Tantzen, war zweimal Ministerpräsident von Oldenburg und dann Minister im ersten Kabinett von Niedersachsen. Der Vater wurde, als Jurist, früh Amtshauptmann in Butjadingen, war später Landtagsabgeordneter in Oldenburg und lange Zeit Vorsitzender des Stadtrates. Für den Abiturienten Jaspers war es denn auch fast selbstverständlich, Jura zu studieren. Er wollte „in das praktische Leben", in einen Beruf, in dem er es mit Menschen zu tun hatte.

So fing die Selbständigkeit dieses Lebens mit einem Entschluß an, der es vielleicht „interessant" gemacht hätte. Aber die Rücknahme folgte auf dem Fuß, und was dann blieb, war ein langes Leben, von dem es wenig zu erzählen gibt.

Als nämlich zu Beginn des Studiums seine Krankheit diagnostiziert wurde und ihn die Jurisprudenz überdem eher langweilte, warf er seine bisherigen Pläne um. Die Sache ist insofern bemerkenswert, als hier vielleicht der einzige Bruch seines Lebens liegt. Von da an verlief es beinahe nach der Voraussicht des Jünglings, in einer schon fast beängstigenden Konsequenz. Denn damals schrieb er, als 19jähriger, dem Vater, daß er nun mit seinem bisherigen Leben breche. Zwar möchte er am liebsten Naturwissenschaften und Philosophie studieren, um dann direkt in die akademische Laufbahn, vermutlich als Philosoph, einzusteigen. Da er aber die Voraussetzungen dazu nicht habe – er hielt sich für zu unbegabt für die Philosophie –, werde er Medizin studieren, dann zur Psychiatrie und Psychologie übergehen und zunächst Assistent bei einem Universitäts-Psychiater werden, – all das in der Hoffnung, daß Medizin, Naturwissenschaften und Psychologie die Philosophie in ihm belebten, die dann seinem Leben „überhaupt Gehalt" gebe. – So kam es denn auch. Er studierte in Berlin, Göttingen und Heidelberg Medizin, wurde danach Volontär-Assistent an der Heidelberger Psychiatrischen Klinik unter Nissl, habilitierte sich bei Windelband für Psychologie und wechselte 1920 als Nachfolger von Hans Driesch zur Philosophie über. Weil er sich zum Studium der Philosophie für zu unbegabt gehalten hatte, wurde er Professor der Philosophie, ohne jemals Philosophie studiert zu haben.

Vorausgesehen war für diese frühen Jahre nur etwas nicht: daß er auf einen Menschen treffen würde, der seinem Leben vermutlich den Stoß in die heimlich beabsichtigte Richtung gab – in die Philosophie. Das war Gertrud Mayer, die Schwester von Gustav Mayer, dem Historiker der Arbeiter-Bewegung. Sie hatte Nervenpflegerin gelernt, hörte dann bei Rickert und Lask, mit dem sie befreundet war, und später bei Windelband Philosophie, was sie auch studieren wollte. Der Anstoß zur Philosophie kam, nachdem sie geheiratet hatten (1910), vermutlich nicht so sehr durch ihr vorwiegendes Interesse, sondern mehr aus ihrem ganzen Wesen. Sie war unerbittlich auf Wahrheit bedacht, im Denken schnell bei den letzten, auch bei den abgründigsten Dingen und in den Entschlüssen gerne radikal – in all dem aber impulsiv, warmherzig mitfühlend für alles Menschliche. Ihre fast verschwenderische

Herzlichkeit verband sich in einer schönen Weise mit der Unbedingtheit des Sittlichen, so daß ihre Menschlichkeit nie zufällig und ihre Moralität nie fanatisch wurde. Vieles, was Jaspers später als Existenzerhellung gedacht und gedichtet hat, ist ein Versuch der Beschreibung ihres Wesens. Ohne ihre lebenslange, harte Kritik an seiner Arbeit – er sagte einmal, sie habe ihm den „Kleinheitswahn" beigebracht –, wäre wohl manches flacher ausgefallen und ohne ihre ständige Mitarbeit wäre auch vieles gar nicht geschrieben worden. Ja vermutlich ermöglichte sie ihm überhaupt das lange Leben. Denn immer, wenn er von seinem Temperament her in der Geselligkeit überborden wollte, stand sie plötzlich da, erinnerte streng an die Grenzen des Physischen und garantierte so die Kontinuität der Arbeit bei hinreichendem Wohlbefinden trotz vieler akuter Krankheitsfälle.

In dieser Arbeit gab es äußerlich keine Hektik und scheinbar keine Zeitnot – er konnte seine Termine immer einhalten –, aber viel Organisation und viel Disziplin. Der Vormittag, für Jaspers die Zeit der größten geistigen Frische, wurde ohne Pause für das Schreiben reserviert. In dieser Zeit ließ er sich durch nichts stören. Ein Spaziergang, das Mittagessen und ein anschließender Schlaf brachten die Erholung. Am verbleibenden Nachmittag hielt er, jedenfalls in späteren Jahren, seine Veranstaltungen an der Universität oder er las und schrieb und abends las er wiederum bis 10 Uhr. Es gehörte zur Arbeitsökonomie, daß er praktisch alle seine Vorlesungen und Seminare mit der Arbeit an Büchern koordinierte. Wer so sechs Jahrzehnte in fast völliger Regelmäßigkeit lebt und, mit Ausnahme einiger Stunden am Sonntag, bewußt auf bloße Unterhaltung – Gespräche zu zweit hielt er nie dafür –, verzichtet, kommt weit. Es sammelten sich denn auch sehr große Stöße an beschriebenem Papier an. Jaspers hielt sie durch exakte Listen, wo was lag, immer griffbereit, und die einzelnen Konvolute waren immer auch durch detaillierte Verzeichnisse und eine Aufteilung in Mäppchen, durchsichtig. Fiel ihm während der Arbeit etwas Wichtiges zu einem anderen Thema ein, so notierte er es schnell und wußte dann genau, wo in seinen Manuskriptschränken und wo innerhalb eines Konvoluts es einzuordnen war.

Die verborgene Hektik aber zeigte sich nach dem Abschluß eines Manuskripts. Schon am andern Tag begann die Arbeit an einem neuen. Und sie zeigte sich auch am gelegentlich überspringenden Charakter seines Denkens. Stieß er auf Probleme, die er in angemessener Zeit nicht befriedigend lösen konnte, dann warf er – wie er einmal sagte – „über den Graben einfach ein Brett", um weiterzukommen. Er hatte sich diese „Oberflächlichkeit" in frühen Jahren zur Pflicht gemacht – in der Angst vor einem frühen Tod. Die Arbeitsweise war auf ein kurzes Leben ausgerichtet, die Arbeitsprojekte aber auf ein sehr langes. Das machte seine Schriften in vielen Einzelheiten anfällig für Kritik, auch für oft zu kurz gegriffene. Er wußte es, und gelegentlich konnte er völlig unbefangen sagen: „Ich habe zu viel geschrieben." Wenn er aber dann sein Werk wiederum mit der Lebensprognose verglich – er glaubte in der Jugend nicht älter als dreißig zu werden –, überfiel ihn auch etwas wie ein dankbares Staunen. Als er sich mit 85 Jahren entschloß, nun nicht mehr zu schreiben, sagte er angesichts der Masse von Papieren: „Ich habe nie damit gerechnet, über 50 Jahre arbeiten zu dürfen. Nun höre ich auf, vor diesem Haufen Papier – Arbeit noch einmal für 50 Jahre."

Sein Leben wäre mit dem Satz „er arbeitete; er tat sonst nichts" zu Ende erzählt – wenn nicht Hitler gekommen wäre. Jaspers schenkte den Nationalsozialisten bis 33 keinerlei Beachtung. Als zu seinem Erstaunen Hitler an die Macht kam, hielt er dies für eine Operetten-Einlage der Geschichte. Seinen Übermut verlor er in Stufen: durch die rasch um sich greifende Nazifizierung der Universitäten, durch das Konkordat des Vatikans mit Hitler, den Flottenpakt Englands mit Deutschland und durch die ungestrafte Besetzung des Rheinlandes. Er kapierte langsam, daß Deutschland ein einziges Zuchthaus wurde. Als man ihn 1937 seines Amtes enthob und ihn ein Jahr danach faktisch mit einem Publikationsverbot belegte, war er zwar froh, mit dem offiziellen Deutschland in seiner Arbeit überhaupt nichts mehr zu tun zu haben, aber seine Lebensangst wuchs Jahr um Jahr. Denn seine Frau war Jüdin und er selber wurde schon früh als Staatsfeind vor die Gestapo zitiert. Daß er nicht auswanderte, lag zum Teil an seiner Angst vor fremden Sprachen, zum Teil an der Gleichgültigkeit der möglichen Retter, zum Teil an der Bösartigkeit der damaligen Behörden. Als 1941 seine Emigration in die Schweiz endlich in die Wege geleitet war, erlaubte ihm das Reichserziehungsministerium nicht, die Frau mitzunehmen. So blieb auch er.

Mit Klugheit war er nun darauf bedacht zu überleben. Von ihm war nie ein öffentliches Wort des Widerstandes zu hören und auch keine rebellische Geste zu sehen. Er nutzte die mögliche Fürsprache und die Information von Freunden und Bekannten, die Zugang zu wichtigen Ämtern hatten. „Auch ein Philosoph darf unterstehen, wenn es regnet", pflegte er später zu sagen. Er wollte kein Held und womöglich kein Opfer einer Horde von Verrückten sein. Aber aller Klugheit setzte er eine Grenze. Er war nie Mitläufer, und von ihm gibt es kein öffentliches und kein privates Wort für den Nationalsozialismus. Daß er ein Gegner war, blieb ihm und allen klar.

In den härtesten Zeiten der Judenverfolgung tauchte seine Frau bei Freunden unter. Für den Fall, daß die Gestapo doch zuschlug, war der gemeinsame Selbstmord geplant. Im März 45 bekam er die Mitteilung zugespielt, daß sein Abtransport und der seiner Frau für den 14. April vorgesehen sei. Am 30. März wurde Heidelberg von den Amerikanern befreit.

Es spricht für seine Redlichkeit, daß er, nachdem der Spuk vorbei war, jede „falsche Heroisierung" in der Öffentlichkeit von sich wies. Er selber wußte um die moralische Schwäche seiner Klugheit in der Not und er hielt sie zeitlebens für eine metaphysische Demütigung seiner selbst. Das hat er nach dem Krieg klar ausgesprochen und später oft wiederholt: „Wir Überlebenden haben nicht den Tod gesucht. Wir sind nicht, als unsere jüdischen Freunde abgeführt wurden, auf die Straße gegangen, haben nicht geschrien, bis man auch uns vernichtete. Wir haben es vorgezogen, am Leben zu bleiben, mit dem schwachen, wenn auch richtigen Grund, unser Tod hätte nichts helfen können. Daß wir leben, ist unsere Schuld. Wir wissen vor Gott, was uns tief demütigt."

Von dieser Demütigung entlastete ihn nur seine Arbeit. Als er einmal den Widersacher der Vernunft in der totalen Herrschaft und in der Herrschaft des Totalitären zu sehen meinte, richtete er all seine Arbeitskraft darauf aus, gegen die Wurzeln des Totalitären in der ganzen Breite des Denkens zu kämpfen. Das war für ihn ein Kampf um die Reinheit der Wissenschaften innerhalb ihrer Grenzen, ein Kampf für die Durchsichtigkeit des Glaubens gegen die Ausschließlichkeit, für die Offenheit der Vernunft außerhalb aller Gehäuse und für die „republikanische Denkungsart" des Politischen jenseits aller Heilslehren. Das Erleiden der Politik, die „aus der Gosse" kam, hatte ihn zu einem Philosophen gemacht, der die Prinzipien und die Geschichte des Denkens und Glaubens fortan auf ihre politische Konsequenz abklopfte und der in der Politik auch das Schicksal der Vernunft sah.

In der Zeit des Nationalsozialismus ging nicht nur die Freundschaft mit Heidegger in die Brüche, sondern auch das Vertrauen zu Deutschland. Zwar arbeitete Jaspers nach dem Krieg intensiv am Wiederaufbau der Universität mit. Als er aber bald einmal zu sehen meinte, daß sowohl die politisch-moralische Umkehr im Volk als auch die wissenschaftlich-sittliche an der Universität ausblieb, emigrierte er nach Basel, wo er ab 1948 lehrte. Die Gründe seines Wegzugs gab er damals nicht bekannt. Sie sind aber ganz eindeutig: die Kränkung, daß er die Rettung seines Lebens den Amerikanern verdankte – gegen die Deutschen; die Enttäuschung über die verpaßte Umkehr und das tiefe Mißtrauen in die Entwicklung Deutschlands.

Die Nazizeit hatte ihn politisch empfindlich und hellhörig gemacht. Er verfolgte von seinem Exil aus, wie ein Seismograph, die Entwicklung Deutschlands und der Welt. Er wurde für alle Lager ein unbequemer „politischer Schriftsteller" – in seinem Kampf gegen den Stalinismus verschrien als „Philosoph der Nato", im Kampf für die Anerkennung der DDR gebrandmarkt als „Handlanger des Kommunismus"; in seinem Interesse für die Tagespolitik belächelt als „intelligenter Zeitungsleser" (Habermas) und in der Sorge um die Weltpolitik des nuklearen Zeitalters verrufen als Schreibtischtäter. Es machte ihn nicht milder.

Als 1966 die Große Koalition gebildet wurde und zum Kanzler einen ehemaligen Nazi wählte, bewarb er sich um das Balser Bürgerrecht – froh, wie er sagte, als Bürger eines demokratischen Staates – „wenigstens zu sterben".

In diesem zwar durch Krankheit immer und durch die Politik zeitweise gefährdeten, aber sonst stillen und ereignisarmen Gelehrtenleben schuf Jaspers, in nahezu sechs Jahrzehnten, ein über 30bändiges Werk. Sollte man es mit einem Satz charakterisieren, dürfte man vielleicht sagen: Es ist der Versuch, über die strenge theoretische Reinhaltung der Wissenschaft zeitgemäße Formen des Philosophierens zu entwickeln, die ineins umfassende Orientierung und inneres Handeln sind und die deshalb den weitesten Horizont des erhellenden Denkens mit der größten Verläßlichkeit des sittlichen Handelns verbinden möchten.

Die erste Phase dieser Lebensarbeit galt der Mitbegründung einer Wissenschaft, die von jeher anfällig war für Heilslehren und weltanschauliche Verunreinigung. Jaspers nannte sie, als Lehre vom Seelenleben, umfassend Psychologie. Die vielleicht fragliche Klassifizierung in „abnorme" und „normale" Äußerungen der Seele hat zu ihrer Aufteilung in Psychopathologie und Psychologie im engeren Sinn geführt. In beiden Bereichen hat Jaspers im Jahrzehnt von 1909 bis 1919 gearbeitet. Dabei lag das Schwergewicht in den ersten 5 Jahren deutlich auf der Psychopathologie und in den zweiten 5 Jahren auf der Psychologie.

Gegenstand der 10-jährigen Arbeiten waren alle Äußerungen der Seele: die krankhaften und die gesunden, die meßbaren und die bloß nachfühlbaren, die bewußten und unbewußten, die individuellen und die kollektiven. Psychopathologie und Psychologie galten ihm dann und nur dann als Wissenschaft, wenn die Erforschung dieser Äußerungen methodisch bewußte, zwingende und allgemeingültige Sachkenntnis erbrachten, die mitteilbares, nachprüfbares und diskutierbares Wissen ist. Er beschritt drei Wege, um zu diesem Wissen zu kommen: die messenden und erklärenden Methoden der empirischen Psychologie, die Methoden des Einfühlens und Verstehens der verstehenden Psychologie, wie sie vor allem durch Dilthey geklärt worden sind, und die Methoden des wiedererkennbaren „Sehens" von psychischen Fakten und Zusammenhängen der phänomenologischen Psychologie, die er, unter dem Einfluß von Husserl, in die Psychiatrie eingeführt hat. Dieser Methoden-Pluralismus bedeutete die Absage an den Ausschließlichkeitsanspruch aller psychologischen Theorien. Es gab für ihn nicht *die* richtige Theorie, sondern Theorien, die alle auf ihre begrenzte Brauchbarkeit hin zu kritisieren und in ihrer Fruchtbarkeit anzueignen waren. Wer ausschließlich der einen oder anderen theoretischen Richtung anhing – sei es nun der Gehirnphysiologie (in der Meinung, damit die Seele im Griff zu haben) oder der Psychoanalyse – hatte für ihn die Wissenschaft bereits mit einer Mythologie vertauscht. Als Mitarbeiter an einer umfassenden Psychologie konnten aber selbst die Gehirn- und Seelen-Mythologen, jenseits ihres Anspruchs und ihres Wissenschaftsaberglaubens, eine begrenzte Bedeutung haben.

Der Grund zu dieser theoretischen Vorsicht war letztlich bereits philosophischer Art. Zwar galt es, alle Äußerungen der Seele in Sachkenntnis zu erfassen; aber es galt zugleich, die Illusion zu vermeiden, damit sei der Mensch als Ganzes theoretisch festgestellt. Auf dessen „begrenzte Unendlichkeit" hin mußte die Psychologie selber eine theoretische begrenzte Unendlichkeit werden, wenn sie das „noch nicht festgestellte Tier" (Nietzsche) nicht vergewaltigen wollte.

Die Arbeit eines Jahrzehnts erbrachte im Hinblick auf das abnorme Seelenleben neben wichtigen Einzelstudien ein klassisches Werk, die „Allgemeine Psychopathologie" (1913), das noch heute zum Rüstzeug jedes Psychiaters gehört, und sie erbrachte im Bereich des normalen Seelenlebens eine „Psychologie der Weltanschauungen" (1919), Psychologien der Ethik, der Religion, der Sprache, der Kunst, der sozialen Ordnung, eine Völker-Psychologie und eine Allgemeine Psychologie, von denen nur die erste ganz ausgearbeitet und veröffentlicht worden ist. Die ganze Arbeit war ein Versuch, „die Grenzen der Seele" abzuschreiten. Die Seele war aber, nach dem Wort des Aristoteles, „sozusagen Alles".

Diese Ausrichtung auf die Totalität mußte eigentlich zur Philosophie führen. Denn sie, die Philosophie, war für Jaspers eben jene „Wissenschaft", die zwar alle Sachkunde zur Kenntnis nimmt und nutzt, sie aber auf das Ganze hin überschreitet. Die Wende zeigt sich denn auch deutlich in der „Psychologie der Weltanschauungen". In ihr wurden die geschichtlich bekannten Versuche, die Totalität auszulegen, die Weltanschauungen also, zum Gegenstand der Forschung, und das in einer unüberhörbar existentiellen Absicht. Die Leitfrage des Werkes war bereits, was aus dem jeweiligen Träger bestimmter Weltanschauungen wird: ob er durch sie in ein „Gehäuse" sich zurückzieht und darin gleichsam abstirbt, oder ob er die Lebendigkeit seiner Seele dadurch gewinnt, daß er auf jeden endgültigen Halt im Endlichen verzichtet. Dabei gibt Jaspers selber keine neue Weltanschauung, es sei denn die, daß das Zeitalter der geschlossenen Weltanschauungen, Welt- und Menschenbilder endgültig vorbei ist und daß der Mensch somit in der antinomischen Zerrissenheit der „Grenzsituationen" leben muß, aber eben darin, in der Ausrichtung auf ein nicht fixierbares Unendliches, zum „Leben" geweckt wird. Der Schritt in eine Form der Lebensphilosophie war damit getan, der, methodisch geklärt, zur „Existenzerhellung" führte, zur Jaspersschen Form der Existenz-Philosophie.

Diese methodische Klärung begründete jene Differenz der Philosophie zur Wissenschaft, auf der Jaspers fortan durch sein Leben beharrte. Danach ist Philosophie einerseits mehr, andrerseits weniger als Wissenschaft, aber in ihrem Vorgehen doch auch teilweise wissenschaftlich. Mehr ist sie, sofern sie alle Detail-Kenntnis übersteigt, die Totalität anvisiert und das Leben des sie Denkenden führt; weniger ist sie, sofern sie kein intersubjektives, allgemeingültiges Wissen erbringt, sondern nur Orientierung und Erhellung ermöglicht; wissenschaftlich aber ist sie darin, daß auch sie begriffliche Klärung und methodisches Bewußtsein verlangt und von einem Willen zum Systematischen (nicht zum System) getragen wird.

Von nun an stand all sein Denken in der dreifachen Spannung und Objektivität, von existentieller Enge und universaler Kommunikation, von Immanenz und Transzendenz. Auf der Stufe der „Philosophie" (1931), dem dreibändigen Hauptwerk von Jaspers' Existenzphilosophie, versuchte sein Denken diesen Spannungen wie folgt standzuhalten: Philosophie entspringt nicht dem logischen, überall identischen Ich des Bewußtseins überhaupt – obwohl sie in der Mitteilung in dieses eingeht –, sondern der Existenz, auf deren Erhellung und Führung sie auch abzielt; sie ist deshalb weder allgemeingültig noch objektiv, sondern subjektiv und im Entscheidenden absolut. Zwar reflektiert sie, gleichsam in der Schwebe, alle Möglichkeiten des Menschseins und ist darin universal verstehend und erhellend; aber als inneres Handeln senkt sie sich in die je eigene Existenz der sie Denkenden und trennt die Existenzen in ihrer geschichtlichen Enge. Wohl orientiert sie sich umfassend am immanenten Sachwissen; aber sie übersteigt es hin zur Transzendenz. Als „Weltorientierung“, „Existenzerhellung“ und „Metaphysik“ bringt sie den Menschen zu seiner Eigentlichkeit, indem sie über ihn und die Welt wieder hinauskommt. Daß der Mensch erst eigentlich er selbst wird, indem er die Welt und sich selber übersteigt, war vielleicht das Dogma jenes Denkens. Jaspers faßte es in den Satz „Existenz ist nicht ohne Transzendenz“.

All das war zumindest in den Grundverhältnissen eine originelle säkularisierte Form der religiös gefärbten Metaphysik, mit der Differenz, daß das Subjekt des „Ich denke“ vorab als existentielle Individualität und nicht als logisches Ich verstanden wurde. Für diese Metaphysik wurde die Kategorie des Einzelnen wichtiger als die der Gesellschaft. Die Möglichkeit der Kommunikation verengte sich deshalb zur Gemeinschaft zweier oder weniger Einzelner, im gemeinsamen Kampf um Wahrheit und Selbstsein. Insofern als auch Kommunikation und Existenz in diesem Konzept sich gegenseitig bedingen – Existenz also nicht ohne Kommunikation möglich ist –, wurde diese Form der Existenzphilosophie zwar nicht zum Denken des vereinsamten Einzelnen wie bei Kierkegaard, aber doch zum intimen Denken zu zweien und für zwei oder zum aristokratischen Weniger und für Wenige. Eine universale Verbindung der Menschen war nicht möglich. Diesem Denken fehlte die Kategorie der Vernunft, ohne daß es deshalb ein widervernünftiges Denken war.

Eben sie entdeckte Jaspers, kurz nachdem er seine „Philosophie“ veröffentlicht hatte. Damit setzte die allmähliche Trennung von der Existenz-Philosophie ein. Die großen Lehrmeister der zwanziger Jahre, Nietzsche und Kierkegaard, – Jaspers hielt diesen für den größten Philosophen der nachkantischen Ära –, machten Kant Platz, der von nun an Jaspers stärker beeinflußte als irgendein anderer Philosoph. Zwar blieb „Existenz“ eines der Grundwörter seines Denkens. Aber Selbstsein bekam nun ein Korrektiv in der Vernunft, jener alloffenen Denkungsart, die die

Existenzen universal miteinander verbindet. Das war nicht bloß ein Schwenker innerhalb eines sich gleichbleibenden Denkens. Vielmehr mußte die Philosophie noch einmal von vorne anfangen, oder allererst zu ihrem Anfang, ihrem Fundament, kommen.

Dieses Fundament war seine Lehre von den „Weisen des Umgreifenden". Jaspers nannte sie „ein Grund*wissen*" und betonte damit ihren quasi-objektiven Charakter. Sie ging aus von der Frage „Was ist das Sein?", und sie versuchte, durch folgende „Grundoperation" des Denkens an das Sein heranzukommen:

Indem wir denken, machen wir uns denkend Etwas zum Gegenstand. Wir sind als Subjekt auf ein Objekt bezogen. Was dann als Objekt hell wird, erscheint, ist jeweils ein Seiendes. Als Seiendes wird es uns immer nur in der Spaltung von Subjekt und Objekt bewußt. Diese Spaltung ist die Stätte aller Erscheinung und allen Erkennens.

Das Sein selber aber liegt vor dieser Spaltung als der alles umgreifende Raum, aus dem das Seiende in die Spaltung heraustritt. Es ist selber kein Seiendes und kein Ding, also letztlich das Undenkbare, Ungegenständliche, alles umfassende Unfaßbare. An ihm scheitert das Denken notwendigerweise und bleibt nur wahr im Wissen um sein Scheitern. Es kann deshalb kein positives Seinswissen geben und somit keine absolute Wahrheit.

Wenn das Denken das schlechthin Umgreifende nun trotzdem zum Gegenstand, zum Gedankending, machen will, dann spaltet es die schlechthinnige Totalität am Modell der Subjekt-Objekt-Spaltung auf in Quasi-Totalitäten, in die gleichsam noch erfaßbaren Räume des Umgreifenden. Sie sind das Umgreifende, das wir selber sind als „Dasein", „Bewußtsein überhaupt", „Geist" und „Existenz", und das Umgreifende, das das Andere als „Welt" und als „Transzendenz" ist. Aus diesen Ursprüngen – gleichsam aus der Zerrissenheit des Seins – tritt uns Seiendes entgegen in seiner pragmatischen, epistemischen, geistigen und existentiellen Relevanz, als ein Stück Welt-Sein, das Chiffre werden kann für Transzendenz. Im Seienden spiegelt sich so die Zerrissenheit des Seins. Es ist umfassend wahr erst gesehen in seiner Gründung in allen Ursprüngen, aber von jedem Ursprung her gewinnt Wahrheit einen andern Sinn.

Vernunft nun ist jenes „universelle Mitleben" und jenes alloffene Denken, das alle diese Ursprünge erhellt, sie wieder miteinander verbindet und uns das Bewußtsein der Weite des Wahrseins gibt. Da sie vom Scheitern des Denkens weiß, bewahrt sie zugleich vor der Verdinglichung des Absoluten, damit auch vor jedem Absolutheits-Anspruch und vor aller Ausschließlichkeit. Sie schafft die Gründe des Kommunikations-Abbruchs aus der Welt und öffnet so die Existenzen für mögliche Kommunikation aus Solidarität.

Auf dieses Fundament einer „Logik des Vorlogischen" („Von der Wahrheit"; 1947) nun sollte eine umfassende Logik folgen als Lehre von allen Kategorien, allen Methoden und allen Wissenschaften, die in der Geschichte des Denkens überhaupt Wahrheit ermöglicht haben. Sie sollte nicht bloß das Instrumentarium einer bestimmten Philosophie bereitstellen, sondern die Ermöglichung von Wahrheit in ihrer geschichtlichen Weite erhellen. Sie mußte deshalb so offen sein wie die Vernunft selber.

Diese Logik erforderte eine umfassende Orientierung an der ganzen Geschichte der Vernunft: eine „Weltgeschichte der Philosophie". Jaspers hatte bereits in früheren Jahren einzelne philosophie-historische Werke veröffentlicht, so 1936 ein Buch über Nietzsche und ein Jahr danach eines über Descartes. Es waren Versuche, das Denken von einzelnen Gestalten möglichst umfassend darzustellen. Nun wurde das ganze Reich der Vernunft zum Gegenstand – nicht allein die Philosophen im engeren Sinn, sondern auch die philosophisch relevanten Dichter, Naturforscher, Historiker, politischen Denker, Theologen, Literaten, Praktiker und die „maßgebenden Menschen". Mehr als hundert Gestalten aus zweieinhalb Jahrtausenden wurden im gemeinsamen Raum der Vernunft zu überzeitlichen Zeitgenossen – quer zur Zeit typologisch gruppiert nach ihrer geistig-existentiellen Verwandtschaft. In diesen übergreifenden Raum der Vernunft gehörte für Jaspers aber auch der heutige Leser. Das historische Denken sollte deshalb so dargestellt werden, daß es uns wieder betrifft: „Wir möchten philosophierend in der Geschichte uns zu Zeitgenossen aller ursprünglichen Denker machen, oder – was dasselbe ist – alle ursprünglichen Denker zu unseren Zeitgenossen gewinnen." Das

Verstehen der Historie wurde dadurch wesentlich zur Aneignung der Gehalte der Vernunft.

Da dieses Reich der großen Philosophen aber die im engeren Sinn historischen Perspektiven ausklammert, verlangt die Geschichte der Vernunft als Weltgeschichte der Philosophie auch noch andere Methoden der Geschichtsschreibung. Die historischen Abläufe, die Formen der philosophischen Kämpfe gehören mit in den Raum der geschichtlichen Vernunft. Es wurde Jaspers deshalb zur Frage, wie die Totalität dieses Raumes adäquat dargestellt werden könnte. Dabei glaubte er, ähnlich wie bei der Darstellung seines Grundwissens, zu sehen, daß das Ganze, sobald es zum Gegenstand wird, sich in eine Anzahl von Quasi-Totalitäten aufspaltet, die je von einem bestimmten Aspekt her in den Blick kommen. Vom historisch-chronologischen Aspekt her wurde die Weltgeschichte der Philosophie zu einer Weltgeschichte der Kulturräume, der philosophischen Epochen und Zeitalter; vom sachlichen Aspekt her wurde sie zu einer Weltgeschichte der philosophischen Gehalte; vom personalen Aspekt her zur Weltgeschichte der großen Philosophen; vom genetischen Aspekt her zur Weltgeschichte von Grund und Widerhall der Philosophie in Sprache, Mythos, Religion und Kunst; vom pragmatischen Aspekt her zur Weltgeschichte der Verwirklichung von Philosophie im Werk; und vom dynamischen Aspekt her zur Weltgeschichte des philosophischen Kampfes und der Kommunikation. – Die Weltgeschichte der Vernunft mußte also sechsfach geschrieben werden, in der Hoffnung, daß dann etwas wie eine Synopsis all dieser Geschichten den Blick auf die selber nicht darstellbare Totalität gewinne.

Von all dem ist zu Lebzeiten nur ein Teil der „Großen Philosophen" (1957) erschienen. Der Rest blieb ein riesiger Torso.

Sofern die Geschichte der Vernunft für Jaspers nicht bloß ein querzeitliches Reich der Denkenden war, sondern auch an die reale historische Abfolge gebunden blieb, verlangte sie nach einer Philosophie der Weltgeschichte. Jaspers umriß sie in dem Werk „Vom Ursprung und Ziel der Geschichte" (1949). Er suchte dabei in der Empirie nach einer Achse, die den Geschichtsverlauf als Einheit verstehen ließ, und er glaubte, in Anlehnung an Ernst von Lasaulx und Viktor von Strauss, sie in der Zeit von 800 bis 200

v. Chr. zu finden. In dieser „Achsenzeit“ war in China, Indien, Persien, Israel und Griechenland fast gleichzeitig nahezu alles in die Welt gekommen, was den weiteren Verlauf der (geistigen) Geschichte bestimmte. Sie war für ihn das – im Unterschied zum bloß metaphysischen Ursprung – „historische“ Fundament des Reiches der Vernunft, das auf ein gemeinsames Ziel der Geschichte hoffen ließ: auf ein sich ausbreitendes und schließlich universales Reich der Vernünftigen.

Das einzige, mit der Achsenzeit vergleichbare historische Ereignis: das sich allmählich über die Welt ausbreitende wissenschaftlich-technische Zeitalter, brachte in der Neuzeit die wissenschaftlichen und technischen Voraussetzungen für die Realisierung dieser Einheit, zugleich aber auch das bisher effizienteste Instrumentarium ihrer Gefährdung durch physische Zerstörung (Weltkrieg) und Unterdrückung der Freiheit (Welt-Totalitarismus). Geschichte heute ist dadurch für Jaspers jener Wendepunkt der Lokal-Geschichten zur Weltgeschichte, an dem wir durch unser Denken und Handeln, ob nun bewußt oder unbewußt, über Sein oder Nichtsein der Menschheit und der Freiheit bestimmen.

Deshalb mündet seine Philosophie der Geschichte, ja seine ganze Philosophie der Vernunft, als Sorge um die Menschheit, die Welt und die Freiheit, organisch in das politische Denken. An ihm wollte sich seine Philosophie bewähren. Sie verstand sich als „an sich politisch“, und das auch dort, wo sie bloß Logik oder Metaphysik oder Historie zu sein schien. Denn in all diesen Disziplinen war bei ihm die Frage wach: Was würde für eine Welt entstehen, wenn dieses Denken zur Geltung käme? „Was eine Philosophie ist, zeigt sich in ihrer politischen Erscheinung.“

Dieses politische Denken war nicht mehr bloß, wie in den dreißiger Jahren, Diagnose der „Geistigen Situation der Zeit“ (1931), sondern eine Vergewisserung der Chancen und Gefährdungen des Überlebens und der Freiheit in unserer realen politischen Weltsituation. Es lebte zugleich aus den kurzen Dimensionen der Tagespolitik und aus den ganz langen einer die Freiheit überall suchenden und bewahrenden Philosophie der Vernunft. Der politische Schriftsteller Jaspers war der dem immer Konkreteren zugewandte Philosoph „in weltbürgerlicher Absicht“ (Kant).

Diese Philosophie blieb zwar, im Unterschied zur Wissenschaft, subjektives Denken, aber nun mit der Tendenz der All-Verstehbarkeit aus Vernunft. Sie war, als inneres Handeln, noch immer ein existentielles Geschehen, aber eines, das, in der Sorge um die Welt, nach der Solidarität der Vernünftigen suchte. Sie verstand sich noch immer als ein Transzendieren, aber zugleich als sich zurückwendendes Re-inszendieren: als Wiedereintritt in die Realität. Aus der Existenz-Philosophie bahnte sich, über die Hinwendung zur Vernunft-Philosophie, eine Welt-Philosophie an, die nun auch den realen gesellschaftlichen Kosmos als Einheit zu denken versuchte. Universale Kommunikation wurde für sie zum Weltfrieden, unter der Bedingung von Wahrheit und Freiheit.

Hatte dieses Denken überhaupt eine Wirkung in der Welt? Es scheint so. Jaspers wurde viel gelesen und über ihn ist viel geschrieben worden. Einige seiner Termini sind in die allgemeine Sprache eingegangen. Auch hat er für kurze Zeit die innerdeutsche Politik beeinflußt, und bis ins hohe Alter war er eine öffentliche Gestalt: eines der Gewissen der Welt. – Aber 10 Jahre nach seinem Tod ist er im universitären philosophischen Gespräch vergessen, ja zuweilen aus ihm verdrängt. Nicht selten wird es Studenten an deutschen Universitäten verboten, über ihn zu arbeiten. In der Zwischensituation, nicht mehr Gegenwart und noch nicht ganz Geschichte zu sein, ist es um ihn still geworden. Das ist schon anderen Philosophen widerfahren: Kant, Hegel und Schelling.

Daß er damit auf alle Zeiten vergessen wird, ist wenig wahrscheinlich. Sein Verdienst an der Entwicklung der Psychiatrie wird anerkannt bleiben. Auch wird er vermutlich eines Tages als *der* Vertreter der deutschen Existenz-Philosophie gelten, sofern diese existentielles Denken und nicht Fundamentalontologie ist. Daß er in unserer Zeit den vielleicht breitesten Versuch unternommen hat, die Vernunft in all ihren Erscheinungsformen zu erhellen, dürfte sich dann auch herumgesprochen haben, und sein spätes Projekt: in der Aera der sich anbahnenden Welteinheit mit der Philosophie als Weltphilosophie noch einmal von vorne anzufangen, könnte zur Aufgabe des Zeitalters werden.

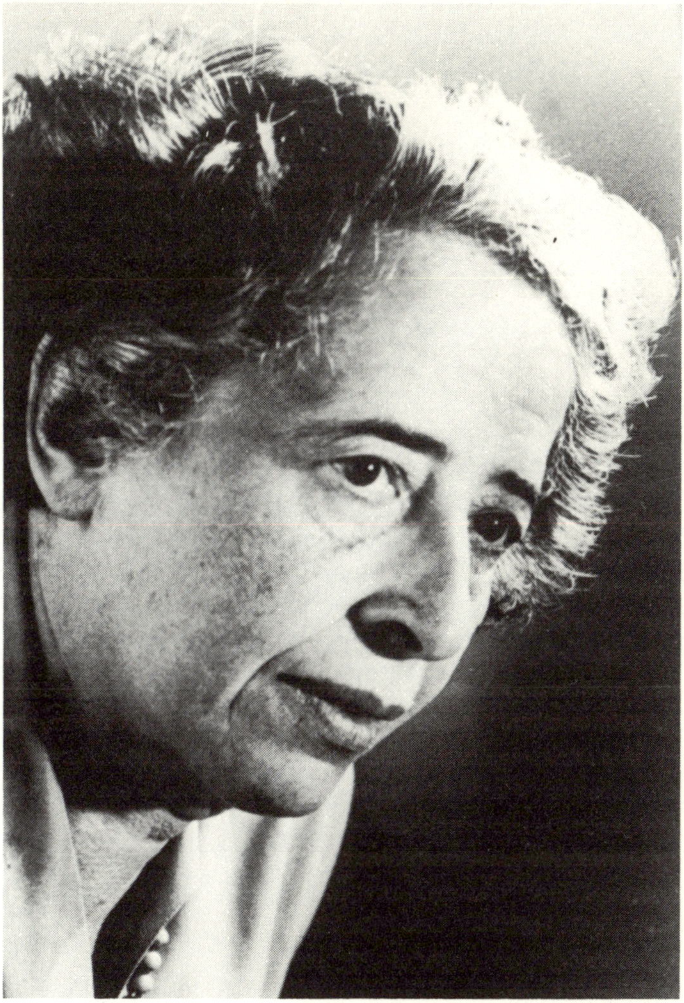

Hannah Arendt (1906–1975)

Dolf Sternberger

Hannah Arendt – Denkerin der Polis

I

Niemand hat in unseren Tagen die Idee der antiken Polis so entschieden ergriffen und so hell leuchtend gemacht wie Hannah Arendt. Ich spreche nicht von historischer und philologischer Untersuchung, nicht von den Subtilitäten der Interpretation der „Politik" des Aristoteles (oder der „Politeia" des Platon), sondern von der philosophischen Aneignung, von der präzisen Wiederbelebung des griechischen, genauer: des aristotelischen Begriffs von Polis, Politik und Bürgerschaft. Und ich nenne es eine „philosophische" Erweckung, obwohl ich weiß, daß sie selbst in ihrem unbekümmerten Eigensinn, der keinen lässigen Wortgebrauch dulden mochte, zwischen Philosophie und Politik, zwischen dem Bereich der Kontemplation und dem Bereich des Handelns eine so scharfe Demarkationslinie hat ziehen wollen, daß der Ausdruck „Politische Philosophie" ihr zum hölzernen Eisen wurde und als ein Widersinn erschien. Ihr „Fach" sollte darum nicht „politische Philosophie" heißen, sondern „politische Theorie". Die Unterscheidung ist gewiß sinnvoll und verständlich, sie ist auch ungemein charakteristisch für die unbeugsame Kraft und Beharrlichkeit des Unterscheidens, die ihre gesamte Denkweise auszeichnet, und von der wir alsbald weit gewichtigere Beispiele kennen lernen werden; aber sie hat – in diesem Falle – etwas rührend Vergebliches: Auch die energischste Rehabilitierung des Handelns in seiner Eigenart, auch die trotzigste Umkehrung der Rangordnung von Denken und Tun als von Einsamkeit und Öffentlichkeit, auch die dringlichste Beschwörung der Freiheit, daß sie einzig als praktische und das heißt als politische – im Raum der Polis – wirklich werde, bleibt unweigerlich eine philosophische Bestrebung. Hannah Arendt hat keinen Staat gegründet, keine Verfassung entworfen, keine Revolution entfacht, sondern sie hat das Wesen der

Staatsgründung, das Wesen des freien Verfassungslebens, das Wesen der Revolution zu erkennen, in Begriffe zu fassen, der Wirrnis der Geschichte und dem Labyrinth der Erfahrung zu entreißen unternommen – und so ist sie ein Philosoph geblieben. Das ungefähr ist es, was ihr vor allem verdankt wird. Ihr Name bezeichnet eine ebenso radikale wie originale Erneuerung der politischen Philosophie, nämlich des Begriffs, der Vorstellung, des Ethos und des Pathos des Politischen.

II

Es ist in der Tat der aristotelische Begriff, aus allen Konventionen, Vermischungen, Trübungen herausgehoben, frisch wie eine neue Schöpfung. Der aristotelische und keineswegs der platonische. Kaum einen klassischen Satz hat sie so häufig und so freudig zitiert wie den aus dem Ersten Buch der „Politik" des Aristoteles, daß der Mensch von Natur ein politisches Wesen und daß er zugleich das einzige Wesen sei, das Sprache (Logos) habe. Und sie hat diese Doppelbestimmung in immer neuen Wendungen zu einer einzigen zusammengezogen, ihr auf diese Weise eine pralle, ganz sinnliche, durchaus erfahrbare Bedeutung verliehen oder abgewonnen: „Menschen sind nur darum zur Politik begabte Wesen, weil sie mit Sprache begabte Wesen sind",[1] weil nämlich Politik im Miteinander-Reden – und freilich auch im Miteinander-Handeln – bestehe. Die Phänomene der Beratung und der Debatte treten immer wieder dort in ihren Erörterungen hervor, wo sie im historischen wie auch im aktuellen Medium die Idee der Politik auftauchen sieht, so bei den amerikanischen Verfassungsvätern, so bei den rebellierenden Studenten, so bei den Arbeiter- und Soldaten-Räten, denen sie zur Verwunderung vieler ihrer Freunde und Verehrer eine elementare Sympathie entgegegebracht hat. Es läßt sich in ihren Schriften ganz bequem verfolgen, daß jene aristotelische Definition ihr wahrhaftig bei allen diesen Vorgängen im Sinn liegt, wiewohl sie so ganz anderen Epochen angehören, so ganz anderen Motiven entspringen, so ganz anderen Zielen zustreben, und wiewohl sie im gleichem Atemzug diese Unähnlichkeiten, zumal die radikale Unähnlichkeit der modernen und der antiken Lebenswelt emphatisch hervorkehrt: Es ist diese Paradoxie der Wiederkehr im Unterschied, die im innersten Kern, im Herzen ihres politischen Denkens rumort, und sie ist, scheint mir, niemals aufgelöst worden.

Wenn geradezu von der Polis selber die Rede ist, so werden die Redeformen der Beratung und der Debatte zumeist von einem anderen Phänomen überstrahlt, das nun freilich mit Aristoteles wenig, um so mehr wohl mit den alten Dichtern, vielleicht auch den Geschichtsschreibern zu tun hat. Das ist der Rede-Wettstreit, der Agon der Worte. Wie denn überhaupt das Moment des *nobile certamen*, des Wetteifers im Reden wie im Handeln, der „Begierde sich auszuzeichnen", ein höheres Spielmoment eigentlich, in dem Bilde, das sie sich von der Polis nicht nur, sondern von Politik überhaupt und schlechthin gemacht hat, eine zentrale Stelle einnimmt. Das hat mich immer sehr überrascht. Zwar ist uns von der Schule und von den klassischen Philologen von je die Vorstellung des „agonalen" Lebens eingeprägt worden, beinahe ist es ein Gemeinplatz; aber wohl nie zuvor ist dieses Phänomen – das uns, was die Reden anbetrifft, am schönsten in Platons „Gastmahl" anschaulich wird – philosophisch so ernst genommen worden wie hier und vor allem ist es gewiß nie zuvor in die Wesensbestimmung und -beschreibung des Politischen eingegangen. Der Wettstreit der Worte und Taten als Pulsschlag des Staates! (Wenn ich es in dieser Weise ausdrücke, wird der gewaltige Abstand fühlbar, in dem diese politische Philosophie zur heutigen Politischen Wissenschaft oder auch zur Staatslehre sich befindet.) Die nähere Analyse dieses Phänomens, wie Hannah Arendt sie – ohne alle Pedanterie, immer geführt, auch entführt von einer leidenschaftlichen Denkphantasie – da und dort entworfen hat, zeigt den Einzelnen, den Bürger der Polis, in der Doppelrolle des Akteurs und des Zuschauers, er existiert „in einem Zuschauerraum, in dem aber ein jeder zugleich Zuschauer und Mithandelnder ist", und eben diese Art von „Publikum", von Öffentlichkeit, dies genau sei die Polis,[2] dies konstituiere den „politischen Bereich" überhaupt.

Auf den ersten Blick scheint solch ein Begriff von Politik sehr hochgespannt, das Phänomen, das er bezeichnet, sehr selten zu sein. Die Autorin war selber von seiner historischen Seltenheit überzeugt. Immerhin fand sie es doch einmal in vollkommener

Reinheit wieder, fand sie auch denselben Gedanken in aller Klarheit noch einmal ausgesprochen: „Every individual is seen to be strongly actuated by a desire to be seen, heard, talked of, approved and respected by the people about him, and within his knowledge." Das ist *John Adams,* der gelehrteste unter den „gründenden Vätern" der amerikanischen Union, zugleich derjenige, dem Hannah Arendt auch die lebhafteste Zuneigung bezeugt – und sie hat zu allen ihren Meistern ein herzliches, ja ein liebendes Verhältnis, in dessen Wärme die Geister sich zu beleben scheinen: Platon, Machiavelli, Kant, Adams und Jefferson, ja Marx. Und solche „Begierde, von den Leuten ringsum gesehen, gehört, beredet zu werden, ihren Beifall und ihre Achtung zu gewinnen", habe, sagt sie, für Adams den Rang einer politischen Tugend besessen.[3] Gewiß ist, daß sie selber so dachte und so empfand, unbeschwert oder doch ungestört von allem psychologischen Argwohn, auch von allem christlichen, Pascalschen Eifer, die menschliche „Eitelkeit" zu besiegen, die doch unbesieglich ist. Die Innenseite der Triebe, Interessen und Motive geht die Öffentlichkeit nichts an, ist ohne Belang für den öffentlichen und das heißt für den politischen Bereich, das Scheinen ist hier das Sein, und die Seinslehre, die Ontologie der Politik, die hier ausgelegt oder ausgegraben wird, kennt keine Psychologie. Mit allem Übermut, der ihr zu Gebote stand, hat Hannah Arendt die moderne psychologische und soziologische Entlarvungswissenschaft für pure Misanthropie erklärt, die heute doch endlich den Status der Wissenschaft erlangt habe.[4]

III

Wider den Anschein sind wir mit jenen Bestimmungen doch von Aristoteles nicht fern. „Denn eine Vielfalt seiner Natur nach ist der Staat", heißt es im Zweiten Buch der „Politik", an der tiefsinnigen Stelle, die die entscheidende, die durchschlagende Kritik an Platons Einheitsstaat bildet: Wenn man den Staat in eine Familie zu verwandeln oder gar nach Art einer Person zu einigen imstande wäre, „so dürfte man es doch gar nicht tun, weil man den Staat damit aufheben würde".[5] In dieser Spur ist Hannah Arendt durchweg und unbeirrbar geblieben – unerachtet aller ihrer philosophisch-literarischen Verehrung für Platon. In allen ihren einschlägigen Schriften kehrt das Moment der Vielheit, der Pluralität, wieder als das fundamentale Konstituens des politischen Bereichs, aus welchem dann jenes Miteinander-Reden und Miteinander-Handeln wie auch jener Wettstreit und jene „Begierde sich auszuzeichnen" erst erwachsen. So entschieden beharrt sie auf diesem „existntiellen" Grund und Merkmal der Vielheit und des „Umgangs mit anderen", daß sie sich zu dem kühnen Verdikt hat hinreißen lassen, der „größte Teil der politischen Philosophie seit Plato" lasse sich als eine Geschichte der Versuche darstellen, „Politik überhaupt abzuschaffen".[6] (Das mag für Platon selbst, dazu gewiß für Hobbes und auch für Rousseau gelten, aber ebenso sicher nicht für Thomas und seine Schüler, für Marsilius, für Locke und für Montesquieu; es gibt eine Tradition des politischen Aristotelismus seit dem späten 13. Jahrhundert, sie hat sich mächtig ausgebreitet und zumal im englisch-amerikanischen Bereich bleibende Wirkungen gezeitigt, sie ist freilich noch niemals gesamt dargestellt und ins Bewußtsein gehoben worden.) Die Formulierung hat indessen den Vorzug, durch die Schärfe der Ausschließung die Idee der Politik vollends aus allen Verquickungen, denen der Begriff zum Opfer gefallen ist, herauszureißen und herauszuschneiden: „Politik" kommt von Polis, die Polis ist die Vielheit ihrer Bürger, die Gemeinschaft der Freien und Gleichen, sie ist „abgeschafft", sobald sie der Einheit des Staates untergeordnet, in ihr aufgesogen und aufgehoben wird, diese Einheit ist das Ende nicht nur der Vielheit, sondern zugleich der Freiheit und der Gleichheit dieser Vielen, daher Platons utopischer Konstruktion allein darum schon ein „tyrannisch-gewalttätiges Element" innewohnt.[7] Der Vielheit (in diesem aristotelischen Sinn, und es ist genau derjenige, den Hannah Arendt meint) korrespondiert die Freiheit, der Einheit aber die Herrschaft. Herrschaft gehört in den Bezirk des Hauses, nicht in den der Polis, sie gehört ins Privatleben, nicht in die Öffentlichkeit. Herrschaft ist im genauen Wortsinn „unpolitisch – nicht der Polis zugehörig".[8]

Es ist wahr, daß diese Unterscheidung, diese Entgegensetzung dem modernen Wortgebrauch und Begriffsvermögen strikt zuwiderläuft, insofern wir gewöhnt sind, gerade Herrschaft als politischen Elementarbegriff zu gebrauchen und das Phänomen der Herrschaft ziemlich unbesehen mit den Phänomenen der Regierung, der Macht und der Autorität zu verquicken, welche Verquickung ihre lange und breite Vorgeschichte hat, in der neueren Sozialwissenschaft im besonderen aber leider vorab durch den Vorgang des großen *Max Weber* geradezu maßgeblich geworden ist. Und doch hat Hannah Arendt in diesem Punkt nichts anderes getan, als die Phänomene und Begriffe freizulegen, die dem Aristoteles selbstverständlich waren – sie freizulegen und freilich auch sie ernstzunehmen. Daher ihr entschiedenes, schockierendes, doch vollkommen konsequentes – und durchaus aristotelisches – Diktum: „Herrschaft zerstört . . . den politischen Raum, und das Resultat . . . ist die Vernichtung der Freiheit für Herrscher und Beherrschte.“[9] Ich habe gesehen, wie ihr Gesicht aufleuchtete, als in einem Seminar in Chicago Herodot verhandelt wurde, und als das Wort jenes Atheners zur Sprache kam, dem die Herrschaft über Barbaren angetragen war: „Ich will weder herrschen noch beherrscht werden.“ Das Haus dieses Mannes, schreibt Herodot, sei in ganz Persien das einzige Haus eines freien Mannes gewesen.

IV

Die Unterscheidung zwischen Haus und Staat als zwischen Herrschaft und Freiheit ist vielleicht die bedeutendste, eingreifendste, die Aristoteles getroffen hat, und er macht sie gleich auf der ersten Seite seines Werkes klar, im Widerspruch gegen seinen Lehrer Platon. Die Bürger seines Staates sind indessen nur darum frei und untereinander gleich – gleich nach der Art, Pairs von Herkunft und Gesetzes wegen –, weil jeder im Bezirk seines Hauses der Herr (griechisch: despótēs) ist, Herr nämlich über die Familie mitsamt den Sklaven. Von dieser antiken „Gesellschaft“ ist die moderne durch den tiefen Graben geschieden, den die Entdekkung, Erklärung und Durchsetzung der Menschenrechte gezogen hat. Darüber liegt auch Hannah Arendt nicht den geringsten Zweifel. Im Gegenteil, sie zieht diesen trennenden Graben in Gedanken und Begriffen derart scharf nach, daß man sich zuweilen fragt, was denn eigentlich für unsere eigene Welt noch zu hoffen übrig bleibe, und ob nicht „Politik" mit der Polis selber untergegangen und versunken sei. Dennoch ist diese Denkerin, diese Schriftstellerin von romantischer Trauer und Resignation gänzlich frei, niemals hört man sie lamentieren. Auch hat sie wenigstens ein Ereignis der neueren Geschichte entdeckt, untersucht und nachgezeichnet, worin die originale Idee der Politik wiederzukehren schien: die amerikanische Revolution, die revolutionäre Staatsgründung, die Stiftung der Unionsverfassung oder – mit einem Wort, das ihr so teuer wurde, wie es den „gründenden Vätern" teuer war: die Entstehung der „Republik". Die Analyse dieses Vorgangs steht im Mittelpunkt ihres Buches *„Über die Revolution"*, und es ergibt sich, grob gesprochen, daß unter allen Revolutionen, wiewohl sie sich von dem modernen Phänomen der Revolution als solchem, gleichsam elementar, fasziniert zeigt, am Ende doch allein die amerikanische den Preis verdiene, „Politik" restituiert oder restauriert zu haben. „In keinem einzigen Falle hat sich wiederholt, was in der amerikanischen Revolution zum ersten Mal in Gang gekommen war. Die verfassungsgebende Tätigkeit wurde nie wieder als die wichtigste und bedeutungsvollste aller revolutionären Taten empfunden . . ." (S. 206). Dabei muß angemerkt werden, daß die „verfassungsgebende" nicht bloß eine rechtsschöpfende, sondern die staatsgründende Tätigkeit war und daß sie als solche von der Autorin – einer Philosophin, nicht einer Geschichtsschreiberin – noch einmal mit dem ganzen Pathos des Anfangs beschworen wird. Es ist, als trete die „politische" Welt (im authentischen Wortsinn) von neuem aus dem Dunkel der Geschichte hervor, indem diese „Republik" geschaffen wird. Wie denn überhaupt dem „Anfangen" einer Handlung, dem ersten Handschlag eines Paktes (im Fall der Pilgerväter), der Gründung der Stadt und des Staates als Gemeinschaft von Freien durchgängig im politischen Denken Hannah Arendts eine Auszeichnung zugedacht ist bis zu dem Grade, daß sie politische Autorität – jenseits religiöser Sanktion und Legitimation – schlechthin auf den politischen Gründungsakt und seine fortdauernde Präsenz zurückführen möchte.[10]

In einem gewissen und nicht unguten Sinn blickt sie mit antihistorischen Augen in die Geschichte; Dauer, Herkommen, Wandel und Reform gilt ihr nicht viel, nicht so viel jedenfalls wie das Neubeginnen, das lateinische *principium,* die griechische *arché.* In der Sprache unseres Lehrers *Karl Jaspers* zu reden, sind es die „hohen Augenblicke", die sie zu erhaschen und zu begreifen sucht, nicht freilich die ethischen, wie Jaspers es meinte, sondern eben die politischen, diejenigen, in denen das Politische als Urphänomen, als Kategorie, als „Existential" auftritt, wie flüchtig auch immer. Daher auch ihr vordringliches Interesse an der Revolution, deren „Ludergeruch" sie spöttisch und nicht ohne höheren Leichtsinn in Kauf nehmen wollte. Was aber das aristotelische oder klassizistische Moment der amerikanischen revolutionären Gründung anlangt, so kann sie sich hier zum wenigsten auf den großen und schlichten Revolutions-Publizisten *Thomas Paine* berufen, der den verblüffenden Satz geprägt hat: „What Athens was in miniature, America will be in magnitude." Er meinte die Republik der freien Bürger. Er meinte allerdings die „repräsentative" Republik – der er die Rekonstruktion der Polis bei weitem Raum und zahlreicher Bevölkerung zutraute – und von ihr wiederum will Hannah Arendt nicht so sehr viel wissen. Sie hält es mit dem alternden *Jefferson*, der beklagte, daß man vergessen habe, die Gemeinden, die autonomen kleinen Gemeinschaften überhaupt, in der Verfassung zu verankern. Und es ist dieses Versäumnis, es ist das Gewicht der Zentral-Organe und die Reduktion des „Miteinander-Handelns" auf die Mitglieder der repräsentativen Körperschaften, die Verurteilung der Vielen zur Rolle einer bloßen Wählerschaft, was ihr als die entscheidende Unvollkommenheit, die peinliche Verfehlung, der traurige Ausgang der amerikanischen Revolution erscheint, beinahe als ein Scheitern, aber doch nur beinahe. Sie ist bei alledem und trotz allen erregenden öffentlichen Erfahrungen ihrer eigenen Zeit in New York und in den USA überhaupt im Grunde eine überzeugte „politische" Amerikanerin, ein „citizen" von ganzem Herzen geworden. (Es ist unnötig hinzuzufügen, wie sehr sie gleichwohl eine deutsche Denkerin und Schriftstellerin geblieben ist, wir wissen es so gut, wie sie selbst es wußte und bekannte.)

V

Denkend bewegt sich dieser Geist in der antiken Polis wie das Sonntagskind des Märchens in den Gassen der versunkenen Stadt. Traumhaft hell und sicher findet sie sich zurecht, freudig schlägt sie die Augen auf und erkennt den Markt, die Versammlung, auch die Akademie, hört sie die großen Worte, sieht sie die großen Taten, atmet sie die Luft der Freiheit. Zu den bleibenden, ja großartigen Erkenntnissen von Hannah Arendt müssen wir die Sonderung der positiven Freiheit – des Teilhabens und handelnden Teilnehmens an den öffentlichen Angelegenheiten – von den gesellschaftlichen Befreiungen und ihrer Frucht, den von Staats wegen geschützten privaten bürgerlichen Freiheiten zählen. Niemand sonst hat derart scharf diese Beschränkung des Rechtsstaats kenntlich gemacht. So hat sie selbst, in Gedanken, eine „Constitutio Libertatis" vorgenommen. Aber es brauchte keinen Hahnenschrei, sie aus der versunkenen Stadt an die Oberwelt und in die Gegenwart zurückzubringen, sie kennt sie gründlich und aus Erfahrung, auch solcher am eigenen Leibe. Es war vor allem anderen die Erfahrung des Bösen. Denn so müssen wir doch letzten Endes das System von Ideologie und Terror bezeichnen, den „Totalitarismus", dem Hannah Arendt in einer äußersten Anstrengung des Erkenntniswillens nachgeforscht hat, und zwar dem nationalsozialistischen wie dem bolschewistischen gleichermaßen. „So verschieden diese beiden Ideologien voneinander sind, so großartig erfüllt von den besten abendländischen Traditionen der dialektische Materialismus, so kläglich vulgär, wiewohl auf einem echten Erfahrungselement basierend, der Rassismus –: es läuft in jedem Falle auf ein Gesetz der Ausscheidung von ‚Schädlichem' oder Überflüssigem zugunsten des reibungslosen Ablaufs einer Bewegung hinaus, aus der schließlich gleich dem Phönix aus der Asche eine neue Art Menschheit erstehen soll. Würde das Bewegungsgesetz in positives Recht übersetzt, so könnte sein Gebot nur heißen: Du sollst töten!"[11]

Man muß zugeben, daß diese „Erklärung" kaum übertroffen werden kann, daß es schwerfallen wird, rationale Analyse noch weiter zu treiben, solange jedenfalls, als man das Böse des unvergleichlichen Phänomens unverrückt im Auge behält. Dies eben war ihre Leistung. Es war dieselbe geistige Furchtlosigkeit, die sie unmittelbar nach dem Kriege gegen die These von der deutschen „Kollektivschuld“ auftreten und das befreiende – nicht durch moralische Sentimentalitäten, sondern durch präzise Erkenntnis des totalitären Mechanismus befreiende – Wort von der „organisierten Schuld“ finden ließ.[12] Und es war abermals dieselbe geistige Furchtlosigkeit, die sie nachmals in so peinvolle Bedrängnis von der Seite ihrer Mitjuden in Israel und Amerika gebracht hat, als sie ihrerseits nicht verschweigen und verkleinern mochte, was der Gerichtshof in Jerusalem beim Eichmann-Prozeß auszusparen bestrebt gewesen war: die Kooperation der „Judenräte“ mit den Nazi-Behörden bei der Verfolgung und Vertilgung des jüdischen Volkes.[13] Ich sage nicht, daß solche Furchtlosigkeit das letzte Kriterium und die einzige moralische Rechtfertigung der Erkenntnis in menschlichen Angelegenheiten sei; sie könnte sehr wohl durch Rücksicht – die eine gesellschaftliche Tugend ist –, vielleicht durch Barmherzigkeit gedämpft oder doch tingiert werden. Hannah Arendt aber war zu kühn, um weise zu sein.

Die „totale Herrschaft“ war und ist in der Tat ein „modernes“ Erzeugnis, das jenseits des Politischen lokalisiert ist, das von der fortdauernden und fortschreitenden Aufzehrung aller Freiheiten, der aktiven wie der passiven, der öffentlichen wie der privaten, lebt und sich mästet. Wenn schon Herrschaft als solche, selbst die erdachte des platonischen Philosophenkönigs, als eine widerpolitische, weil tyrannische oder, besser, despotische Erscheinung aus der Polis (das Wort im historischen wie im weitergreifenden philosophischen Sinn verstanden) auszuscheiden war, so muß totale Herrschaft vollends aus allen überlieferten Kategorien von Staatsformen und Regierungsarten herausfallen, selbst aus denen der Tyrannis und der Willkürherrschaft, die Aristoteles unter die schlechten, ja schlechtesten gerechnet hat. Das hat Hannah Arendts Untersuchung deutlich gemacht. Nicht so viel Aufmerksamkeit hingegen hat sie der anderen Seite der heutigen Staatenwelt gewidmet, den sozusagen konventionellen Gebilden des Verfassungsstaates, den sogenannten Demokratien. Diese scheint sie ausdrücklich oder stillschweigend an ihrem Ideal der Polis zu messen, das heißt, auf das Maß an „politischen“ Möglichkeiten der

Bürger zu prüfen, und in diesem Punkt genügen sie ihrem Anspruch allesamt nicht. Von ihrem Vorbehalt gegen das repräsentative System war schon in dem amerikanischen Zusammenhang die Rede. Ähnlich zurückhaltend urteilt sie über die Rolle der Parteien, und man muß leider bemerken, daß sie zwischen der Parteidiktatur und dem Arrangement mehrerer konkurrierender Parteien allzu blasse und fast nur beiläufige Unterscheidungen getroffen hat.[14] Es ist zwar verständlich, daß das neuartige Phänomen der Parteidiktatur, insofern sie das Instrument der totalen Herrschaft bildet, sich einem Erkenntniswillen, der vom Entsetzen getrieben wird, stärker aufdrängt als das wohlbekannte, auch etwas ausgeleierte Thema des Parteien-Pluralismus – es ist verständlich, aber es bleibt ungenügend, ja ungerecht. (Die Zweiparteiensysteme Englands und der Vereinigten Staaten werden in ihrer Darlegung ausdrücklich ausgenommen, doch nur mit einer knappen und lauen Anerkennung bedacht.)

Um so intensiver heftet sich ihre interessierte Sympathie an die „Räte", Councils, Sociétés populaires, Sowjets, jene spontanen Bildungen, die – wie Hannah Arendt wohl zuerst wahrgenommen hat – in fast allen Revolutionen seit der großen französischen aufgetreten sind, zuletzt noch in der ungarischen von 1956; sie hätte übrigens auch die Soldatenräte der Armee Cromwells in der puritanischen Revolution des 17. Jahrhunderts hinzufügen können. In diesen so ephemeren Erscheinungen sah sie wahrhaftig jedesmal eine Ahnung, eine Möglichkeit von der „Politik" der Polis aufblitzen – seit Jefferson einzig in ihnen und offenbar nie und nirgend sonst. Man müßte fast einen obstinaten Hang zur historischen Rarität vermuten, wäre da nicht ein leidenschaftlicher Ernst zu spüren, der sie denn auch angetrieben hat, das Schema einer ausgebildeten Räte-Republik zu skizzieren – sozusagen eine eigene, eine antiplatonische Staats-Utopie. Die Mitwirkung wäre ganz freiwillig, daher auf diejenigen Bürger beschränkt, die an den öffentlichen Dingen teilnehmen; von ihnen wird angenommen, daß sie keiner Partei zugehören, also nach je eigener Einsicht agieren: Der Staat bestünde einerseits aus einer Föderation, zugleich aber auch aus einem Stufenbau solcher Räte, mit einem nationalen Parlament an der Spitze der Pyramide; die je höheren Räte wären von den je unteren zu wählen, die sonstige Bürgerschaft, da sie nicht selber tätig wird, hätte auch keinen Anteil an der Bestellung; insgesamt müßte sich derart eine wahrhaft „politische“ Elite herausbilden – sie gebraucht das Wort, wenn auch mit einigem Zögern, ja sie spricht sogar von einer „im wahrsten Sinne des Wortes ‚aristokratischen‘ Staatsform“.[15] Hannah Arendt hat sich offenbar nicht gefragt, warum die Räte jedesmal ebenso rasch wieder verschwanden, wie sie aufgetreten waren. Im Falle der russischen Oktober-Revolution klagt sie die Partei und das Parteisystem an, ihre Verdrängung verschuldet zu haben, aber das ist keine Erklärung, die Frage bleibt. Die Antwort hätte sie – mutatis mutandis – bei Aristoteles finden können: schon er zerbrach sich den Kopf darüber, nicht allein, wie die Bürger zur Teilnahme an Versammlung und Gericht zu bewegen seien – das war in Athen durch Diäten-Zahlung, die berühmten drei Obolen, in gewissem Maße gelöst –, sondern vor allem, wie in der Versammlung die Gefahr dauernder Vorherrschaft einer Partei, derjenigen der Reichen oder auch derjenigen der Armen, zu verhüten sei, und er zeigt trotz allen Maßnahmen, die er erklügelt hat, nicht viel Hoffnung, daß es gelingen könne. Um wie viel stärker würde sich das Problem der Abkömmlichkeit in der modernen Arbeitsgesellschaft stellen! Daß sich auch hier eine Muße-Klasse durchsetzen und organisieren würde, kann nicht zweifelhaft sein, es sei, daß sie sich abermals aus den „Reichen“, sei es, daß sie sich aus den „Berufs-Revolutionären“ rekrutierte, die Hannah Arendt so glänzend beschrieben hat,[16] und die wir in statu nascendi noch jüngst als die Beherrscher und Manipulatoren studentischer „Vollversammlungen“ (das waren ja wiederum spontane Räte!) kennengelernt haben. Auch die heutigen Bürger-Initiativen liefern vielfach Beispiele für die unausweichliche Ausbildung mehr oder minder vollamtlicher Stäbe, ohne deren überlegene Kenntnis und stetige Präsenz sich zumeist alles rasch verlaufen müßte. Während der Revolution wird nicht gearbeitet, darum haben die Leute Zeit: Es ist ewig schade, daß Hannah Arendt mit ihrem vergnügten Bon-Sens diese einfache Antwort nicht selbst formuliert hat, sie wäre gewiß weit blitzender ausgefallen.

Die Frage wie die Antwort gehört in jene „Geschichte des

produktiven Müßiggangs", von der sie klagte, daß sie noch nicht geschrieben sei.

VII

Indessen zeigt sich hier noch ein tieferer Mangel. Nicht einmal die originale Polis kam ohne Ämter aus, die übrigens, wie wiederum bei Aristoteles nachzulesen, in der Regel von den vornehmen Familien monopolisiert waren (und, nach der Meinung des Philosophen, auch sein sollten). Diese Seite der „politischen" Verfassung aber hat, soweit ich sehe, Hannah Arendt nie beachtet – weder bei ihren Gängen in der versunkenen Stadt noch bei ihren Nachforschungen in der historischen Oberwelt. Und daß ihr das ewig wiederkehrende Phänomen der Regierung so wenig dringlich, ja so gleichgültig geblieben ist – trotz der einläßlichen Erörterung des Prinzips der Gewaltenteilung im Zusammenhang mit Montesquieu und mit der amerikanischen Konstitution –, scheint mir wiederum von einer Unterlassung herzurühren, welche an ihrer so glanzvollen phänomenologischen Beschreibung des Handelns – als der ranghöchsten Form der „vita activa" – auffallen muß: Das einwohnende Ziel allen politischen Handelns bleibt seltsam dunkel, das Ziel nämlich ist die Entscheidung. Nicht die Beratung, die Debatte, der Wettstreit der Rede, der Austausch der Meinungen allein macht das Handeln und macht das „Politische" (in dem entschiedenen Sinn, den Hannah Arendt dem Worte mitgeteilt oder wiedergewonnen hat), vielmehr muß die Entscheidung mitgedacht werden, die aus alledem hervorgehen soll. Und man muß wissen, auf welche Weise die Entscheidungen erreicht, und an welcher Stelle sie zuletzt – verantwortlich – gefällt werden. *„Acting is fun"*, hat Hannah Arendt in einem Gespräch gesagt[17] – und ich denke mir, daß darin die Erfahrungen nachklangen, die die gelehrte junge Literatin an sich selbst gemacht hat damals, als sie im Exil in den jüdischen Hilfsorganisationen in Frankreich und Amerika ihr (von anderen gerühmtes) Talent zum Handeln entdeckte. „Handeln macht Spaß", das ist gewiß wahr, doch zu entscheiden und die Entscheidung zu verantworten, ganz gleich ob vor einem Verein, einer Partei, einem Sowjet, einem Parlament oder einer ganzen Nation, das kann doch eine recht qualvolle Epoche des „tätigen Lebens“ sein. Ich zweifle keinen Augenblick daran, daß Hannah Arendt auch mit dieser Erfahrung innerlich vertraut gewesen ist; sie ist indessen in ihre Idee der Politik nicht eingegangen, sie bildet darin kein integrales Moment. Auch das klarste Auge hat einen blinden Fleck. Am Ende ist die Polis, die Stadt, worin sie umhergewandert ist und woraus sie die Kraft und den Glanz ihrer Begriffe gewann, doch nicht so gar versunken, wie sie geglaubt hat. Vielleicht läßt sie sich am hellen Tag wiederfinden, in historischer Metamorphose.

Anmerkungen

1 Vita Activa, S. 10.
2 Vita Activa, S. 191.
3 Über die Revolution, S. 152.
4 Über die Revolution, S. 122.
5 Aristoteles, Politik 1261 a 17–23.
6 Vita Activa, S. 216.
7 Vita Activa, S. 233.
8 Vita Activa, S. 34.
9 Über die Revolution, S. 37.
10 Vgl. Über die Revolution, S. 253 et passim.
11 Elemente und Ursprünge totaler Herrschaft, S. 729/730.
12 Der unvergeßliche Aufsatz „Organisierte Schuld“ erschien in der Zeitschrift „Die Wandlung“, Jg. 1, H. 4.
13 Eichmann in Jerusalem, A Report on the Banality of Evil, New York 1963, zumal S. 104–111.
14 Vgl. Über die Revolution, S. 316–318, 344–350.
15 Vgl. Über die Revolution, S. 354–360 und Crises of the Republic, New York 1969, S. 231–233.
16 Über die Revolution, S. 333.
17 Crises of the Republic, S. 203.

Ernst Bloch (1885–1977)

Gert Ueding

Bloch in Tübingen

für Karola Bloch

Die Künstleranekdoten, die Ernst Bloch gerne erzählte, haben alle ein gemeinsames Kennzeichen: sie handeln nicht von der Apotheose des Künstlers, sondern von seinem Verschwinden, seinem Rückzug, seiner Bescheidenheit. Unter ihnen ist eine, die er besonders liebte, ihrer lakonischen Kürze und überraschenden Pointe wegen und weil sie ihm manchmal als willkommenes Argument dienen konnte, zudringliche Neugier abzuwehren. Sie steht natürlich auch in den „Spuren“: „Als am achtzigsten Geburtstag Monets ein Kameramann zu ihm aus Paris kam, antwortete ihm der Maler: ‚Kommen Sie im nächsten Frühjahr und photographieren Sie meine Blumen im Garten, die sehen mir ähnlicher als ich.‘“ Die erläuternden Eingangssätze schließen diese kleine Geschichte auf und deuten auch schon den Sinn an, den ihr Erzähler für sich selber damit verband: „Einige können ihr Ich in einem Äußeren aufgeben, ohne sich darin zu verlieren, im mindesten zu verlassen. Vorausgesetzt daß sie mit der Sache draußen auf gutem Fuß stehen, so gestern wie heute wie besonders morgen.“ Liegt in Monets verblüffender Glosse der Kern einer ganzen Ästhetik verborgen, so meint auch Blochs Erzählung mehr als die verschlüsselte Mitteilung seiner Selbstansicht. Fabelnd gedacht wird in ihr das Verhältnis von Subjekt und Objekt, und aufgemerkt, weil diese kleine Geschichte ein großes Thema verfolgt und auch seine Lösung bereits antizipiert: den heimatlichen Einklang von Innen und Außen, Ich und Welt. In anderen vermittelt das Motiv vom „wohlbestellten Haus“ (Siegfried Kracauer wies bereits darauf hin) ein ästhetisches Vorgefühl jenes fernen Augenblicks, in welchem die Versöhnung von Subjekt und Objekt zum historischen Ereignis werden soll.

Bloch hat, seit er 1961 nach zahlreichen Repressalien, Berufs-, Lehr-, und Publikationsverbot die DDR verließ, in Tübingen gewohnt, um in der kleinen Neckarstadt mit der großen Universität seine bisherige Arbeit, wie er in der Antrittsvorlesung betonte, fortzusetzen: „Meine bisherige, sagte ich, und sie werde in Freiheit als realer Humanismus fortgesetzt.“ Es gibt einige besonders betriebsame Anhänger und Freunde, die, verwickelt in den politischen Streit und Kampf des Tages, Bloch gerne ständig an ihrer Seite gesehen hätten, nicht nur einmal bei so spektakulären Ereignissen wie der Kundgebung gegen die Notstandsgesetze auf dem Frankfurter Römer am 3. Oktober 1966 oder der deutsch-israelischen Versammlung ein Jahr später wiederum in Frankfurt. Tübingen sei Provinz, liege abseits von den unerhörten Begebenheiten der Zeit und lasse keinen Raum fürs politische Denken.

Bloch hat sich solch kurzatmigen Wünschen mit gutem Grund und feiner Ironie stets entzogen. Besonders Ungeduldigen erzählte er wohl die Geschichte von Monets Blumenporträts, ohne auf viel Verständnis zu stoßen. „Es gibt von Goethe das Schauspiel ‚Pandora‘, worin berichtet wird von Epimetheus, dem Bruder des Prometheus, wie ihm im Halbschlaf oder Dämmerschlaf seine Tochter Elpore entgegenkommt. Er kann sie nur sehen, solange er halb im Schlaf ist. Sie ist zugleich ein Sehnsuchtsgebilde, und doch fällt sie mit einem Nachttraum nicht zusammen, sondern in einem Tagtraum bewegt sie sich und erscheint ihm. ‚Tritt näher, komm!‘, sagt Epimetheus. Sie zögert sehr. ‚Nur näher.‘ Sie tritt einen weiteren Schritt näher. Epimetheus sagt: ‚So, noch näher!‘, dann aber: ‚Ich sehe dich nicht mehr.‘ ‚Das dacht’ ich wohl‘, sagt die Tochter und rückt einen Schritt zurück. Da sieht er sie wieder. Aus dieser kleinen Geschichte läßt sich ein Grundsätzliches herauslesen: das Unmittelbare braucht Vermittlung, und vor allem Vermittlung, um gedacht zu werden.“

Wenn man von der Tübinger Innenstadt und der großen Neckarbrücke aus über die Platanenallee flußaufwärts ging, durch die Parkanlagen und die alte Kastanienallee in Richtung Freibad, aber vorher über eine kleine Holzbrücke nach rechts abbiegend den Neckar überquerte, so stand man nach wenigen Schritten auf einer schmalen Wohnstraße ohne Durchgangsverkehr: „Im Schwanzer“ konnte man auf dem Straßenschild lesen – heute heißt sie Ernst Bloch-Straße. In der Häuserzeile zum Neckar hin, vom Fluß nur durch Haselnußsträucher, Uferböschung und einen schmalen Fußpfad getrennt und vielleicht 100 Meter von jener alten Holzbrücke entfernt, steht das Haus Nr. 35. Ein schmaler Zugang, dicht von einer wildwuchernden Hecke überwachsen, so daß sich die größeren Besucher bücken müssen, führt zum überdachten Eingang: „Bloch" steht an der Klingel für die Wohnung im Erdgeschoß.

In der Zeit, von der ich spreche, Mitte, Ende der sechziger Jahre also, wohnten hier, außer dem Ehepaar Bloch, in der obersten Wohnung im zweiten Stock eine Reutlinger Professorin für deutsche Literatur, darunter ein Tübinger Dozent für Mathematik mit seiner alten Mutter, im Erdgeschoß neben Blochs Wohnung in einem Einzelzimmer ein junger Architekt und schließlich in zwei Zimmern im Souterrain zwei befreundete Studentenpärchen. Ein ruhiges Haus, in dessen Flur nur manchmal laute Stimmen hallten, wenn sich morgens mehrere Bewohner an den Briefkästen trafen, oder das manchmal von Hammerschlägen aufgeschreckt wurde, wenn sich ganz unten die Studenten ihre Tische und Regale aus billigem Abfallholz zusammenzimmerten. Einer von ihnen war seit seinem ersten Tübinger Semester ein begeisterter Schüler Ernst Blochs und inzwischen sein Assistent geworden.

Das Zimmer liegt am Ende eines langen dunklen Kellerganges, rechts und links die Eingänge in Vorratskammern und den Heizungsraum. Man steigt eine halbe Treppe hinauf, steht im Flur zu ebener Erde, dann noch ein paar Stufen und ich stehe vor einer Milchglastür, klopfe sacht an die Scheibe, um Frau Bloch nicht möglicherweise in der Mittagsruhe zu stören. Die Tür am anderen Ende der schmalen Wohnungsdiele öffnet sich, ich sehe es am Lichtschein, der die dunkle Milchglasscheibe heller macht, leise Schritte, dann ist die Tür offen und Bloch streckt mir seine Hand zur Begrüßung entgegen. Er ist ganz in „Arbeitskleidung": Sporthemd, eine vielgetragene Strickjacke, ausgebeulte Hosen, bequeme Hausschuhe, in der linken Hand die Pfeife. Als meine Mutter während eines Besuches ihm so draußen vor dem Haus begegnete, konnte sie, nachdem sie erfahren hatte, wer der Spaziergänger gewesen sei, ihre Enttäuschung kaum verbergen. Das sollte also der berühmte Philosoph Ernst Bloch gewesen sein.

Meine Uhr zeigt wenige Minuten vor 15 Uhr. Ein beliebiger Dienstagnachmittag im Semester. Bloch sieht auf Pünktlichkeit, er selber ist seit ich ihn kenne und wenn er allein es zu entscheiden hatte, nirgendwo zu spät gekommen, in keine Vorlesung, kein Seminar, zu keinem Vortrag, keiner privaten Verabredung. Sein schon immer geregelter Tagesablauf ist in den letzten Jahren eher noch genauer abgemessen. Er beginnt am späten Vormittag und nach dem Frühstück mit der Durchsicht und Erledigung der Korrespondenz, die freilich inzwischen weitgehend in den Händen seiner Frau liegt. Die meisten Anfragen, Unterschriftsbitten, Vortragseinladungen interessieren ihn nicht. Die Zeit bis 15 Uhr ist im übrigen den aktuellen Erfordernissen vorbehalten, soweit sie die Belange des akademischen Lehrers und politischen Zeitgenossen betreffen, mal ein Interview mit den „Notizen", der Tübinger Studentenzeitung, mal Gespräche über die Seminarorganisation, über die Politik des SDS, über die neue Institutsverfassung. Wer aber mit ihm reden will, muß pünktlich zur bestellten Zeit auch da sein. Unpünktlichkeit wertet Bloch als Unhöflichkeit, als leichtfertigen Umgang mit fremder Zeit, und ich kenne nur einen einzigen, der von dieser Regel zwar nicht dispensiert war, aber doch weitgehende Lizenzen besaß. Dessen Unpünktlichkeit nannte Bloch die Schattenseite seiner Tugend, nämlich einer gründlichen, selbstvergessenen Versenkung in den jeweiligen Gegenstand, so daß die Zeit unwesentlich wurde. In all diesen Jahren meiner immer enger, immer freundschaftlicher gewordenen Beziehung zu Ernst Bloch lernte ich keine weitere Ausnahme kennen und die Konsequenz dieser Haltung war auch in seiner ganzen Lebens-, Denk- und Schreibweise begründet. Sie vertrug sich mit einer im übrigen ganz qualitativen Zeitauffassung, bildete gleichsam den notwendigen äußeren Rahmen, in dem allein sie möglich und praktizierbar wurde. Nur wenn die äußeren Verpflichtungen in pünktlicher Weise erledigt wurden, konnte Raum bleiben für eine ganz andere Zeitrechnung, die nicht mehr der Uhr, sondern dem Verlauf der Sache folgte, die ausgetragen sein wollte. Mein Rigorosum bei Bloch hatte um 15.30 Uhr begonnen und endete irgendwann in den späten Abendstunden (nach 20 Uhr, wie es dann hieß), weil die Probleme der Ästhetik, die zur Diskussion standen, es nicht anders zuließen.

Bloch ist mir vorangegangen und als ich in sein Arbeitszimmer trete, sitzt er schon wieder in dem bequemen Lehnsessel gegenüber von dem Schreibtisch, der für die nächsten Stunden mein Arbeitsplatz sein wird. Die Luft ist voll Tabaksrauch, Bloch stopft sich schon die nächste Pfeife, er, der Inbegriff des Pfeifenrauchers, den kein Zeichner, kein Photograph ohne sein wichtigstes Requisit abzubilden versucht, er tut das mit einer Nachlässigkeit, die jedem Adepten dieser edlen Rauchkunst unbegreiflich erscheinen muß, der, wie ich selber, mit seinen Pfeifen, ihrer Maserung, den Tabaksorten und dem glänzenden Besteck ein ganzes Ritual entfaltet und viel Wesen um den blauen Dunst macht. Bloch reinigt seine Pfeife erst, wenn es nicht mehr anders geht und sie wirklich völlig verstopft ist. Außerdem hat er meist nur eine, manchmal zwei Pfeifen in Gebrauch, die diesen Raubbau dann auch nur wenige Monate aushalten. Schließlich raucht er ein Kraut – Translanta hieß es – das sowieso jeder Pfeife über kurz oder lang den Garaus machen würde. Meist eröffnen wir die Sitzung mit dem üblichen Geplänkel: ich biete aus meiner Dose an, vergebens natürlich. Bloch weist den nun keineswegs etwa exklusiven Tabak mit übertrieben zornigem Gebrumm zurück: „Ihr vornehmes Zeug!"

Die Fenster des Arbeitszimmers gehen nach zwei Seiten, zum Neckar und zur Seite, wo auch der Eingang des Hauses liegt. Zwischen ihren übereck der Schreibtisch, der einmal ein robuster Bauerntisch gewesen ist. Sonst gibt es noch einige überfüllte Bücherregale, neben der Eingangstür den herrlich geschnitzten Renaissanceschrank, in dem die Manuskripte verwahrt sind – Bloch erhielt ihn von der befreundeten Buchhändlerin Julie Gastl, denn als er sich mit seiner Frau in Tübingen niederließ, besaßen sie kein einziges Möbelstück und die Honorare aus der gerade begonnenen Werkausgabe im Suhrkamp Verlag fingen erst spärlich an zu fließen. Neben der Tür, die ins Wohnzimmer führt, noch eine alte Kommode und ein kleines Biedermeiertischchen mit einer gotischen Madonna darauf.

Aber ich muß noch nachtragen, wie es zu den regelmäßigen Arbeitssitzungen gekommen ist, von denen die eine gerade beginnen soll. Auch früher schon gehörten die Nachmittage, die Abende und Nächte Blochs der Arbeit an seinem Werk. Wir sahen dann oft noch um zwei, drei Uhr nachts, wenn wir nach durchzechten oder durchstrittenen Stunden zurückkehrten, in seinem Arbeitszimmer Licht brennen und konnten ihn, wenn wir von hinten, vom Neckarpfad her durch ein hölzernes Gartentörchen zur Haustür gingen und uns etwas reckten, im Sessel meditierend oder mit tief über die Platte gebeugtem Kopf am Schreibtisch sitzen sehen. Denn extrem kurzsichtig war er seit seiner Jugend gewesen, das habe ihm mehrfach sogar das Leben gerettet, bemerkte er manchmal ironisch, denn so sei er stets untauglich für den wehrhaften Staatsdienst verschiedenster Art geblieben. Bei der Arbeit behinderte ihn diese Kurzsichtigkeit kaum, er mußte Buch oder Manuskript nur nahe genug an die mit starken Gläsern verstärkten Augen heranführen. Auf die Entfernung wurden die Bilder freilich undeutlicher und verwechselbarer, aber zu jeder Orientierung noch hinreichend klar. Nach einer der üblichen Routineuntersuchungen in der Augenklinik nun verlor sich jene Trübung nicht mehr, die einige Stunden, manchmal auch Tage durch die Wirkung des eingeträufelten Atropins den Gesichtssinn verwirrt. Die Wahrscheinlichkeit, daß so etwas geschehe, sei eins zu zehntausend, erfuhr man – doch wem es just passieret!

Bloch faßte sich und es wird für jeden, der damals mit ihm umging, eine bewundernswerte und wohl beispiellose Erfahrung bleiben, wie es ihm gelingen konnte, im Alter von 82 Jahren seine ganzen Lebens- und Arbeitsgewohnheiten den neuen, so ungemein hemmenden Bedingungen anzupassen. Es geschah mitten in der Arbeit an der endgültigen Niederschrift der Religionsphilosophie und längst noch nicht hatte er die Ernte seines philosophischen Lebens eingebracht, wie seine Lieblingsmetapher zur Kennzeichnung seiner wichtigsten Arbeit vor dem Sterben lautete. Vorfassungen, auch Vorveröffentlichungen, zumeist aber handschriftliche Manuskripte aller Werke, die noch erscheinen sollten, lagen aufgetürmt in jenem würdigen Renaissanceschrank und harrten der Endredaktion. Daß die Umstellung überhaupt gelingen konnte, verdankte Bloch also zuallererst dem eigenen Fleiß, dokumentiert auf tausenden von eng beschriebenen Manuskriptblättern, die in der sechzehnbändigen Gesamtausgabe einmal mehr als die Hälfte des Umfangs ausmachen sollten. Dafür aber mußten sie gründlich überarbeitet, ergänzt und eingerichtet werden und damit hatte es seine besondere Bewandnis. Oftmals blieb kein Wort auf dem anderen, selbst bei schon veröffentlichten Werkpartien. Ein historisch-philologisches Interesse am eigenen Werk besaß er zu keiner Zeit. Was neu erscheinen sollte, wurde der Gegenwart seines Denkens angemessen, oder vielmehr: es wurde aufs neue durchdacht und mußte daher auch oft eine neue Sprache finden. Er brachte mitunter sogar die Setzer zur Verzweiflung, weil die Korrekturfahnen derart mit Veränderungen und Neuformulierungen, mit Strichen und Ergänzungen überladen waren, daß nur ein kompletter Neusatz einigermaßen Klarheit versprach. Was den einen als Vervollkommnungsmanie erschien, das war den anderen manchmal ein philologisches Ärgernis und es ist doch eine Auffassung von philosophischer und schriftstellerischer Arbeit, die unmittelbar mit dem Kerngedanken der utopischen Philosophie zusammenhängt. Denn „die Welt ist *Unterbrechung*, und sie ist es negativ, ihrem darin *umgehenden* nihilisierenden Nihil gemäß, in dem sie durchgehends korruptibel ist, sie ist es *positiv*, indem sie noch durchgehends *prozeßhaft veränderbar* ist . . . Objekthafte Offenheit ist also vor allem auch das gleiche wie objekthafte *Veränderbarkeit*; wonach dann gerade die Wahrheit einer *Theorie* sich letzthin nicht am beobachteten *Fixum* von *Tatsachen* verifiziert, sondern in der möglichen *Praxis* einer Veränderung von *Prozessen* und deren *Resultaten*." Konnte daher eine Formulierung, die vielleicht vor 50 Jahren, oder auch nur vor 10 Jahren, selbst erst vor einem halben Jahr, als das Manuskript in die Druckerei ging, gefunden oder vielmehr angemessen wurde, konnte eine solche Formulierung einen Sachverhalt treffen, der sich ja inzwischen längst verändert hatte, der daher einen veränderten Gedanken forderte, um begriffen, ein verändertes Wort, um ausgedrückt zu werden? Das wäre Bloch wie das Kunststück erschienen, zweimal in denselben Fluß zu steigen und Heraklit hatte in den Anfängen der europäischen Philosophie alles Nötige darüber gesagt. Als die „Politischen Messungen" erschienen, gab es einige Aufregungen, denn Bloch betrachtete seine politische Schriftstellerei nicht etwa nur als zeitgeschichtlich orientierte Tätigkeit, sondern mehr (man kann genauer sagen: eben damit) als

Beiträge, Konkretionen auch, seiner politischen Philosophie, bearbeitete die aus den zwanziger oder dreißiger Jahren stammenden Aufsätze für den Neudruck ebenso wie die aus jüngerer Zeit und machte keinen Unterschied zu der Weise, in der er auch etwa die religionsphilosophischen Texte neufaßte, deren älteste (man sah es am schlechten Papier und der kleinen Handschrift, die keinen Raum ungenutzt ließ) noch aus der Emigrationszeit stammten.

Was er bisher allein gemacht hatte, ohne seine Assistenten damit zu behelligen, ging nun aber nicht mehr ohne den Mitarbeiter, der ihm die eigenen Texte vorlas, Satz für Satz, Wort für Wort, der aber viel mehr als bloß die Rolle eines Sekretärs zu übernehmen hatte und schnell zum Gesprächsteilnehmer wurde, der daher den Gedankenfaden aufnehmen und zu seiner Verfertigung aktiv beitragen mußte. Ich saß dann hinter jenem Schreibtisch und Bloch blieb jenseits davon in seinem Sessel sitzen und der Raum füllte sich von zwei Seiten mit Rauch. Heute, also Dienstag, muß freilich die Arbeit an der Religionsphilosophie noch warten. Morgen aber ist Blochseminar und dessen Vorbereitung gelten die ersten Stunden. Semesterthema: „Schein und Vor-Schein in der Kunst" und für die nächste Sitzung steht ein Referat über die literarischen Gattungen in Hegels Ästhetik auf dem Programm. Wir gehen erst das Protokoll der letzten Sitzung durch, dann lese ich das schon fertig abgegebene Referat vor: sauber gearbeitet, gut Hegels Thesen referierend, aber trocken, in einer uninspirierten Sprache. „Wie ein Buchhalter, der für Kunst keine Sprache hat." Wie wohltuend wirkt dann Hegels Sprache, obwohl doch dessen Ästhetik auf einer eher schmalen Kunsterfahrung beruht, aber ganz sympathetisch bis zu ihrem Kern vorgedrungen ist. Ich unterbreche die Referatlesung, wir nehmen uns einige längere Hegelzitate vor, ich kennzeichne sie. An ihnen soll sich die Seminardiskussion entzünden, bewähren, das Referat zur Information über den Zusammenhang im Hintergrund.

Die Seminardiskussionen sind übrigens meist sehr lebhaft, befriedigen Bloch aber immer seltener, denn die Diskrepanz zwischen dieser Lebendigkeit und philosophischer Sachkenntnis, zwischen steter Diskussionsbereitschaft und der Abneigung gegen neue Erfahrungen und alle widersprechenden Ansichten, schließlich der Widerwille gegen jede Form von Studiendisziplin nehmen ständig zu. Wir befinden uns mitten in den Jahren der Studentenbewegung. Ernst Bloch gilt vielen ihrer Protagonisten als erprobter Vordenker. Und dann geht es im Bloch-Seminar um ästhetische Probleme! Ausgerechnet, denken viele und kommen nur hin, weil so etwas partout nicht in ihr schlichtes Weltbild passen will. Von Bloch haben sie meist kaum etwas gelesen, vielleicht seinen Vortrag über den Wissenschaftsbegriff des Marxismus gehört oder ein Fernsehgespräch gesehen. Außerdem kursieren auf den täglichen Flugblättern, die in Mensa und Universität alle Tische und Bänke bedecken, oder auf den Transparenten und Wandzeitungen im AstA-Gebäude einige besonders markige Bloch-Sentenzen. („Das Auge des Gesetzes sitzt im Gesicht der herrschenden Klasse.") Daraus beziehen viele vor allem jüngere Studenten ihr Blochbild und befinden sich damit in der Gesellschaft engagierter Bloch-Gegner, die auch selten mehr kennen. Kunst hat in dieser vereinfachenden Karikatur natürlich keinen Platz, am wenigsten, so scheint es, bei den Studenten, die sich laut Studienbuch schon seit Semestern mit ihr beschäftigen sollten. Bloch erklärt diesen von keiner Kenntnis getrübten kunstfeindlichen Affekt als Gemisch aus Spießertum, sozialem Ressentiment und dogmatischer Bilderstürmerei, die ihn nun wirklich nicht zum Zeugen hätte. Er habe zwar kein systematisch angelegtes kunstphilosophisches Werk geschrieben wie Lukács, dies aber nicht etwa, weil ihm die ästhetische Sphäre unwichtig sei, das genaue Gegenteil sei der Fall. Und wirklich gibt es kein Werk Blochs, das nicht das Ästhetische in sich aufgenommen hat und in sich darstellt. Das gilt noch für die scheinbar ganz den Tagesthemen zugewandten politischen Schriften und gerade auch die jetzt kursierenden Sentenzen zeugen von dieser Qualität, sie ist in Blochs Werk eine Qualität des Denkens und Schreibens zugleich.

Es ist nun an der Zeit, von einer Erfahrung zu berichten, die mich besonders nachhaltig zum Erstaunen brachte, als ich für einige Jahre zum Mitarbeiter Blochs wurde. Die Vorträge und Vorlesungen, die Bloch hielt, seine Erörterungen im Blochseminar oder Colloquium, selbst noch die im Freundeskreise erzählten

Geschichten, Parabeln, Anekdoten wirkten bei aller situationsgebundenen Beredsamkeit, aller expressiven Bildlichkeit, allen momentanen Abschweifungen so, als könne man sie niederschreiben und hätte einen fortlaufenden, kaum noch einer Endredaktion bedürftigen Text. Umgekehrt wirkte alles, was er schrieb, so lebendig, als sei es das ungebrochene Stenogramm einer mündlichen Rede, mit ihrem besonderen individuellen Rhythmus und Klang. Wie stark diese Mündlichkeit alles von Bloch Geschriebenen dessen Rezeption bestimmte, hatte ich vor einigen Jahren selber sehr deutlich erlebt. Die „Tübinger Einleitung in die Philosophie“ (in ihrer vorläufigen Fassung in der edition suhrkamp) hatte ich nämlich schon als Schüler, in der letzten Klasse des Gymnasiums, gelesen, oder besser: ich hatte mich damit herumgeschlagen und meine Stimmung schwankte zwischen Begeisterung und Niedergeschlagenheit, weil ich mich abwechselnd wie angesteckt fühlte von einem mitreißenden Gedankenstrom, ihn dann aber selten nur richtig begriff und auch nicht erkannte, was da eigentlich vor mir und mit mir sich ereignete. So war ich nach Tübingen gekommen, hatte in Blochs Vorlesung, im überfüllten, bis auf die Stufen, Fensterbänke, den Podiumsabsatz besetzten Audimax gesessen, eingeklemmt, räumlich, körperlich beengt, aber das alles verflog, sobald ich erstmals auch hörte, was ich bisher nur gelesen hatte.

Es wird mir nicht gelingen, die Wirkung dieser ersten Blochvorlesung auf mich einigermaßen angemessen zu beschreiben. Es gibt die bekannten Mythologeme der Erneuerung, den Jungbrunnen oder die Jungmühle, auf einem Neuruppiner Bilderbogen sieht man eine lange Reihe alter Menschen in einer Windmühle verschwinden und sie jung, frischgemahlen, heiter wie an ihrem Lebensmorgen wieder verlassen. Wie alt, dumpf und erstickt durch Schule und die ersten Semester in einer großstädtischen Massenuniversität fühlte ich mich als ich sah und hörte, was dort oben auf dem Katheder vor sich ging, und darin war mehr Jugend, als ich sie noch besaß. Zarathustra wollte nur an einen Gott glauben, der zu tanzen verstünde und da vorne, vor unseren Augen, wurden die Gedanken zum Tanzen gebracht, die an derselben Stelle (vielleicht nur wenige Stunden früher oder später) eingefroren, katalogisiert, verstaubt wurden. „Es geht um uns und weiß nicht, wohin es geht, nur wir selbst sind noch Motor und Hebel, es stockt das äußere und offenbarte Leben: aber der neue Gedanke bricht endlich hinaus, in die vollen Abenteuer, in die offene, unfertige, taumelnde Welt, um so, in dieser seiner Stärke, mit unserem Leid gegürtet, mit unserer trotzigen Ahnung, mit der ungeheuren Gewalt unserer Menschenstimme, Gott zu erkennen und nicht eher zu ruhen, als bis sich unsere innersten Schatten unterworfen haben und die Erfüllung jener hohlen, gärenden Nacht gelungen ist, um die herum noch alle Dinge, Menschen und Werke gebaut sind." Ich las diesen Satz aus dem „Geist der Utopie" erst später, aber ich hörte ihn aus allen Sätzen dieser meiner ersten Bloch-Vorlesung heraus.

Und merkwürdig: seitdem begriff ich auch Blochs Schriften besser. Ich hörte sprechen, wenn ich las, denn mit einemmal hatte ich gelernt, Schriftzeichen wieder in Rede zurückzuverwandeln. Die expressive Betonung, die Spannungsbögen der Sätze, ihre Klangbilder, die Einheit von sinnlichem Sprechkörper und Begriff erschwerten das Verständnis nicht etwa, sondern schlossen es erst richtig auf. Die Kunstfertigkeit, die diese Mündlichkeit des Geschriebenen erst bewirkte, lernte ich dann später kennen, lernte, daß auch das lebendige Wort, um genau zu sein, gesucht werden muß, und daß es häufig so schwer zu finden ist wie die preziöseste, durch und durch literarische Wortprägung eines alexandrinischen Schriftstellers.

Nach den Seminarvorbereitungen setzen wir uns an ein älteres Kapitel aus dem geplanten Atheismus-Buch (Bloch spricht in ironischer und zugleich liebevoller Erinnerung an die Knabenzeit, als er zwar eine Fülle atheistischer Traktätchen verschlungen, aber das Wort nie sprechen gehört hatte, das Wort „Atheismus" gern diphtongiert aus). Er hatte es zwar schon einmal bearbeitet, wollte es aber noch einmal vornehmen und gab mir etwa die Stelle an, mit der er im Nachhinein doch noch nicht zufrieden war. Auf derartige Angaben war übrigens unbedingt Verlaß, ja ohne sein außerordentliches Gedächtnis wäre eine solche Weiterarbeit, ohne die eigenen Augen gebrauchen zu können, unmöglich gewesen. Mußten Zitate verifiziert werden, gelang es Bloch meist aus dem Gedächtnis, den Fundort mehr oder weniger genau zu bezeichnen, bis hin zu jener fast präzisen Anweisung: Sehen Sie doch mal nach in der Windelbandschen Ausgabe der „Kritik der Urteilskraft“, das Zitat muß um die Seite 300 zu finden sein, ich meine sogar eine linke Seite, oben“ – und es stimmte.

Da konnte es auch geschehen, daß Bloch während unserer Arbeit plötzlich innehielt, meine Lesung unterbrach und bat, ein paar Seiten zurückzublättern, den Satz zu suchen, der mit den oder den Worten beginne. Wir hatten ihn vielleicht vor fünf oder sechs Stunden – oft sogar vor mehreren Tagen – ohne etwas an ihm zu ändern übergangen, und nun war aber durch den weiteren Kontext und die folgende Gedankenführung die Ergänzung jenes Satzes nötig geworden, den ich zwar längst aus Augen und Sinn, Bloch aber nicht aus dem Denken verloren hatte.

Nun also noch einmal das Kapitel „Frohbotschaft als Gegenzug zur Furcht des Herrn, Einsatz Jesu in Jachwe“ (in der ersten Fassung hatte es geheißen „Platz für Frohbotschaft. Jesus als Prophet einer neuen Erde“. Daraus war dann mit noch einem Zwischenstadium – „Jesus als Prophet eines neuen Kanaan“ – die endgültige und später gedruckte Fassung geworden.). Die Stelle, die Bloch meint, steht gegen Ende des Kapitels und beschäftigt sich mit der wechselnden Bedeutung des Messiastitels in der Geschichte vor und nach Jesus. Dort heißt es: „Es gab nach Jesus den Heros des Hadrianaufstands, Bar Kochba, den Sternensohn. Und eine Autorität wie R. Akiba selbst weihte ihn als Messias. Aber Bar Kochba kämpfte überdies am Abgrund der Verzweiflung, für die Erhaltung einer überkommenen Welt einschließlich ihrer priesterlichen Theokratie; so konnte er gesegnet werden, so war der Messiastitel, der einmalige, ungeheure, hier keine Blasphemie.“ Daraus wurde dann nach manchen Änderungen der Text, der auf S. 182f. im 14. Band der Gesamtausgabe steht. Bar Kochba kämpft danach „für das vorhandene Judäa, mit Reich, Arm und Priestern gemeinsam“ und wie diese so enthalten auch die anderen Änderungen nicht allein Präzisierungen, sondern geben dem Text darüber hinaus den Duktus mündlicher Rede, indem sie seine parataktische Gliederung unterstreichen und etwa durch die zusammenfassende Reihung „mit Reich, Arm und Priestern“ (Syllepse nennt die Rheotrik diese Figur) eine umgangssprachlich besonders gern genutzte Redewendung einfügen. Bloch hat in seinem Vortrag vor Walter Höllerers literarischem Colloquium den Unterschied zwischen mündlichem und schriftlichem Ausdruck in einem genauen Bild festgehalten: er vergleicht den literarischen Text mit der „Mercator-Projektion von dem Globus auf eine Fläche, auf eine Landkarte. Wobei bei der Mercator-Projektion Fehler erscheinen, unmittelbar schon bei einem Grad nördlich oder südlich vom Äquator verzerrt sich das Bild, und oben in Alaska oder Sibirien oder unten in der Südsee, da werden die Entfernungen ungeheuer gestreckt, nur am Äquator sind sie richtig." Was Bloch *hier* meint, trifft auf diesen Satz selber zu, sobald er, wie jetzt geschehen, niedergeschrieben wurde und in ein anderes Medium übergewechselt ist.

Dolf Sternberger hat ihn einen „großen deutschen Schriftsteller" und „Begriffsdichter" genannt, Ernst Bloch ist es gerade durch den unablässigen Versuch geworden, die Fehler bei der literarischen Mercatorprojektion durch Rettung der Mündlichkeit in der Schrift klein zu halten, gar aufzuheben. Denn eben das lebendige Sprechen mit seinen Unterbrechungen, Neuansätzen, einem noch unfertigen, offenen, dynamischen Zug ist das subjektive Korrelat zur Offenheit der Geschichte, zum Experiment Welt, zur fragmentarischen Gestalt des menschlichen Daseins. „Es wird also der Sprechton durch den großen Schriftton eines großen Künstlers erzeugt, wie er sonst gar nicht vorkam . . . (und in dem) das Erzählte nicht etwa künstlich reproduziert wird, mit Abschlagszahlung und so, daß der Hauch weg ist, sondern produziert, wie nie ein Mensch gesprochen hat, aber wie er wohl sprechen müßte, wenn er richtig spräche." Diese Kennzeichnung von Kleists Prosa (im Vortrag vor dem literarischen Colloquium) erscheint mir als die treffendste Beschreibung von Blochs eigener Schreibweise seit ich das erstemal an diesem Schreibtisch saß.

Das Feilen an einzelnen Wendungen, die konzentrierte Suche nach dem so genauen wie bewegenden Wort nimmt oft Stunden in Anspruch. Aber es ist keinerlei Verbohrtheit in ihnen. Am Ende der „Spuren" steht die schöne Geschichte von dem indischen König, der eine kostbare Perle verlor, aber sie trotz aller Anstrengungen, aller ausgeschickten Diener und Hofleute nicht zurückbekam – bis er sie schließlich selber fand „auf dem Wege der Absichtslosigkeit". So gehen auch die Gespräche an solchen Nachmittagen und Abenden manch unvorhergesehenen und wunderlichen Weg, sie wurden zu unvergeßlichen, unersetzlichen Colloquien, zu Streifzügen durch Zwischenwelten der Literaturgeschichte ebenso wie der Philosophiegeschichte, durch den sorgsam gepflegten „Naturschutzpark unserer Differenzen" („Ihr Heine", zum Beispiel – dabei war es gar nicht so sehr „mein" Heine) und durch die längst breit angelegten Hauptstraßen unserer gemeinsamen Vorlieben, von Schiller bis Karl May, von den unerfüllten Augenblicken in Kunst, Literatur, Musik bis zu den kleinen Spuren unserer Alltagserfahrung. Bloch war ein begeisterter Sammler von Zeitungsklischees und Stammtischphrasen. „Herrlich lag Siegfried, der gottbegnadete Stimmrecke, unter der Linde, betreut von der Stabführung seines Kollegen in Apoll, umgeben vom fröhlichen Gezwitscher des mimenden Geflügelvolks." Er besaß eine ganze Reihe solcher Kostbarkeiten und fand darin „ein völlig eigenes Wesen, das man studieren sollte, auch im Zusammenhang mit Kleinbürgertapeten, guten Stuben und anderen Rätseln, die das 19. Jahrhundert aufgegeben, hinterlassen hat."

Wege der Absichtslosigkeit, die aber immer wieder zum Thema zurückführten, oft mit der gewünschten Beute im Kopf, dem vorhin fehlenden Zusammenhang oder der zündenden Formulierung. Auch Anregungen von außen, zufällige Beobachtungen und Geräusche erhielten, eingedenk jener „Spuren"-Lehre („Man achte grade auf kleine Dinge, gehe ihnen nach."), breiten Raum zur gedanklichen Entfaltung.

Ich erinnere mich an einen Nachmittag, der ebenso begann wie dieser, nur stand diesmal nicht die Vorbereitung aufs Seminar am Arbeitsanfang, sondern auf die abendliche Sitzung des Blochcolloquiums, das aus einem kleinen Kreis älterer Studenten, Assistenten und Dozenten bestand und sich – horribile dictu – ebenfalls mit ästhetischen Problemen beschäftigte. Ausgangspunkt sollte das 15. Kapitel des „Prinzip Hoffnung" sein: „Entdeckung des Noch-Nicht-Bewußten oder der Dämmerung nach Vorwärts. Noch-Nicht-Bewußtes als neue Bewußtseinsklasse des Neuen: Jugend, Zeitwende, Produktivität . . ." Das Buch lag aufgeschlagen auf dem Schreibtisch, es galt, philosophische, literarische Belegtexte zu finden. Die Ruhe des nachmittäglichen Hauses wurde nun plötzlich von außen gestört; von der Straße jenseits des Nekkar herüber hörte man deutlich durch die geöffneten Fenster das Sirenengeheul mehrerer Löschzüge auf- und abschwellen. Bloch sprang auf, wie um zur Zimmertür hinauszulaufen, hielt inne: „Als Jungens hätte uns jetzt nichts mehr halten können. Wir wären hinterher gerannt, was das Zeug hält. Der Impuls geht jetzt leider in andere Richtung – womit wir auch wieder beim Thema sind.“

Es gibt ein Menschenideal, das von der heidnischen Antike bis ins 17. Jahrhundert Gültigkeit besaß und tief in die archetypischen Vorstellungswelten hineinreicht, wie Ernst Robert Curtius gezeigt hat: das Ideal des puer senex, der harmonischen Verbindung von Kindheit und Alter, wie sie etwa dem Cato, aber auch manchem Propheten und Kirchenvater nachgerühmt wurde, und in den Bildern, die sich die Menschen von ihren Göttern machten, jahrhundertelang dominierte. Der alte Bloch verkörperte dies Leitbild auf eine vollkommene und ganz singuläre Weise, es hat seine Haltung, seine Geistigkeit, das ganze Gepräge seiner Person durchformt, ebenso weit entfernt von modischer Jugendlichkeit wie von stilisiertem Patriarchentum. Gerade deshalb enttäuschte er auch manche Erwartung, insbesondere natürlich, wenn sie von Seiten der meist gänzlich unfruchtbaren Professorenphilosophie der Gegenwart an ihn gerichtet wurde. Die hatte ihm schon in Leipzig das Leben schwer gemacht, in Gestalt des „roten Oberlehrers“ auf den Nachbarlehrstühlen, und sie besaß auch in der Bundesrepublik genug Vertreter, die ihm nun auf ihre Weise das Leben wenigstens etwas sauer zu machen suchten. So kompensierte sich philosophische Ohnmacht in administrativen Akten oder kleinlichen Schikanen. Das sollte bis zu jener blamablen Schmierenkomödie reichen, mit der die Tübinger Philosophische Fakultät die Verleihung der Ehrendoktorwürde an Bloch im Jahre 1975 zu torpedieren versuchte, ja bis zur Totenfeier, als man sich nicht auf einen gemeinsamen Redner zu einigen vermochte und die chronisch Verärgerten der Beerdigung fernblieben. „Sie haben ihr Brot und ihr Amt und sonst nichts, woraus sich ihre Rede bestreiten könnte“, heißt es über die „Schulphilosophen heute“, einem Aufsatz Blochs aus dem Jahre 1913, der aber nichts von seiner Gültigkeit verloren hat.

Bloch selber ließ sich von dergleichen Nadelstichen und dem giftigen Kleingeist à la Topitsch oder Schelsky nicht irritieren, mit großer Sicherheit sperrte er dergleichen Gezänk aus seiner Merkwelt aus, es langweilte ihn, weil auch die Gegnerschaft belangvoll sein muß, wenn sie aus bloßem Ressentiment herausführen und produktiv werden soll. Nur wenige akzeptierte er als solche Gegner: Sarte und Gabriel Marcel, den Jugendfreund Georg Lukács, aber auch Adorno und Horkheimer. Heidegger natürlich, aber das einzige Zusammentreffen zwischen diesen beiden, von dem ich weiß, in Wolfgang Schadewaldts Wohnung in Tübingen, konzentrierte sich nicht auf die schroffen, unüberbrückbaren Differenzen, sondern auf die gemeinsamen Denkwürdigkeiten, auf Hebel und Hölderlin. Der nach Nietzsche größte Polemiker unter den deutschen Philosophen war ja zugleich ein unbeirrter Verfechter von Sachlichkeit und Angemessenheit, ein Künstler im Umgang mit allem Widersacherischen, sofern es belangvoll war und hinreichte. Das zeigt sehr schön die Anekdote, die Gerhard Scholem von seiner ersten Begegnung mit Bloch erzählt. „Von Walter Benjamin, der ihn kurz vorher kennengelernt hatte, zum Besuch bei Bloch veranlaßt, trat ich in sein Zimmer und sah zu meiner Überraschung auf dem Bücherbord seines Schreibtischs Johann Andreas Eisenmengers „Entdecktes Judentum" von 1701, die berühmteste, gelehrteste und dickleibigste Scharteke der ganzen antisemitischen Literatur. Auf meinen erstaunten Blick erklärte er mir, das sei das wunderbarste Buch über das Judentum, aus dem man Unendliches lernen könne. Nur sei der Autor ein Tropf gewesen, ein gelehrter Narr, der nichts verstanden habe und die herrlichsten Bilder einer großen Imagination als gräßliche Blasphemien denunzierte."

Polemik und Sachlichkeit sind philosophische Ausdrucksweisen, die sich ja nicht ausschließen, sondern nur den beiden Faktoren im Prozeß des Denkens entsprechen, den subjektiven und objektiven, das auf den Gang der Sache und das auf die Position, auf die Verwicklung der Menschen in ihr bezogene Denken. Die polemische Rede ist dabei zugleich der Ausdruck einer immerwährenden Betroffenheit von den menschlichen Dingen und ebenso wenig leicht dahingesagt wie eine logisch genaue Begriffsableitung. In der Arbeit am Atheismus-Buch beanspruchen die kritisch-polemischen Partien häufig genauso viel Raum, Mühe und Zeit wie die historischen oder philosophischen Auslegungen. Aus „die Kirche“ wird zum Beispiel polemisch-genauer „die bisherige Herrenkirche“ und der Satz am Anfang von Kapitel 10 mit seinem historischen Rückblick auf den letzten deutschen Hirtenbrief von 1936 „Auch bereiten die Ordensprozesse eine deutschvölkische Kirche vor . . .“ verändert sich zu: „Auch möchte man hassend gern eine deutschvölkische Kirche vorbereiten . . .“ Auch hier betont die polemische Wendung den subjektiven Anteil am historischen Geschehen und die ungebrochene Anteilnahme an seinen Wirkungen. Die Verkehrung von „liebend gern“ zu „hassend gern“ macht dabei einen Stilzug in Blochs Prosa kenntlich, der auch mit einer wichtigen Denkfigur übereinstimmt. Seiner Absicht, der „schändlichen Klischeesprache“ durch epatierende Verkehrung wieder Sinn und Bedeutung abzugewinnen, entspricht das philosophische Vorhaben, durch Zersetzung sowohl in den verachteten und vergessenen wie in den kodifizierten und gerühmten Werken der Kultur eine neue Erbschaft freizumachen. Kein Titel eines Bloch-Werks pointiert das so deutlich wie „Atheismus im Christentum“, obwohl er nicht von ihm selber, sondern von seiner Frau Karola stammt. „Atheismus und Christentum“ hatte das Buch zuerst heißen sollen, doch seine dialektische Quintessenz, der Atheismus als eigentlich christliches Ferment des Christentums hat erst in der neuen Formulierung ihren angemessenen Ausdruck gefunden. Bloch war über diese genaue Übersetzung seiner Intentionen mit Recht begeistert, macht sie doch darüber hinaus aus der abstrakten Begriffssprache ein einprägsames, Denk- und Redekonventionen aufsprengendes, zumindest aber in Frage stellendes Bild. An einen kleineren Fund, der dem lernenden Mitarbeiter hin und wieder gelang, erinnere ich mich besonders aus etwas späterer Zeit, als die Neuausgabe der „Spuren“ vorbereitet wurde und auch einige bislang ausgeschlossene Geschichten aus Blochs Erzählrepertoire aufgenommen werden sollten. Darunter die „Ein russisches Märchen?“ überschriebene Parabel von dem neuen Wein, der in alten Schläuchen verdorben wird. Aus dem „Groschen", der den jungen Forschern nach ihrem unglaublichen Erlebnis mit einem polyphemartigen Untier „gefallen" war, wurde nun die „Kopeke", die damit auf eine ganz bestimmte Stelle fiel und den Leser nochmals zum Schluß auf einen Sinn der Geschichte verwies.

Jeden Tag legten wir nur wenige Seiten zurück und auch von diesen wurde manches noch einmal wiederholt vorgenommen. Denn auch diese Arbeitsgespräche waren nicht allein auf die endliche Verfertigung des Produkts, eines weiteren Buches also, gerichtet, gleich der meisten Arbeit sonst, sondern waren ganz selbständige geistige Erfahrungen, die keinerlei äußerer Rechtfertigung bedurften. Wenn die Uhr vorrückte, die Mitternacht längst vorüber, wurde dann auch der Weg zurück zum Text immer seltener, mit immer größeren, ausschweifenderen Bögen beschritten. Zwei kleine Lichtkegel erhellten den tabakrauchverhangenen Raum nur notdürftig, die Begriffsarbeit war in entspanntes Erzählen übergegangen. Kaum sah man mehr die Buchrücken der Bücher auf den Regalen – die „Bibliothek eines Kutschers" nannte Bloch etwas allzu bescheiden seine in Tübingen erst wieder neu zusammengestellte Büchersammlung. Seine Bibliothek war in Leipzig zurückgeblieben und nichts hatte die DDR-Regierung vermocht, sie in den Westen zu transportieren. Das wurde von ihr dann später anders nachgeholt und keine „Kulturelles Erbe-Propaganda" hat es verhindert, daß sie (zumindest ein Teil von ihr) im westlichen Antiquariatsbuchhandel verhökert wurde. Bloch, der in seinem Leben mehrfach die Bibliothek verlor und an Büchern weniger hing als an schönen Gegenständen alten Möbeln und Teppichen zum Beispiel, war darüber aber weniger verärgert. Ein viel größerer Verlust bedeutete ihm der gesamte Briefwechsel und das Manuskript eines philosophischen Jugendwerks von 1902 „Über die Kraft und ihr Wesen". Es blieb ihm nur übrig zu hoffen, daß die DDR mit dieser Kulturerbschaft pfleglicher umging – bis vielleicht einmal neue Möglichkeiten sich eröffneten. Ein Stück deutscher Kulturgeschichte nach 1945, ein blamables Stück. Für Bloch, wie die ganze Gründungsgeschichte der DDR, eine Bestätigung der Schiller-Sentenz: der große Moment fand ein kleines

Geschlecht, er wurde nicht genutzt. Ganz ähnlich wie in der Bundesrepublik, nur mit geänderten Vorzeichen, gab es statt des Neuanfangs nach apokalyptischem Untergang nur die Restauration alter Strukturen in der Organisation von Staat und Gesellschaft wie in der Kultur, im Denken. Entfremdung, Unfreiheit, Bürokratismus. Doch so bitter wurde der Ausgang dieses Arbeitstags dann doch nicht. Der große Moment gab das Stichwort und die Merkwürdigkeit, daß er, wenn schon historisch für diesmal verspielt, in der zeitgenössischen Kunst als dem Wunscherfüllungsmedium und Exil verdrängter Ansprüche zugleich, ebenfalls kaum zum Thema geworden ist. „Ein seltsamer Begriff", nicht weit entfernt von dem des Höhepunkts", ein „Ausdruck, der in den Zeitungen, vor allem in patriotisch gewesenen Zeitungen, sehr beliebt war", um etwa das Erscheinen des Erbprinzen und seiner hohen Gemahlin anzuzeigen. Doch das sind depravierte Formen und Bloch findet bald den Übergang zu Thomas Manns Erkennungsszene im Josephsroman: „Ich bin Joseph, Euer Bruder", zu den zahlreichen Erkennungsszenen in der Kolportage und schließlich in der Musik, die Stelle am Schluß des letzten Aktes von Fidelio, wo Beethoven „dieses Trompetensignal in den Mittelpunkt der Entscheidung und zugleich in Erfüllung gestellt hat" und von hier aus zu Strauß' „Elektra", die er (trotz ihres Komponisten) liebt, er singt die Wiedererkennungsszene zwischen Elektra und Orest nach dem Gedächtnis, nicht kräftig, aber genau und angerührt von der Wucht dieses Musik gewordenen Augenblicks.

Fast abrupt steht Bloch aus seinem Sessel auf und wir sagen uns Gute Nacht. Es ist zwei Uhr morgens. Aber noch im Stehen verabreden wir uns für den nächsten Tag; natürlich kommt noch einmal das Seminarthema zur Sprache. Ich kenne solche Abschiede, die sich hinziehen, ohne quälend zu sein. Bloch nennt das „sich verabschieden wie eine Schlange", nicht plötzlich und übergangslos, sondern langsam und mit einem letzten Verweilen.

Max Horkheimer (1895–1973)

Werner Post

Zur philosophischen Physiognomie Max Horkheimers

I

„Von der Seite" her kann man sich anschleichen, den toten Winkel des Opfers ausnutzend. Oder man schaut jemanden von der Seite her schräg an, mit scheelem Blick. Schnell wird aus dem Seitenblick dann der Seitensprung auf die philosophische Hintertreppe. Man wendet sich aber auch zur Seite, um ein Profil, die vereinfachenden Konturen einer Silhouette zu gewinnen.

In Horkheimers Vorlesungen und Seminaren habe ich nie gesessen; als ich mit meinem Studium begann, wurde er bereits emeritiert. Man konnte damals, wie inzwischen vielleicht wieder, ohne weiteres ein Philosophiestudium absolvieren, ohne auch nur den Namen von Horkheimer oder Kritischer Theorie gehört zu haben. Ich kam durch Mitarbeit in studentischen Gruppen und später unvermeidlich im Zusammenhang der Studentenrevolte erst zur Lektüre der Horkheimerschen Schriften, und in diesen Jahren erschienen dann auch die Aufsätze zur „Kritischen Theorie" oder die „Dialektik der Aufklärung" in neuen Ausgaben.

Bei aller Bewunderung und Anerkennung des kritischen Temperaments und der Modernität dieser (damals immerhin schon zwanzig bis dreißig Jahre alten) Schriften gab es über ihre Autoren und Protagonisten allerhand Klatsch und süffisante Geschichtchen, die über das Übliche Seminargetratsche hinausgingen. Sie hingen mit gewissen Widersprüchen zwischen Lehre und Leben zusammen und offenbarten dem Außenstehenden so etwas wie einen spezifischen Kult um das Frankfurter Institut für Sozialforschung, eine gewisse Aura des Besonderen. Was immer daran für die beiden Kultfiguren Horkheimer und Adorno zutreffen mochte: es war jedenfalls deutlich, daß deren subjektives Format von der Substanz der Kritischen Theorie kaum zu trennen war.

Von Horkheimer wurde beispielsweise gemunkelt, daß er

ziemlich reich und aller Kapitalismus-Kritik zum Trotz in diesem Punkt frei von Skrupeln sei. Zugleich fand niemand, der davon erzählte, offenbar etwas Anstößiges daran; eher im Gegenteil schien es ein gelungenes Beispiel von Chuzpe zu sein.

Im April 1970 saß ich Horkheimer zum ersten Mal in seinem Haus in Montagnola gegenüber. Wir hatten brieflich und telefonisch mit einiger Umständlichkeit ein längeres „Interview" vereinbart, das auf Band gesprochen und dann nach gemeinsamer Redaktion veröffentlicht werden sollte; vor allem Themen aus dem Umkreis von „Autorität und Familie" standen im Vordergrund. Darüberhinaus erhoffte ich mir auch einige markante Kommentare zur politischen Situation nach der Studentenrebellion; schließlich waren seine Schriften darauf nicht ohne Einfluß gewesen.

Stattdessen traf ich einen schon etwas hinfälligen 75jährigen Grandseigneur mit nobler Höflichkeit, der in bedächtigem Schwäbisch seine Arbeitsüberlastung und seine Krankheiten beklagte. Statt langer Dispute über „Autorität und Familie" zog er nach einiger Zeit ein schon etwas knittriges Papier hervor und las ein Gedicht auf seine im Jahr zuvor verstorbene Frau vor. Mir wurde unbehaglich zumute, ich fühlte mich hoffnungslos jung, geradezu blöde vor Gesundheit und Normalität und zweifelte, ob das geplante „Interview" je zustandekäme. Deshalb schlug ich vor, allmählich mit der Bandaufnahme zu beginnen.

Da nun schien Horkheimer sehr überrascht, als hätte er von diesem Ansinnen nie gehört, und er erklärte, seine „Spreche sei keine Schreibe", er ziehe es vor, weiter wie bisher miteinander zu sprechen, ohne diese Apparate dazwischen; ich könne ja, wenn ich unbedingt wolle, mir Notizen machen und diese dann als Grundlage für eine Veröffentlichung nehmen – vorausgesetzt, er sei mit meinem Text einverstanden und das Honorar werde um etwa 20% erhöht. Von dieser Vereinbarung habe ich, wenn ich mich recht erinnere, drei leicht variierende Versionen unterschrieben, mit voller Überzeugung.

Das war Chuzpe, und ich ein Greenhorn. Danach war ich wohl ein intensiver Zuhörer.

II

Horkheimer hatte wenig von einem professoralen Schulphilosophen an sich; Schulmeisterei jeder Art lag ihm fern. Auch eine akademische Karriere, wie er sie schließlich nach außen hin bis zum Rektor der Frankfurter Universität, Ehrenbürger der Stadt Frankfurt und in einigen öffentlichen Auszeichnungen erlebte, war zunächst keineswegs sein Ziel gewesen. Gewiß war er von Haus aus wohlhabend, das Professorengehalt nicht lebenswichtig; aber ganz so einfach erklärt sich seine Unabhängigkeit dennoch nicht, zumal er nach langen Auseinandersetzungen mit dem Vater das Erbe ausgeschlagen hatte.

Wichtiger dürften schon die Erfahrungen einer siebenjährigen Ausbildung als Kaufmann gewesen sein. Nach dem „Einjährigen" nahm sein Vater ihn von der Schule und ließ ihn sich im eigenen Betrieb und dann in London, Brüssel und Paris umsehen. Nach dem Ende des ersten Weltkriegs holte Horkheimer in München sein Abitur (zusammen mit dem Freund Fred Pollock) binnen eines Jahres nach. So pietätlos geht ein deutscher (künftiger) Professor eigentlich nicht mit Gymnasium und Abitur um.

Es versteht sich, daß ein Mann wie der junge Horkheimer nicht erst durch die Marxsche Theorie über die Rolle der ökonomischen Bedingungen im sozialen Leben aufgeklärt werden mußte. Sie bot vielmehr dem moralisch sensiblen Fabrikantensohn Gelegenheit, die selbst erlebten Widersprüche seiner Klasse gesamtgesellschaft zu fassen und systematisch zu reflektieren.

Auch während des Studiums erschien er Freunden nicht wie ein normaler Student, sondern eher als „junger Herr aus wohlhabendem Hause, der der Wissenschaft distanziertes Interesse zollte".[1] Trotz aller Intensität in der Sache verwechselte er offensichtlich nicht den Wissenschaftsbetrieb mit Realität schlechthin.

Etwas von der zweckbezogenen Nüchternheit und dem aller Equilibristik abholden Stil des kaufmännischen Denkens spiegelt sich noch in Horkheimers Darstellungsweise wieder. Ihr fehlt fast überall jener stilistische Prunk, den Adorno beispielsweise entfalten konnte. Das Schreiben sei ihm stets sauer geworden, sagte er, und an einem einfachen Aufsatz habe er mindestens eine Woche arbeiten müssen.

Das philosophische Handwerkszeug erwarb sich Horkheimer vor allem im Studium von Kants Kritiken, über die auch seine Promotion und Habilitation handelten. Motive der Kantschen Philosophie tauchen später auch immer wieder auf. Einigemale vergleicht Horkheimer die Funktion des transzendentalen Subjekts bei Kant mit der des Unternehmers im Betrieb: wie das transzendentale Bewußtsein der Erscheinungswelt ihre Gesetze vorschreibe, so verhalte es sich mit der planenden und bestimmenden Tätigkeit des Kaufmanns in der Geschäftswelt (oder, genauer, umgekehrt).

Die Probleme und Querelen der neuzeitlichen Subjekt-Objekt-Debatte sind, das illustriert ein solcher Vergleich, mehr als bloß innerphilosophische Fragen der Erkenntnistheorie gewesen. Es war auch nicht Kants „Fehler", sondern – im Gegenteil – Zeichen seiner unbestechlichen Aufrichtigkeit und korrekter Ausdruck seines Zeitalters gewesen, daß er jene Differenz von Vernunft und Realität zu keiner abgeschlossenen Synthese bringen konnte. Sprach Kant gar bei der Erklärung der Vernunftnatur von einer „verborgenen Kunst in den Tiefen der menschlichen Seele", deren Wirkungen so schnell nicht zu enträtseln seien, so erkennt Horkheimer in diesen dunklen Worten eine frühe Vorahnung von der transzendentalen Macht der gesellschaftlichen Synthesis.

Diese, so Horkheimer, konstituiert in Wahrheit unsere Erkenntnis der Welt. Rein methodische Anstrengungen, wie sie vorzugsweise in neukantianischen Erkenntnistheorien und im logischen Positivismus unternommen wurden, müssen deshalb unzureichend bleiben. Horkheimer zieht hier einen an Marx orientierten Ausweg – die Auflösung aller philosophischen Mysterien findet sich in deren praktischen Grundlagen – aus dem Erkenntnisdilemma der bürgerlichen Philosophie vor und löst sich insoweit aus der bürgerlichen Philosophie.

Aber zugleich beharrt er auf ihr, insofern er jede Identitätsmetaphysik, wie sie einem allzu ökonomistisch oder hegelianisch gelesenen Marx leicht unterschoben wurde, gleichsam mit Kantscher Skepsis vermied. Das betraf nicht solche Marx-Deutung allein, sondern ebenso die positiven Wissenschaften wie Reprisen traditioneller Metaphysik; denn beide identifizierten, wenn auch auf gegensätzliche Weise, Wahrheit mit Realität, sei es, daß sie den emphatischen Gehalt des Vernunftbegriffs, sei es die historisch konkrete Besonderheit der Realität verkürzten.

Hier begegnet auf der Ebene philosophischer Theorie jener „junge Herr" wieder, der der Wissenschaft ein *distanziertes* Interesse zollt. Kaum eine andere Attitüde hat so provozierend wie diese „interessierte Distanz" auf die identifikations- und solidarisierungsversessenen Studenten der APO-Zeit gewirkt. Dazu kam noch, daß Horkheimer längst im prominenten Elfenbeinturm im Tessin saß (die APO hatte geraten, aus dem Tessin ein Freigehege für kapital- und kulturträchtiges Edelwild zu machen, um der nachrevolutionären Generation ein Bild vom Leben im goldenen Käfig zu ermöglichen). – Übrigens war sich Horkheimer über diese Situation völlig im Klaren, ohne jedoch eine Lösung parat zu haben.

III

Das Motiv der Distanz durchzieht bereits seine Schriften aus den dreißiger Jahren. Zwar schwebt ihm dort so etwas wie ein Bündnis von Proletariat und linken Intellektuellen vor, das sich in revolutionärem, klassenkämpferischen Interesse gegen Kapitalismus und Faschismus richten solle; aber auch diese Aktionseinheit schließt zwei Gruppen zusammen, deren Verschiedenartigkeit erhalten bleibt. So sucht er damals immer wieder für sich zu rechtfertigen, daß praktisch-revolutionäre Tätigkeit oft wenig Erhabenes und viel Illusionäres an sich haben könne; es sei möglich, daß der revolutionäre Glaube zuzeiten „sich schwer mit großer Hellsichtigkeit für Realitäten" vertrüge, „ja, es könnte sein, daß die für eine Führung der proletarischen Partei unerläßlichen Eigenschaften sich jetzt gerade bei Menschen finden, die ihrem Charakter nach nicht gerade die feinsten sind. Stammt das ‚höhere Niveau' der bürgerlichen Kritiker, ihr feineres moralisches Gefühl nicht zum Teil aus ihrer Fernhaltung vom wirklichen politischen Kampf?"[2]

Zur Entwicklung in der Sowjetunion fragt er in den ersten Jahren der Stalin-Ära noch „wenigstens klopfenden Herzens . . ., ob dieser Versuch noch andauere",[3] und seine Stellungnahmen zu

SPD, KPD und USPD bleibt abwägend: die einen haben den anderen jeweils den Radikalismus der Theorie oder den pragmatischen Vorteil voraus. Eine Identifikation ist positiv nicht möglich, wohl aber gibt es eine „negative" Gemeinsamkeit durch den gleichen Gegner. In mancher Hinsicht bildet sich hier bereits die Figur der Nicht-Identität ab, jene oft umstrittene, geradezu paradox zum Prinzip erhobene Grundlage der Kritischen Theorie.

Man kann darin gewiß psychologisierend eine Berührungsangst des Theoretikers oder die typische Unentschiedenheit des bürgerlichen Intellektuellen sehen. Der kritischen Theorie ist ja auch oft bescheinigt worden, sie gleiche einer ewig auf der Stelle tretenden Springprozession, da sie es für dialektisch halte, wenn sie sich zwischen praktischem Engagement und Rückzug in die reine Reflexion nicht entscheiden könne: Bildungsbürger, die beim Bruch mit ihrer Herkunftswelt aus Angst vor der eigenen Courage über ihre Trauer nie hinauskämen. Diese nicht ganz unzutreffende, aber auch nicht mehr ganz originelle Deutung wäre um einiges plausibler, wenn sich die darin bezeichneten Probleme nicht auch als reale Schwierigkeiten erwiesen hätten; der Verlauf der Protestbewegung hat jenen Vorbehalten jedenfalls in mancher Hinsicht Recht gegeben.

Horkheimer war über das politisch-praktische Defizit der Kritischen Theorie durchaus bekümmert. Aber er hielt es für einen großen Fehler, daß seine in dieser Hinsicht weniger zurückhaltenden Schriften aus den dreißiger Jahren in fundamentalistischer Manier auf ganz neue Verhältnisse übertragen wurden. Zum Revolutionär gehöre nicht nur Radikalität, sondern auch Realitätssinn, insbesondere beim historischen Materialisten. – So fehlte es seinem Alterswerk nicht an Radikalität, eher war sie noch universaler geworden, wohl aber an Möglichkeiten, diese in Strategien politischen Handelns zu übertragen.

Skepsis, Vorsicht, Zögern oder Pessimismus können natürlich Indiz für einen kleinkarierten, nur auf das persönliche Vorankommen und Wohlergehen fixierten Krämergeistes sein; bei Horkheimer entsprach die Skepsis in diesen Belangen eher der Einstellung, wie er sie in der ihm geistesverwandten französischen Aufklärung des 18. Jahrhunderts vorfand: eine eher weltmännische, bisweilen patriarchale Souveranität, Ausdruck von illusionslosem, aber nicht menschenfeindlichem Realismus. Die Distanz gegenüber raschen Identifikationsangeboten hatte deshalb nichts mit freischwebender Unparteilichkeit zu tun, sie blieb vielmehr so streng mit individualistischen, nonkonformen Weisen der Parteinahme verbunden, daß sie bei parteilicher Organisation in einen Selbstwiderspruch geraten wäre.

IV

Gefolgschaft erschien ihm jedenfalls eher als Gegensatz, keineswegs aber identisch mit Solidarität, Treue und Konsequenz. Diese haben freilich auch mehr mit Ich-Stärke als mit Konformismus zu tun. „Distanz" muß also nicht allein Ausdruck von großbürgerlichem dégoût am Lauf der Welt sein, sondern ist auch eine Form von Unabhängigkeit. Das durchgehaltene Nicht-Einverständnis mit einer Realität, die – per definitionem – eine vernünftige Identität nicht zuläßt, setzt ein hohes Maß an innerer wie äußerer Freiheit voraus. Man hat bisweilen auf biographische Parallelen zu Schopenhauer verwiesen: in dieser Unerbittlichkeit finden sie sich ganz offenkundig.

Selbstverständlich gehört dazu auch, daß man sich solche Freiheit ohne ruinösen Heroismus leisten kann. Horkheimer war zeit seines Lebens nie von Armut bedroht; aber natürlich hängt am Gelde nicht alles, es kann eine wichtige, nie aber zureichende Bedingung sein. Freilich reichen die Auswirkungen ökonomischer Sicherheit tiefer, bis in die entsprechende Sozialisationsweise hinein. In Deutschland ist jene bürgerliche Verbindung von Wohlstand und Kultur nicht sehr ausgeprägt gewesen, geringer jedenfalls als in Frankreich, England oder Italien mit einer andersartigen, breiteren Entstehungsgeschichte des Bürgertums. Von einigen prominenten Ausnahmen wie etwa Goethe abgesehen entstammten maßgebliche Impulse der deutschen Kultur- und Geistesgeschichte im nachfeudalen Zeitalter dem protestantischen Pfarrhaus oder einem mühsam sich emanzipierenden, oft gegen seine Ursprünge ebenso wie die Obrigkeit rebellierenden Kleinbürgertum. Was immer auch „bürgerliche Kultur" heißen mag: jene Ausprägung, in der industriell erworbener Wohlstand und Bildung zusammentrafen, spielte nur kurze Zeit eine große Rolle, sie war mit dem Ersten Weltkrieg, spätestens den großen Inflationen nach 1920 schon wieder vorbei. Auch wer seinen Marx nicht missen will, wird sich gleichwohl einer gewissen Faszination durch diese Epoche und ihrem „diskreten Charme" nicht entziehen können.

Wenn man neben der aristokratischen noch die bürgerliche und die deren Erbe mehr beanspruchende als aufhebende proletarische Kultur als tragende Säulen bezeichnen will, darf man den besonderen Anteil der deutschen Juden nicht vergessen. Über die Gründe, Formen und Probleme ihrer sozialen und kulturellen Emanzipation im 19. Jahrhundert ist schon viel geschrieben worden. Sie haben jedenfalls das Bild des kultivierten Bürgertums in Deutschland, seine künstlerische und wissenschaftliche Entfaltung nicht nur mehr geprägt als die Junker, Militärs und Parvenus der wilhelminischen Ära, sondern auf durchaus attraktive Weise die Vermehrung von Besitz mit kultureller Differenziertheit verbunden.

Auf diesem Hintergrund läßt sich die Verteidigung des Liberalismus und der bürgerlichen Familienform, die damit verbundene Ausbildung von Gewissen und Ich-Stärke oder auch die soziale Dialektik von Freiheit und Gleichheit in den Schriften des späten Horkheimer auch in gewissem Maß biographisch erklären. Nachdem die proletarische Revolution in Stalinismus und bürokratischer Organisation aufgegangen oder durch den Faschismus zerschlagen worden war, nachdem die zivilisatorischen Imperative der westlichen Welt in Massenkonsum, Anpassung und Verwaltung zerliefen, war diese „Recherche du temps perdu" nicht unbegreiflich, zumal sich Horkheimer keinerlei Illusionen über die Rettung dieser verlorenen Welt machte und ihr Ende auch für einen Fortschritt hielt.

V

Als Materialist und Schopenhauerianer ist sich Horkheimer über die Endlichkeit des Glücks und die einsame Verlassenheit des Menschen im Universum im Klaren, als skeptischer Dialektiker kennt er die Ambivalenz des Fortschritts und als metaphysischer Pessimist weiß er etwas von der Trostlosigkeit der endlosen Leiden in der Geschichte. Solche Überzeugungen von der Eitelkeit der Welt verbinden sich häufig mit starren Ontologien oder stoischen Rückzügen auf ungeschichtliche Grundlagen allen Seins, zu Kulturpessimismus mit Weltuntergangsstimmung, zu reaktionärer Misanthropie, zu „heroischem" Nihilismus oder zu jenem hämischen Zynismus, der seine Seele an die Macht des Stärkeren verkauft und sein Mütchen am Schwächen kühlt. Nichts davon bei Horkheimer. Als seinen kategorischen Imperativ könnte man einen Aphorismus aus den „Notizen" bezeichnen: „Toleranz – da alles sein muß, wie es ist. – Protest dagegen, daß alles so ist, wie es sein muß."[4]: Eine unvereinbare Gleichzeitigkeit von Fatalismus und Rebellion. Für sich selbst löst Horkheimer diese Spannung auf durch konkrete Hinwendung zum Vergänglichen, Individuellen, durch Mitleid mit dem Verlorenen und Solidarität mit aller schwachen Kreatur.

Motive dieser Art finden sich in seinen frühesten Schriften, längst vor den bekannteren philosophischen und sozialpsychologischen Studien. Die von expressionistischen Momenten, Jugendstil-Pathos, Weltschmerz und Pazifismus gekennzeichneten Novellen und Tagebuchblätter des Zwanzigjährigen zeigen einen nachdenklichen Moralisten, der beeinflußt wurde von so verschiedenen Seiten wie den Schriften Tolstois und Schopenhauers, von Pfemferts „Aktion" wie von Ibsen, Strindberg und Karl Kraus, von den Schrecken des Ersten Weltkriegs, den Ideen der Räte-Republik, des Anarchismus, des Sozialismus von Rosa Luxemburg und natürlich auch der russischen Oktoberrevolution.

In der väterlichen Firma kommen bereits dem Juniorchef Max Horkheimer schwere Skrupel angesichts seiner Erfahrungen, daß sein Wohlstand in einem ungeahnten Maß auf Ausbeutung Ärmerer beruhte. Damit verglichen bleibt die Sensibilität für eigenes Leiden nichts als skandalöser Luxus: „Wer klagt über Leiden? ... Wir sind Menschenfresser, die sich darüber beklagen, daß das Fleisch der Geschlachteten Bauchweh macht ... Andere verbrennen lebendig, bei Bewußtsein, an giftigen Gasen und Du findest es entsetzlich, daß Du nicht mehr als zwei Seiten Dostojewski lesen kannst. Wir sind Ungeheuer, doch wir sind zu wenig gequält.

Es ist geradezu komisch, wie wenn ein Metzger im Schlachthaus sich darüber grämt, daß seine weiße Schürze blutig wird."[5]

Daß dies alles so ist, hängt konkret mit den besonderen Übeln der bürgerlichen Welt zusammen; dem Pessimismus zum Trotz muß deshalb alle Anstrengung der Änderung solcher Verhältnisse gelten. Daß aber diese bürgerliche Welt und ihre katastrophalen Widersprüche existieren, hängt mit dem trostlosen Leiden in der Welt überhaupt zusammen. Alle Anstrengungen, die das nicht einbeziehen, werden das Elend nur verschieben, nicht beenden. Horkheimer hat nie den Begriff des „Absurden" gebraucht; aber auch Sisyphus ist ein vornehmer Heiliger in seinem philosophischen Kalender.

VI

Melancholie und Trauer verbinden sich in vielen seiner Schriften, besonders in seinen aphoristischen Aufzeichnungen mit schroffer Kritik. Immer wiederkehrendes Thema ist die Doppelmoral der Bourgeoisie, sei es im Zusammenhang mit dem Ersten Weltkrieg, den Klassenkämpfen der Weimarer Zeit oder sei es im nachfolgenden Faschismus. Die kritische Analyse hebt nicht mit sozialökonomischen Kategorien an, sondern beginnt mit moralischer Empörung; dafür bietet vor allem die „Dämmerung" zahlreiche Beispiele. Das beeinträchtigt als subjektives Motiv den theoretischen Anspruch der Essays und Aufsätze in keiner Weise.

Verfolgt man jedoch die weiteren Stadien in der Entwicklung von Horkheimers Kritischer Theorie, so bietet sie sich geradezu als eine Kontinuität von Enttäuschungen und deren jeweiliger Verarbeitung dar. Aus seinen eigenen Darstellungen geht hervor, daß Horkheimer eine wohlbehütete Kindheit erlebte, was er vor allem seiner Mutter zugute hielt; dies Motiv spielt bei den späten Idealisierungen der mütterlichen Rolle in der Familie unverkennbar eine Rolle.

Schon früh muß der sensible junge Mann jedoch erleben, daß die Selbstverständlichkeiten dieses familiären Lebens und des kultivierten, wohlhabenden Elternhauses auf Elend und Ausbeütung beruhen. Das Fiasko des Ersten Weltkriegs offenbart vollends, auf welcher Geschäftsgrundlage sich die Ideale der bürgerlichen Klasse entwickelt hatten. Die Diskrepanz zwischen Realität und Ideal wurde so groß, daß sie auch durch Doppelmoral nicht mehr zu kaschieren war. Der Bruch nahm unversöhnliche Formen an, die Enttäuschung führte zur Desillusionierung.

Die folgenden Versuche, durch eine auf Analyse und Kritik dieser Verhältnisse verpflichtete theoretische Anstrengung zu einer Veränderung zu kommen, blieben – grosso modo – zum Scheitern verurteilt, geradezu wörtlich, wenn man Stalinismus und Faschismus als blutiges Gericht ansieht. Das bürgerliche Europa, seine kulturelle Tradition und seine kapitalistische Ökonomie, ließ die Hüllen fallen und bot sich als nackte Gewalt dar.

Was die Siegermächte in der Folge etablierten, beruhte vorwiegend auf deren militärisch-politischer Präponderanz. Die in ihrem Kielwasser sich durchsetzende Totalität der „Verwalteten Welt" bezeugte für Horkheimer erneut die Ambivalenz jedweden Fortschritts und bestärkte die pessimistischen Auffassungen seiner philosophischen Anfänge. Die Versuche, den Anspruch eines emphatischen Vernunftbegriffs aus der Tradition der Aufklärung des deutschen Idealismus zu realisieren-oder nur zu retten, waren grundsätzlich gescheitert. Was blieb, war schließlich das Mitleid mit den Opfern und aller geschundenen Kreatur, sowie die Stabilisierung individueller Unabhängigkeit vom Druck der nahezu totalen objektiven Unvernunft. Kompromisse, unvermeidlich für die private Lebensführung, bedingen keine Konformität. So führte schließlich nicht ohne Konsequenz dieser Weg zu einer religiösen, wenn auch aller Dogmatik widerstrebenden Sehnsucht.

In diesem leicht tendenziös gerafften Curriculum wird die stetige Wiederholung von Ideal und Enttäuschung, mit einer schließlich auch durch Altersweisheit kaum gemilderten Spannung von bitterster Kritik und melancholischem Rückzug einigermaßen deutlich. Selbst Schopenhauer erscheint dem alten Horkheimer noch als zu optimistisch, weil er gewisse Möglichkeiten der „Rückkehr ins Eine", in den all-einen Willen noch offenhält: „Was immer ein menschliches Wesen als Ende des Leidens sich träumt, Tod und Auferstehung, was immer es absolut setzt, himmlische und irdische Liebe, ist ein Nu der schlechten Unendlichkeit . . . Daß die Erfahrung der Quintessenz der Welt zum Quietiv wird, ist ein psychologischer, kein metaphysischer Prozeß. Das Leiden ist ewig."[6]

Mit anderen Worten: das düstere Ende dieser kritischen Philosophie scheint von Anfang an durch den metaphysischen Pessimismus determiniert. Die Unerbittlichkeit, mit der Horkheimer (und auch Adorno) auf der „Unwahrheit des Ganzen" insitiert, zwingt förmlich jede Erfahrung in den Rahmen einer prästabilierten Disharmonie. Nun mag die Weltgeschichte im Ganzen und die Geschichte unseres Jahrhunderts im Besonderen auch wirklich keinen Grund zu besonderer Heiterkeit bieten; aber in der Nacht universaler Schwarzmalerei bleiben alle Katzen grau, so daß, bei letztlicher Gewähr immergleichen Elends, jede Theorie und praktische Anstrengung ebenso unterbleiben wie getätigt werden könnte. In einem solchen Fall droht der metaphysische Pessimismus freilich jeden theoretischen Anspruch zu verlieren und sich schlichter metaphysischer Miesmacherei anzuähneln.

Alles negieren heißt bis zu einem gewissen Grad auch, alles zu „vernichten", ein nahezu junghegelianischer „Terrorismus der reinen Kritik". Die Radikalität der kritischen Wut und die melancholische Düsternis haben etwas von zielstrebiger Auswegslosigkeit an sich. Darin auch Elemente einer tiefsitzenden narzißtischen Kränkung zu vermuten, hat nichts mit psychologisierender Denunziation zu tun. Soweit die Kritische Theorie Horkheimers über trotzige Verweigerung hinausgeht, stellt sie vielmehr ein Beispiel jener Trauerarbeit dar, die aus Desillusionierung mehr gewinnt als bloß nihilistische „Misanthropologie".

VII

Aller Metaphysik zum Trotz war Horkheimer nun keineswegs weltfremd. Sein organisatorisches Talent, sein politisches Gespür und sein nüchterner Tatsachensinn haben sich gerade in der wechselvollen Geschichte des „Instituts" wiederholt bewährt. Zu seinen – trotz „Chuzpe" – freundlichen, ja gütigen und weltmännischen Umgangsformen gehörte auch ein nonchalantes, fast saloppes Moment. Mit größtem Vergnügen rasselte er sämtliche Namen von Karl Mays Hadschi Halef Omar . . . herunter oder freute sich, wenn jemand sich über seinen unorthodoxen Arbeits-

und Lebensrhythmus wunderte. Listig und bedächtig zugleich erzählte er, daß er in einem Vortrag über „Manipulation" einem sehr emanzipationsbegierigen Publikum fast nur den Sinn und Nutzen von Manipulation dargelegt habe – *das* sei Kritische Theorie! Wie auch immer: es lag darin selbst beim alten Horkheimer noch etwas von der Lust am jugendlichen „Streichespielen", eine Spur von Unbotmäßigkeit gegen seriöse Langeweile.

Wie Adorno hat auch Horkheimer wiederholt den Realitätsbegriff der Freudschen Psychoanalyse kritisiert; Adornos Apperçu von der Neurose als Krankheit zum Leben kann schon als geflügeltes Wort gelten, auch wenn es oft zum larmoyanten Alibi wurde. Diese Kritik bezog sich aber nicht minder auf das individualpsychologische Korrelat des Realitätsbegriffs, das „Erwachsensein". Bei Freud vorsichtig als Resultat einer Kompromißbildung zwischen zivilisatorischen Geboten und dem Druck amorpher Triebenergie beschrieben, haben Horkheimer (und Adorno) den repressiven Charakter dieser Ich-Organisation unter den obwaltenden Bedingungen prononciert; exemplarische Analysen dieses Themas finden sich vor allem in der „Dialektik der Aufklärung".

Adornos Faszination galt besonders den Sirenenklängen einer diffusen, noch unstrukturierten Natur. Odysseus, der sich beim Passieren der Sireneninsel an den Schiffsmast binden läßt, um den Verlockungen der süßen Klänge, die er gleichwohl hören wollte, nicht zu erliegen, verkörpert das bürgerliche Realitätsprinzip; dazu gehört auch, daß die Mannschaft sich zuvor die Ohren mit Wachs verstopft, um von der Arbeit des Ruderns nicht abgelenkt zu werden. Obwohl Horkheimer und Adorno versichern, die „Dialektik" gemeinsam geschrieben zu haben, akzentuiert Horkheimer stärker den Aspekt des Leidens der unterdrückten Natur. Es kulminiert in der subtilen Gewalt der instrumentellen Vernunft. Sie kann sich den Mikrokosmos und das Weltall erschließen, aber den Unterschied von Gut und Böse nicht begründen. Die menschliche Vernunft, die über die Beherrschung der Naturgewalt zu Freiheit und Emanzipation führen sollte, hat selbst das Stigma von Herrschaft auf sich gezogen und sich so der Gewalt der rohen Natur angeglichen.

Diese innere Dialektik äußert sich im Prinzip der Selbsterhaltung als oberster Maxime sowohl der Natur als auch der instrumentellen Vernunft. Letztere hat diesen Charakter in der Endphase der bürgerlichen Ära angenommen, sofern sie nur noch die Mittel, nicht mehr die Ziele der Naturbeherrschung zum Thema wissenschaftlicher Reflexion erhebt. Unterwerfung der Natur bleibt so ein Akt der Gewalt, auf die sich der gesellschaftliche Reichtum gründet, der aber auch die Organisationsform solcher Gesellschaften, ja auch die individuelle Natur, ihre psychische Struktur betrifft – zum Beispiel im Zwang, über solche Voraussetzungen „erwachsen" werden zu müssen.

Für Horkheimer zeigt sich darin die Gewalt des Stärkeren, des „Allgemeinen" gegenüber dem Besonderen, Schwächeren, weniger Prominenten, Vergänglichen. Gewiß bedarf die Natur einer Sublimierung durch Kultur-wie diese der Entsublimierung. Natur ist nicht nur lustvoll und verlockend, sondern ebenso auch chaotisch, amorph und roh. Problematisch bleibt – rebus sic stantibus – die Form dieser Sublimierung, die „Versöhnung".

Nur an wenigen Stellen finden sich antizipierende Phantasien über einen „freundlichen Umgang" des Menschen mit der Natur, ein „Anschmiegen", ohne die gewaltsamen Friktionen von Besitz, Herrschaft und Gewalt. In diesem Zusammenhang gewinnt auch das Schopenhauersche „Mitleid" für Horkheimer seine Bedeutung.

Alfred Schmidt hat diese Problematik als soziale Aufgabe gefaßt, der „Beherrschung der Naturbeherrschung" Jürgen Habermas entwickelte als – reduzierende – Qunitessenz das Motiv der „herrschaftsfreien Kommunikation". Beide Vorschläge implizieren mehr oder minder eine Konsequenz, die Horkheimer zu teilen nicht bereit gewesen wäre: Organisationen, Strategien, politische Konzeptionen. Seine Art der Konsequenz blieb letztlich gebunden an die Formen theoretischer Kritik und subjektiver Bewältigung. Praxis blieb ein ebenso notwendiges wie uneinlösbares Desiderat. Vermittlungen hätten unter gegebenen Voraussetzungen nicht Kompromisse, sondern Konformismus bedeutet. Auch gegen die Zumutungen des Erwachsenseins oder dessen, was üblicherweise darunter verstanden werden mag, kann man sich individuell zur

Wehr setzen, vorausgesetzt man verfügt über eine stabile Ich-Organisation und deren praktische Voraussetzungen.

VIII

Anders gesagt: solange überzeugende Formen einer neuen Identität für Gesellschaft und Individuum sich nicht herausbilden, bedeutet der Rückzug auf die Tradition bürgerlicher Subjektivität und Vernunft das geringere Übel, freilich nur solange, als auch deren Widersprüche, Überholtheit, ja die ganze Fragwürdigkeit der Aufklärung selbst nicht verdrängt werden.

Gleichwohl entstehen daraus einige mögliche Gefahren, denen zumal der späte Horkheimer nicht ganz entgangen ist. Im Spätwerk spricht er ohne Scheu von religiöser Sehnsucht nach einem ganz Anderen, eine Formel, die der dialektischen Theologie Karl Barths entstammen könnte. Die Bedrückung durch die unendliche Menge der Leiden in der jüngeren und ferneren Geschichte, das Eingedenken der blutigen Opfer sinnloser Gewalt und der bewußtlosen Gleichgültigkeit, mit der eine spät- oder nachbürgerliche Zivilisation sich über solches Grauen hinwegsetzt oder nur noch als Spektakel erfährt, ja die mit dieser Zivilisation geradezu notwendig verbundene Perennierung von Gewalt und Unterdrükkung der Natur, des Schwächeren, des Vereinzelten – diese Bedrückung hat eine pessimistische Metaphysik bestärkt, in der sich ein geradezu adventistisches Erlösungsbedürfnis zum Ausdruck bringt, selbst wenn zur Hoffnung nichts berechtigt als die kaum erträgliche Trauer.

Mit dieser Wendung hat aber die Kritische Theorie zugleich definitiv einen theologischen Charakter angenommen. Politik ohne Religion bliebe letztlich Geschäft, versicherte der alte Horkheimer, und er meinte, ähnliches in den dreißiger Jahren, als er praktische Veränderungen für realisierbar hielt, auch nie geleugnet zu haben: ein von Schopenhauer imprägniertes Moment materialistischer Melancholie.

Nun ist, entgegen landläufiger Meinung, Pessimismus oder Skepsis keineswegs ein Motiv der Entmutigung, sondern eine für Kritik und Praxis unerläßliche Voraussetzung, Aufklärung ohne Illusion. Fragwürdig an dieser Wendung wird jedoch die Universalisierung epochenspezifischer und subjektiv-lebensgeschichtlicher Erfahrungen bis hin zu metaphysischen Aussagen. Aufs Biographische bezogen: Die Nostalgie nach großbürgerlichen Zeiten, deren Unzeitgemäßheit, mag zwar als Problem erlebt worden sein, aber auch am Neuen war doch vor allem das schlechte Neue augenfällig; die bürgerliche Selbstkritik in diesem Punkt überwand nicht den Punkt, an dem eine wirkliche Neugier auf nachbürgerliche Lebensformen, ein sympathetisches, maieutisches Interesse an diesen, ein Sinn für die realen Veränderungen entstanden wäre – sofern es sich dabei nicht bloß um Avantgarde und Elite (das gilt insbesondere für Adorno) handelte. Alles ist Verfall, auch wenn es als Fortschritt erscheint.

Das läßt diese Wendung zur religiösen Sehnsucht auch als Resultat selbstgewählter Voraussetzungen erscheinen, als Folge einer aristokratischen Hermetik. Dieser Ausweg, wenn er denn einer ist, ist in gewisser Hinsicht selbst noch einmal auf dem Boden bürgerlicher Tradition gewonnen – ob sie nun jüdisch oder christlich akzentuiert war.

Gewiß hat sich Horkheimer kaum Illusionen über die Diskrepanzen der bürgerlichen Welt hingegeben, auch im Alter noch hält er daran fest, daß Fortschritte über sie hinaus notwendig und heilsam seien, daß freilich jeder Fortschritt auch Großes und Wertvolles aus der Vergangenheit unwiederbringlich zerstöre, dennoch auch früheres Elend beseitige. Auch gab es kein antitechnisches oder wissenschaftsfeindliches Ressentiment, was sonst zum kulturpessimistischen Abc gehört, keinerlei Empfehlung, in einfachere heile Welten zurückzufinden. Es ist alles so, wie es sein muß, und man kann dessen doch nicht froh werden; der Glaube an die Möglichkeit des Fortschritts verinnerlicht sich immer mehr zur innerlichen Sehnsucht, die Beschreibung der realen Prozesse hingegen scheint zu einer Logik des immergleichen Stirb und Werde zu tendieren.

Die philosophische Reflexion verengt sich dabei immer mehr zu einem Kreisen um sich selbst, dazu, den eigenen Bewegungsprozeß als einzig verbliebenen ernsthaften Gegenstand zu betrachten; Adornos „Negative Dialektik“ demonstriert das auf höchst kapriziöse Weise. Wollte man dem folgen, müßte eine Auseinandersetzung mit dieser philosophischen Theorie konsequent in eine nahezu biographische Darstellung übergehen, und das wäre ein groteskes Resultat, weil es sich gegen die erklärten Intentionen der Autoren richten müßte.

Eine andere Konsequenz wäre nicht minder paradox: In der „Kritik der instrumentellen Vernunft" hat Horkheimer das Prinzip der Selbsterhaltung mit der spätbürgerlichen Schwundstufe des Vernunftbegriffs – als dessen Reduktion – in Verbindung gebracht; eine um sich selbst kreisende Reflexion nähert sich diesem Prinzip jedoch unverkennbar, wenn auch ohne jeden positivistischen Triumphalismus.

Mit der „Dialektik der Aufklärung" beginnt jedenfalls ein Abschnitt, in dem die Kritische Theorie für die universale Radikalität ihrer Kritik den Preis historisch unbestimmter Allgemeinheit zahlt. Odysseus als früher Fall von bürgerlichem Realitätsprinzip: das darf eigentlich nur eine Metapher sein, und ebenso problematisch bleibt es, den modernen Instrumentalismus mit seinen unverwechselbaren historischen Bedingungen bereits auf den Mythos zurückzuprojizieren. Auch die besondere moralische Wendung, die Horkheimers Leidensmetaphysik dabei nimmt, ist kein Problem der quaestio facti, sondern der quaestio iuris – des Metaphysischen, der „großen Einheit", und sei sie auch negativ bestimmt.

Sehen wir getrost davon ab, welcher unkritische Gebrauch im Einzelnen von dieser Kritik gemacht werden kann oder wurde: gegen Mißverständnisse kann sich kein Autor wehren. Aber auch bei Horkheimer erlischt das empirische Interesse mit diesem Abschnitt. Mögen in den dreißiger Jahren zentrale Kategorien der Marxschen Kapitalanalyse noch ein hinreichendes fundamentum in re gehabt haben, so reicht die Berufung auf Tausch und Quid pro quo aus dem Kapitel über Warenfetischismus bei Marx kaum noch als empirische Grundlage bei massiv veränderten Strukturen aus – was Horkheimer selbst wiederholt in aller wünschenswerten Deutlichkeit festgestellt hat. Ansätze aus Max Webers oder Lukács' Bürokratiekritik, die sich unverkennbar in den Thesen zur „verwalteten Welt" finden, erfahren jedoch keine entsprechende Fundierung.

Immer stärker zeigt sich mithin, wie sehr wichtige Aspekte der Horkheimerschen Kritik mit der subjektiven Statur ihres Autors unablösbar verbunden bleiben. Diese Kritik steht und fällt in mancher Hinsicht mit der Genauigkeit seiner Wahrnehmungen und der Triftigkeit seiner Überzeugungen. So ist die Kritische Theorie wirklich kaum lehrbar als ein von der Individualität ihrer Verfasser ablösbares Programm. So etwas wie „Frankfurter Schule" kann es deshalb auch streng genommen gar nicht geben, hat es wohl auch nicht gegeben. Treffender war schon, wenn das „Institut" von „Café Marx" später in „Café Max" umgewidmet wurde.

IX

Freilich sagt so ziemlich jede Philosophie etwas über ihren Urheber aus; einschlägige Merksprüche dazu sind wohlfeil und die Einsicht selbst ist banal. Sie besagen noch nichts über den Rang einer Theorie. Horkheimer hat selbst stets entschieden auf Trennung von privaten Lastern und öffentlichen Tugenden in diesem Bereich gedrängt; die gegenteilige Mischung ist fürwahr auch bedenklicher.

Die Treue zur eigenen Lebensgeschichte, sofern sie konstitutives Moment der Theorie geworden ist, gibt jedoch den Nachfolgern Probleme auf. Die Herkunft aus der bürgerlichen Welt hat Horkheimer wohl stärker als Argumente daran gehindert, den Rahmen theoretischer Auseinandersetzung zu überschreiten und sich auf irgendeine Weise direkt in politische und ähnliche Auseinandersetzungen zu verwickeln. Im Ganzen wirkt er wie ein Nachfolger der großen Aufklärer, insbesondere ihrer skeptisch-radikalen Linie, wie etwa Montaigne, de Sade, Voltaire, Kant, Marx und Nietzsche sie verkörpern. Bei der affirmativen Tendenz, der in Deutschland die akademische Philosophie zu huldigen pflegt, wirkt freilich selbst diese Manier schon revolutionär.

Auf diesem Hintergrund zeigt sich auch, wie fragwürdig es war, die leitenden Motive der Studentenrebellion von 1967 auf den Einfluß der Kritischen Theorie zurückzuführen; diesen Einfluß hat es natürlich in beträchtlichem Maß gegeben, aber er war von den Gründern weder inauguriert noch gerechtfertigt. Andrerseits:

eine Rebellion, die sich auf die Kritische Theorie berief, konnte kaum anders aussehen und ausgehen als es de facto der Fall war.

Eher aber war der Überschuß an vermiedener Praxis, die Form einer Theorie, die zwar immer den Mund spitzt, aber dann doch nicht pfeift, für eine Studentengeneration mit anderen Sozialisationsvoraussetzungen kaum mehr erträglich. Das „Nicht-Identische" stelle sich nicht durch Abwarten ein, hieß es dazu, und auch Organisationsfragen zogen kein Anathema mehr auf sich. Spannungen und Widersprüche, sozusagen Glanz und Elend der Kritischen Theorie verbanden sich, das zeigte sich nun, so sehr mit der subjektiven Statur ihrer Begründer, daß die Nachgeborenen nur die Wahl zwischen Epigonentum und getrennten eigenen Wegen hatten.

Horkheimer hatte sich, im Rahmen seiner Analysen der bürgerlichen Familienstruktur, des Freudschen Ödipus-Modells zur Erklärung von Ich-Stärke bedient. Den repressiven Charakter solcher Ich-Organisation, so wenig an seinem Ziel gezweifelt wurde, hat er stets betont; im Alterswerk lag der Akzent ein wenig mehr auf der Gefahr, ohne diese entwicklungspsychologische Laufbahn überhaupt nicht mehr zu einer kompakten Ich-Bildung kommen zu können.

Das unterscheidet sich von Thesen, in denen das „Erwachsensein" in erster Linie von seinen konformitätsverpflichtenden Zwängen beschrieben wurde, ja, in denen – etwa in der „Dialektik der Aufklärung" – ein Schuß von Regression als Moment subjektiver Stabilisierung eine gewisse Rolle spielte. Mag sein, daß jene spätere Differenzierung eine Korrektur dieser Annahmen darstellt. Sie träfe in einer Phase, in der, nach vielfachem Urteil, das Neurosen-Konzept ödipaler Provenienz zugunsten mehr oder minder narzißtischer Störungen in den Hintergrund tritt, womöglich einen wichtigen Punkt. Salopp gesagt ist einer neuen Generation nicht die Fähigkeit zur Regression, sondern deren Überwindung problematisch. Ob solche Tendenzen überhaupt noch angemessen begriffen werden, wenn sie auf das bürgerliche Ich-Ideal bezogen werden, mag dahingestellt sein; möglicherweise aber zeigt sich hier auch ein allmähliches Veralten der Kritischen Theorie. Subtile Anarchismen wider den Anpassungszwang im traditionellen Sinne verschlagen nunmehr wenig; eher geht es darum, sich von den Problemen und Alternativen der dreißiger Jahre, die bisher meist die Tagesordnung philosophischer und sozialwissenschaftlicher Debatten bestimmten, allmählich zu lösen. Die Epoche des Faschismus hat auch darin noch nachgewirkt, daß die bestimmenden Themen und Gestalten der Philosophie gewissermaßen um eine Generation verspätet zur Debatte standen, Großväter und Enkel. Diese Ära scheint ihrem Ende zuzugehen. Mit ihr schwindet offensichtlich auch jener Typus des Gelehrten und des Philosphen – man ist gegen Zeitgenossen immer ungerecht –, bei dem die subjektive Prägung unverwechselbar zur Methode gehörte. Max Horkheimer war einer von ihnen.

Anmerkungen

1 Theodor W. Adorno, Offener Brief an Max Horkheimer, in: Die Zeit v. 12.2. 1965.

2 Max Horkheimer, Dämmerung (1934), jetzt in: Notizen 1950 bis 1969 und Dämmerung. Notizen in Deutschland, Frankfurt/M. 1974, S. 258.

3 Ibid. S. 296.

4 Ibid. S. 40.

5 Brief an den Vetter Hans v. 11.7. 1916, unveröffentl. (Horkheimer Archiv).

6 Notizen, a.a.O., S. 186f.

Theodor W. Adorno (1903–1969)

Eckhard Nordhofen

Theodor W. Adorno – Magus der Aufklärung

Hautgoût, der feine Geschmack der Verderbnis – allzu abgehangen wird das edle Wildpret widerständig. Es schmeckt im Grunde nicht. Dies bei vollem Munde zuzugeben, verbessert nicht den Geschmack.

Im Grunde ist die Lektüre der Schriften Adornos keine vergnügliche Lektüre, obwohl Brillianz, Witz und Musikalität seiner Sprache, das Raffinement der Gedankenkomposition und ihr Spiel mit der etymologischen Oberfläche der Wörter Respekt abnötigt.

Dies bei leerem Kopfe auszusprechen ist für uns Adorniten (jeder Adornit hält sich für den einzigen) der casus belli. Der wackere Philolog, der seine Ästhetik studiert hat, wird sich gleich entsetzen: wie kann es auch angehen, Adorno unter geschmäcklerischen Rücksichten, einen Moralisten als Feinschmecker zu betrachten! Hat nicht der Meister oft genug vor Bibliophilen und anderen Gourmets angewidert sich gezeigt? Anders gefragt: Ist der Gasthof zur Post, den ebenso wie seinen Standort Amorbach zu preisen Adorno einmal unterlaufen ist, ein Wahres im Falschen?[1] Der gescheitere Adornit wird natürlich kalten Herzens (kein Adornit liebt Adorno) in der klassischen Manier prästabilisierter Kritik den Meister unter seinen eigenen Bann fallen lassen. Auch die Predigt gegen das Positive und gerade dann, wenn es selber schon als Ertrag der Aufklärung dasteht, wird über noch so viele Stufen der Dialektik immer nur den Schwindel erregen und den Zwang, sich gegen sich selbst zu wenden. Da schaut sich das Kaninchen in seine eigenen Schlangenaugen. Das kann man schnell in der „Negativen Dialektik" nachlesen, hätte von Adorno selber gegen sich angeführt werden können, und ist es ja tatsächlich auch.

„Unterm Bann" bleibt nur noch Scheherazades Rezept übrig: Das Kaninchen weiß tausendundeinen Aphorismus der Angst. Durch diesen Gegenzauber wird es nicht gefressen.

Ich suche eine Metapher für diese Orgie der Metaphern und mir fällt der Beryll[2] des Kardinals Nikolaus von Kues, eines anderen deutschen Dialektikers und negativen Theologen von Graden ein: Der Beryll, ein Stein der Erkenntnis, ist leuchtend, durchsichtig, und man sieht durch ihn hindurch das Maximum und Minimum zugleich. Der zugeschliffene Solitär leuchtet wie die Aufklärung selber und ist in seinem selbstgemachten Lichte doch so auratisch wie der Gral.

Der Aphorismus ist die funkelnde, Adorno gemäße Form des Schreibens und Denkens gewesen. Im Ensemble ein Mosaik aus lauter Steinchen des Weisen; und der schräge Lichteinfall sorgt dafür, daß es zumeist die Minima sind, von denen er spricht. Faßt man aber, wie man muß, auch die Rhetorik negativ auf, so spricht er, indem er nicht davon spricht, zugleich und ständig auf eine Weise auch vom Maximum ineffabile, vor der jede Theologie expressis verbis erblassen, als Hypostasierung und Götzenmacherei erscheinen muß.[3]

Als Student erschien mir der Professor Adorno freilich nicht als ein Meister des Gegenzaubers, sondern als der Magus eines auf raffinierte Weise seine Positivität versteckenden Kults. Einen Kult zu verstehen, heißt nicht seine Riten in Bedeutung zu übersetzen, sondern zu beschreiben, wie er exerziert wird.

Für die Vorlesung war der große Hörsaal VI der Frankfurter Universität oft genug zu klein. Tout Francfort fand sich ein. Studenten, noch von keinem Numerus clausus daran erinnert, daß ihr Studium auch mit einer späteren handfesten Berufsarbeit zusammenhängen könnte, wir Studenten nahmen mit ausgeprägtem Elendsbewußtsein das alte aristokratische Privileg wahr, philosophieren zu dürfen. Zu uns gesellten sich jene älteren Damen, die ebenfalls ausgestattet waren mit Zeit und dem Sinn fürs Große und Ganze, kurz ein Publikum, das wußte, daß es sich an einem Ausnahmeplatz zusammenfand.

Und wahrscheinlich waren wir neunhundert von tausend von dem Gefühl veredelt, daß jener rundliche Mann, mit den angstvollen, weit aufgerissenen Augen, die flink hin und her wanderten, so, als müsse man in jeder Sekunde einer unbestimmbaren Bedrohung gewärtig sein, eben das zur Sprache bringt, wonach man selber lange gesucht, es dann hier endlich gefunden hat. Ein Soliloquium, stellvertretend für tausend Seelen, und jede einzelne hat das deutliche Gefühl, daß es sie selbst und sie alleine ist, deren Sache da verhandelt wird. Man fühlt sich tausendmal beim Namen gerufen, „erkannt" wie es im Alten Testament heißen würde, so besprungen, daß sich mit dem Gefühl der Exklusivität wie von selbst der Haß auf alle anderen einstellt. Daher auch die feindselige Atmosphäre von Highbrows im Foyer. Keine der Damen lädt ein, sie anzusprechen. Zu anderen Zeiten hätten diese Töchter für Rilke oder Stefan George geschwärmt. Nun delektieren sie sich an den brillianten Satzperioden des Meisters: Wie schön sind deine Predigten fürs Negative, wie herrlich verboten das Vergnügen an der Rhetorik, die leise Genugtuung, beim unfehlbaren Eintreffen des passenden Verbs am Ende der kunstvoll exerzierten Grammatik! Die Architektur der Rede scheint ihren Inhalt zu widerlegen, der eben auf jenes Verbot hinausläuft, sich an kosmischer Ordnung und Wohlgeratenem zu ergötzen – nach Auschwitz. Zur Aura des Kults gehört die zelebrierte Künstlichkeit des Hochdeutschen, welches Adorno manchmal atemlos, immer pedantisch genau sprach, jeden Konsonanten so exekutierend, wie man früher die Priester lehrte, die Wandlungsworte zu sprechen. Kein Zufall natürlich und nicht bloß die Folge einer Metamorphose des Sachsenhäuser Bubs zum citizen of the western hemisphere, mehr auch als die Phobie vor dem kleinen Fehler – wie aufgeregt prüft er nach, als man ihm sagt, daß es „einbleuen" heißen muß und nicht „einbläuen", wie nun leider schon gedruckt ist. Schon immer mußte Kultsprache perfekt sein. Der kleinste Fehler macht den Zauber unwirksam. Er unterläuft kaum je.

Und jenes kultische Hoch – nein – jenes Höchstdeutsch breitet sich aus. Ehemalige Nachbarskinder geben mit seiner Hilfe zu erkennen, daß sie in die Kultgemeinde entrückt sind. Ein „Urteil" heißt nun „Uchteil" und dagegen hilft kein Einspruch.

In den Seminaren und Vollversammlungen dieser Jahre kann man verfolgen, wie immer häufiger auch jenes nachgestellte „sich" sich ausbreitet. Wie es heißt, korrigiert es der Meister auch in den Texten, die ihm zur Approbation vorgelegt werden: er placiert es hinten, wie es für ein „sich" sich gehört.

Wie sonst durch wenig wird Adorno durch seine Sprache charakterisiert, und sie ist ein eigenes Studium wert. Denn wenn die Philosophie, die sich einmal zugute gehalten hatte, vom Mythos zum Logos fortgeschritten zu sein, sehenden Auges und bei vollerem Bewußtsein durch einen Kult – also in gewisser Weise durch ihr feindliches Prinzip – der Vernunft dienen will, so drückt sich in diesem Gegensatz nicht schon sofort die condition des Zeitalters aus, wohl aber die des Theodor W. Adorno.

Es kommt weniger darauf an, Adornos Marotten vorzuführen und sich auf billige Weise darüber lustig zu machen, als darauf, die für seine Wirkung bedeutsamen pragmatischen Qualitäten dieser Zaubersprache in ihrer Terminologie und Topik zu sehen. Nur in der Spaltung der Sprache tritt die Doppelgesichtigkeit ihres Autor aus dem Schatten.

In „Quasi und Fantasia“ heißt es: „Gegenüber der meinenden Sprache ist Musik eine vom ganz anderen Typus. In ihm liegt ihr theologischer Aspekt. Was sie sagt, ist als Erscheinendes bestimmt zugleich und verborgen. Ihre Idee ist die Gestalt des göttlichen Namens. Sie ist entmythologisiertes Gebet, befreit von der Magie des Einwirkens, der wie auch immer vergebliche menschliche Versuch, den Namen selber zu nennen, nicht Bedeutungen mitzuteilen.“[4]

Die Sprache der Philosophie, auch der Adornos geht immer zuerst darauf aus, „Bedeutungen mitzuteilen“. Die „meinende“ Intention unterscheidet sie von der Musik. Deshalb wird auch jeder Versuch, Gott beim Namen zu nennen, zur klassischen Sünde gegen das Bilderverbot. Bei ihm ist aber das Problem des Gottesnamens nicht der semantische Sonderfall, sondern das Grundproblem der Erkenntnis- und Sprachtheorie. Das Bilderverbot wird universal. Jeder Name ein Gottesname. Der Magus hat das Bilderverbot über seinen ganzen Wirkungskreis ausgedehnt. Der Bann ist allgegenwärtig, vor ihm gibt es kein Entrinnen. Das hat Adorno gewußt und es oft genug gesagt. Seine Weise, sich zu dem Dilemma der Sprache zu verhalten, stammt aus dem Bewußtsein, sich ständig gegen das Bilderverbot zu versündigen. Der Gedanke hat „Schuld an dem, was er denkt“.[5] Und deswegen behandelt er auch die Sprache kompositorisch wie die Musik. Die artifizielle Weise zu sprechen und zu schreiben enthält das Eingeständnis, einer naiven Unmittelbarkeit nicht mehr mächtig zu sein – ohne Bewußtsein von der verdinglichenden und verfremdenden Qualität der Sprache. Wer diese Unschuld einmal verloren hat, dem bleibt ein Bewußtsein von Schuld für immer erhalten, wenn er es nicht verdrängt. Durch die Künstlichkeit des Sprachrituals gibt er zu erkennen, was nicht mehr auszusprechen ist. So enthält der Habitus, das spreizende sich Gerieren eine eigene Botschaft der Ohnmacht, und in der Beschwörung den Versuch, die Schuld loszuwerden.

Diese Botschaft taucht in der Sprache Adornos zweimal auf. Sie wird einmal *vorgeführt* und zum andern *ausgesprochen.* Vorgeführt im Sprachhabitus und im Sprachhandeln und ausgesprochen in der diskursiv-propositionalen Rechtfertigung dieser magischen Praxis, in dem also, was den Bedeutungsinhalt der Worte ausmacht, was sich als Theorie übersetzen und referieren läßt. Hier ist sie oft genug benannt worden und bis an die Grenze der Antinomie vorangetrieben worden. Zunächst als Einsicht der Erkenntnistheorie: „Die Gleichsetzung der Negation der Negation mit Positivität ist die Quintessenz des Identifizierens, das formale Prinzip auf seine reinste Form gebracht. Mit ihm gewinnt im Innersten von Dialektik das antidialektische Prinzip die Oberhand, jene traditionelle Logik, welche more arithmetico minus mal minus als plus verbucht."[6]

Identifizieren heißt Sprechen und soviel wirft für Adorno die Hegelkritik ab, daß die an Logik und Syntax „gekettete" Sprache sich nicht selbst erlösen kann. Wenn Sprechen Identifizieren heißt, so wird die Sprache zum Medium der Sünde. Deswegen sucht das Kaninchen ein anderes Loch!

Friedemann Grenz hat auf Adornos Idee der „parataktischen Sprache" aufmerksam gemacht.[7] Die parataktische Sprache der Dichtung, etwa der Hölderlins, ist wie Musik – und auch die Sprache Adornos selbst ist es, wie Grenz gezeigt hat. Die andere, die nicht-musikalische Sprache geht auf Naturbeherrschung, sie identifiziert, versündigt sich, wird schuldig: „Aber die Sprache ist, vermöge ihres signifikativen Elements, des Gegenpols zum mimetisch-ausdruckshaften an die Form von Arbeit und Satz und damit an die synthetische Funktion des Begriffs gekettet."[8]

In der Dichtung, wie der des späten Hölderlin findet Adorno, wie in der „großen Musik“ die „begriffslose Synthesis“. Doch „anders als in Musik kehrt in der Dichtung die begriffslose Synthesis sich wider das Medium, sie wird zur konstitutiven Dissoziation“.[9]

Die Gegner Adornos, etwa in den Debatten des sogenannten Positivismusstreits haben sich gerne über die poetische Qualität von Adornos Sprache lustig gemacht. Philosophische Texte sollen klar, eindeutig und leicht verständlich sein. Begriffsdichtung, in der es „dunkelt und funkelt“ macht den schlechten Philosophen. Schnell ist man sich einig: Er hätte besser Musiker werden sollen!

Nun war Adorno bekanntlich auch Musiker. Zeit seines Lebens hat er Musik geübt. Er hat Komposition studiert und sich nicht nur als Theoretiker sondern auch als Praktiker der Zwölftonmusik hervorgetan. Seine vorwiegend kammermusikalischen Stücke lassen Einfluß und Nachbarschaft Schönbergs erkennen. Ein großer Teil der Publikationen ressortiert auf den ersten Blick bei der Ästhetik. Sie gewinnen aber sofort die alte Doppelbedeutung des Wortes „Ästhetik“ nämlich Theorie der Erkenntnis und Kunst zugleich zu sein. Oft zitiert ist die „unterirdische Kommunikation“ auch noch der abgelegensten ästhetischen Schriften mit der „Negativen Dialektik“, dem opus magnum der Erkenntnistheorie.

Grenz hat gezeigt, daß Adorno die Regeln der Syntax (und wohl auch die der Semantik, wie noch zu zeigen wäre) mit Hilfe seiner eigentümlichen Sprachpragmatik unterläuft. Mit quasimusikalischen, an der Zwölftontechnik orientierten Kompositionsmustern, versucht er der banalen Oberfläche der kompromittierten Wörter und Sätze einen Generalbaß von Irritation und Tiefe zu unterlegen.

Ein Beispiel dafür ist die kompositorische „Reihung“. Er selbst sagt: „Musikhaft ist die Verwandlung der Sprache in eine Reihung, deren Elemente anders sich verknüpfen als im Urteil“[10] und dann jene Forderung: „In einem philosophischen Text sollten alle Sätze gleich nahe zum Mittelpunkt stehen.“[11] Deutlicher noch, wenn es vom Essay heißt: „Daß ihm gewissermaßen alle Objekte gleich nah zum Zentrum sind: zu dem Prinzip, das alle verhext“ sic![12] Und auch: „In der totalen Gesellschaft ist alles gleich nahe zum Mittelpunkt".[13] Grenz bemerkt zu recht, daß diese Idee, der Kristallisationspunkt der Adornoschen Hermetik, am Modell der Zwölftonmusik gebildet ist.

Somit ist klar, daß das Sprachhandeln Adornos gegen die ordinäre Syntax bewußt eingesetzt ist. Es ist musikalisch und künstlerisch, da haben die Kritiker seines Stil recht. Er selber würde freilich darin seine eigentliche philosophische Qualität sehen, wenn man seinen Bemerkungen über die philosophische Sprache folgt. Außer ihm, dem Magus aus Einsicht in die Ohnmacht, dürfte aber sonst kaum ein Philosoph seinen Namen verdienen. Eher schon wären die Dichter vom Schlage Hölderlins die wahren Philosophen. Wer sonst hätte noch die Konstellation um den magischen Mittelpunkt, „dem Prinzip, das alles verhext" gesucht?

Die erkenntnistheoretische, die negative Einsicht, die das rechtfertigen soll, ist der „materialistisch" geheißene Gedanke, daß die Identifikationsphilosophie, die auch das Negative – besser das Leiden – in sich einbegreift, ein Betrug ist.

Auf eine weniger artifiziell komponierte Weise hat das Heinrich Heine gegen Hegel formuliert: „Ich war jung und stolz, und es tat meinem Hochmut wohl, als ich von Hegel erfuhr, daß nicht, wie meine Großmutter meinte, der liebe Gott, der im Himmel residiert, sondern ich selbst hier auf Erden der liebe Gott sei."

Doch der Stolz wird nicht alt, denn Heine fährt fort: „In manchen Momenten, besonders wenn die Krämpfe in der Wirbelsäule allzu qualvoll rumoren, durchzuckt mich der Zweifel, ob der Mensch wirklich ein zweibeinichter Gott ist, wie mir der selige Professor Hegel vor 25 Jahren in Berlin versichert hatte."[14]

Wenn wir der Eigeninterpretation Adornos folgen, so hätte die nicht-syntaktische, die musikalische Kompositorik seiner Sprache durch ihre Irritation eben diese Botschaft von der fortdauernden Unversöhntheit zu bedeuten. Das wird in anderen Kulten auch so gemacht, daß dem Kulthandeln – hier dem rituellen Sprechen – eine *Theologie der Bedeutung* zugeordnet wird. Insofern hat Adorno die Theologie seines Sprachkults mitzuliefern versucht.

Was aber ist, wenn die Botschaft zwar gehört wird, der Glaube aber fehlt? Ich schlage vor, dieser Eigeninterpretation Adornos, die eine apologia pro vita sua als Musiker und Theoretiker ist, und die auf gut Deutsch als eine interpretation benigna[15] angesehen werden kann, versuchsweise einmal nicht zu glauben, sie wenigstens als ergänzungsbedürftig anzusehen. Genauer ist hier der Zweifel daran gemeint, daß die Eigeninterpretation des Kults diesen überhaupt zutreffend beschreibt. Wenn wir die Botschaft seines kompositorisch und durch andere Künstlichkeiten verfremdeten Sprachhandelns vernehmen, so können wir Adorno zwar zustimmen, wenn er sie als Kult bestimmt, das heißt, wenn er sie als Absetzbewegung vom Üblichen, normal-schematischen, als Ausgrenzungsversuch aus dem Kontinuum des Profanen deutet. Aber der Interpretation, die dem, was er durch sein Sprachpragma, durch seine Gestikulation mit Worten und inkonzinnem Satzbau vorführt, nachgeschoben ist, dieser Interpretation muß niemand folgen.

Nicht jeder, der merkwürdig spricht, will damit ein negatives Existentialurteil über die Welt und sich selbst ausdrücken. Adorno freilich zaubert gegen den „Bann“ gegen das Ganze, welches das Unwahre ist und innerhalb dessen es kein Wahres geben können soll. Wer sollte da noch normal sprechen können?

Die Meisten sprechen aber doch normal. Und nicht jeder, der „nach Auschwitz“ und nach anderen Leiden normal spricht, wie zum Beispiel Max Horkheimer, prätendiert Versöhnung oder meint – um mit Heine zu sprechen – daß er ein „zweibeinichter Gott“ oder gar im Besitz des Wahren sei.

Die Zuordnung einer künstelnden Sprache zur Theorie vom Bann der Negativität ist also keine umkehrbar eindeutige. Das heißt: diese Kult erzeugende „Sprache“ kann auch anderes bedeuten, als das, was auf der diskursiven, propositionalen Oberfläche der Kritischen Theorie angeboten wird.

Gegen die auswandernde Bedeutung seines Kults war Adorno besonders empfindlich. Wer ihm im Adornieren Konkurrenz machen wollte, vor dem verlor er den Respekt; er durfte allenfalls der Gemeinde beitreten und zwar auf einem billigen Platz. Eifersüchtig wachte er über seine Einheit von Oberflächentheorie und unterlegter Irritationsgrammatik. Der große Konkurrent als Sprachzauberer, Martin Heidegger, wurde nicht zuletzt deshalb mit Haß verfolgt. Heidegger hat es auch ein wenig anders gemacht, als der

Musiker Adorno. Er hat weniger kompositorisch verfremdet, als durch Wort-Neuschöpfungen und eigenwillige Philologie.[16]

Adorno war persönlich sehr auf das Funktionieren der „Theologie" zu seinem Kult angewiesen. Schon aus psychotechnischen Gründen. Denn die Theorie, daß es keinen Ort der Wahrheit innerhalb des Falschen geben könne, also auch nicht für den, der dies ausspricht – auch diese Theorie selber kann diesen Ort gegen alle Logik nicht besetzt halten – hat enorme strategische Vorteile. Mit dem Eingeständnis auch selber wie eben alles „unterm Bann" zu stehen, habe ich jedem Gegner vorab auf kostenlose Weise recht gegeben.

Niemand, der ihn kannte, wird bezweifeln, daß Adorno ein beachtlicher Psychotechniker gewesen ist – irgendwie schade auch, daß er den boom der Gruppendynamik nicht mehr erlebt hat. Er, der es selber zu einer gewissen Meisterschaft als Stratege gebracht hatte, wäre in der Verlegenheit gewesen, seine eigenen Rezepte in progressiven Handbüchern wiederzufinden.

Immerhin dürfen wir getrost davon ausgehen, daß unter den Feinden Adornos er selbst sich von keinem übertreffen lassen wollte. Mit anderen Worten, was sich gegen ihn allenfalls einwenden ließe, hat er mit überlegener Psycho-Technik vorwegzunehmen gesucht.

Antizipatorische Selbstkritik zu durchschauen, kann ein künstlich Gebäude von Kritik und Metakritik auf das Niveau von Wilhelm-Busch-Weisheiten zusammensinken lassen:

Die Selbstkritik hat viel für sich.
Gesetzt den Fall ich tadle mich,
So hab ich erstens den Gewinn,
Daß ich so hübsch bescheiden bin,
Zum zweiten denken sich die Leut,
Der Mann ist lauter Redlichkeit;
Auch schnapp ich drittens diesen Bissen
Vorweg den andern Kritiküssen,
Und viertens hoff' ich außerdem
Auf Widerspruch, der angenehm.
So kommt es denn zuletzt heraus,
Daß ich ein ganz famoses Haus.[17]

Wenn in der Hierarchie der Meta-Ebenen die Elendsform der Reflexion nur noch bedeutet, daß Recht hat, wer das letzte Wort hat, so wäre Adorno billig mit Wilhelm Busch beizukommen. Wieviel intellektuelle Demutsgesten, wieviel raffinierte Immunisierung gegen mögliche Attacken auch Adorno, den Gejagten umgetrieben haben mögen – es ist durchaus zweifelhaft, ob die Attacke gegen sich und seinesgleichen nur Zauberei, nur die beschwörende Bitte um Unterlassung an die Adresse gedachter Feinde gewesen ist, oder ob nicht vielmehr Adorno, wie bewußt auch immer, sich unmittelbarer ausdrückt, als man auf den ersten Blick glauben möchte. Die Frage, die sich stellt, ist, *ob die Spaltung des Subjekts Th. W. Adorno die Folge einer Philosophie gewesen ist, deren Grundgedanke die Antithese ist.*

Die These versteht sich von selbst. Sie ist die triviale Absonderung der sich selbst behauptenden Vernunft. Aber daß der Widerstand, der im Leben vom Feinde kommt, in die Regie des Subjekts selber gezogen wird, hat wieder etwas Magisches, denn dieser selbstgemachte Widerspruch ist nicht echt. Wie nah am Material er sich auch geben mag, ihm bleibt etwas Ausgedachtes. Er ist auch niemals tödlich. Er ist das homöopathische Gift, welches würzt, immunisiert, aber niemals umbringt. Er ist niemals der Tod, nur der Platzhalter. Ihn zieht der angsterfüllte Regisseur allemal vor, denn es ist ausgemacht, daß er im Ernst nicht bedrohlich wird.

Solange man selber mit sich so streng ins Gericht geht, wird wohl der Würgeengel am Bußfertigen vorbeigehen. Und an diese Adresse ist der Zauber gerichtet. „Und viertens hoff' ich außerdem, auf Widerspruch, der mir genehm."

Eine gewisse Versuchung zum Biographismus besteht bei Adorno. Denn wenn er seine nahezu leiblichen Unverwechselbarkeiten und Marotten so sehr als Ausdruck seiner innersten Identität festzuhalten wünscht, dann wird er selber zu seiner Theorie und dann stimmt auch der Satz eines seiner wichtigeren Schüler: Wovon Adorno auch immer gesprochen haben mag: Adorno hat immer über sich selber gesprochen.

So gesehen hätten die vielen Affen Adornos einen wahren Instinkt besessen, wenn sie seine Theorie zugleich mit seiner Attitüde sich zu eigen machten.

Der Nobelton des Magus schien ja zunächst mit dem Singsang seines Schülers Hans-Jürgen Krahl, einer der stärksten Figuren der Frankfurter Szene von 68 zusammenzuklingen. Man hörte Dissonanzen und Schrilles, aber alles klang noch wie eine spannende Musik.

Achtundsechzig war die Pfingstbewegung der Kritischen Theorie, und der spontaneistische Furor hatte wohl kaum jemanden so erschreckt und verstört wie das heilige Offizium vom Institut für Sozialforschung. Inzwischen hat sich die Geschichtsschreibung auf eine Lesart eingespielt, die das Drama zwischen Adorno, Horkheimer und ihren Studenten wie die Ballade vom Zauberlehrling auffasst. Die einmal gerufenen Geister machen sich selbständig; die Studenten wenden sich gegen ihre Lehrer. Die Kinder der Revolution fressen ihre Väter. Manches daran ist richtig. Adorno ist von seinen Schülern und Schülerinnen auf recht unanständige Weise beim Portepee gefaßt worden. Aber Vorsicht mit allzu schlichten Zuschreibungen! Wenn in jenen Jahren in Berkeley, Paris, Heidelberg, Rom und sonstwo Pfingsten gefeiert wurde, dann kann dafür doch sicher nicht die – global gesehen doch eher bescheidene – Frankfurter Institution behaftet werden. Als Kultstätte am Ort war sie freilich in besonderer Weise betroffen.

Jedenfalls kein Widerspruch „der mir genehm". Die antizipatorische Selbstkritik hatte nicht funktioniert, das Opfer war nicht angenommen worden. Die Attacken wurden mit Waffen vorgetragen, die das Spiel von Kritik und Metakritik nicht vorsah, ja sie gingen mit einer gewissen Brutalität auf die Zerstörung des Spiels selber.

Interessant war, wie umstandslos Adorno und Horkheimer in den bewegten Massen die alten Gesichter des Faschismus wiedererkannten. Das Schlagwort vom Linksfaschismus ist nicht von der klassischen Rechten erfunden worden. Es mag zu den übelsten Erfahrungen Adornos am Ende seines Lebens gehört haben, seinen Kult und seine Gemeinde aus seiner Theorie auswandern zu sehen. Entglitten und verselbständigt hatte ein Sprachritual auf eine viel vertracktere Weise den Weg in die Irrationalität gefunden, als der offen anti-intellektuelle, offen kultische, insofern deutlichere Nationalsozialismus Hitlers.

Der Nazi alter Art hatte mit Theorie nichts an der Kappe. Er hatte sich bäuchlings und seelisch in den großen Strom hineinziehen lassen ohne die ungesunde Blässe der Gedanken.

Der neue „Nazi“ hatte gerade die Theorie dort, wo sie sich am aufgeklärtesten gab, kultisch besetzt, sie als gestikulierendes Signalement einer neuen Lebensform in Gebrauch genommen. Das machte ihn so selbstmißverständlich. Empörung und die Unterstellung einer bösartigen Denunziation mußte über alle kommen, die doch wußten, daß der Faschismus immer rechts und sie selbst doch links standen, dort wo das Herz schlägt.

Adorno hat die Faszination des Faschismus gekannt. Er war ein Kenner, weil er die Versuchung am eigenen Leib verspürt hatte, ihr aber am Ende entgangen war. Nur daß er Jude gewesen sei, hätte ihn vom Nationalsozialismus ferngehalten. Dieser bösartige Scherz Herbert Marcuses hatte Adorno beleidigt, konnte es aber nur, weil, wie bei den meisten bösartigen Scherzen, etwas Wahres daran war. Und zwar nicht nach der Maxime, nach welcher immer etwas hängen bleibt, sondern weil nach der Dialektik von Gut und Böse in Adornos eigener Identität ein besiegter Nazi enthalten war. Je stärker die intellektuelle Bedrohung durch die Versuchungen empfunden waren, umso stärker der Haß auf jenen „Faschismus“ geheißen Aftergott. Noch einmal ist Heidegger als die erste Adresse einer Projektion dieses Hasses nach außen zu nennen. In Heidegger sah Adorno seine verworfen-verhinderte Möglichkeit leibhaftig vor sich. Er hatte ihn schon attackiert, lange bevor sich der Schwarzwälder mit den Nationalsozialisten eingelassen hatte. Daß sein Feind als alter ego diesen Sündenfall getan hatte, und daß Krieg und Vernichtungslager die anfangs noch undeutliche verbrecherische Qualität der Nazis auf so schmerzliche Weise eindeutig gemacht hatten, verbuchte Adorno wie ein Argument.

Das Kind einer italienischen Sängerin und der Frankfurter Wiesengrunds hatte mit Kulten so seine Erfahrungen. Den katholischen hatte er als Prägung der frühen Jahre kennengelernt. Kein Sinnenfreund tut schlecht daran, einmal Meßdiener gewesen zu sein. Heilig und profan, Musik und Weihrauch sind Kategorien der Synästhetik, die eine Dialektik von Scheinwelt und Wirklichkeit erzeugt und ein Moment wahrer Erkenntnis, das sich aus der Beziehung der beiden Sphären ablesen läßt. Dem fundamental-Ontologen Heidegger in der Philosophie entspricht der wabernde Wagner in der Musik. Seine Musik ist so falsch wie groß. Das heißt, sie ist eine große Versuchung für Adorno gewesen, der sie unter Schmerzen ablehnt.

Wie nahe wird uns hier der Biographismus gelegt. Wie leicht kommt uns die Floskel der Reduktionisten vor die Lippen: „. . . ist nichts anderes als . . .“ Also: Schaut ihn euch doch so geheimnislos wie möglich an. Er ist Deutscher und Jude gewesen und zwar zu einer Zeit, als das eine das andere ausschloß. Wie soll da jemand mit sich selbst identisch bleiben? Jude zu sein ergab zu Zeiten eines eindeutigen Antisemitismus eine Konstellation, die dem Leben eine Struktur aufprägte, die man in der Theorie als Reflexionsfigur kennt.

Wie sehr er sich auch anpassen mochte, wie sehr er auch in die Seelentiefen seiner fremden Heimat eintauchen mochte, er wurde doch, ob er wollte oder nicht, auf einen Platz gestellt, von dem aus er wie von außen auf seine Gesellschaft blicken mußte.

Ist der Philosoph, insofern er sich immer schon den Blick von außen fingiert, ein Emigrant im eigenen Land – er wird wie Schopenhauer als misanthropischer Kauz, wie Nikolaus von Kues als Kardinal, sich oft genug als Außenseiter aufgefaßt sehen – so ist die Meta-Position noch einmal lebensgeschichtlich verschärft, wenn sie zur echten Vertreibung, wenn die innere Emigration zur wirklichen und die Fremde zur Heimat wird.

Adorno hat sich in Amerika nicht wohl gefühlt. Man schafft dort die Türklinken ab, schreibt „push“ an eine Schwingwand, klopft nicht an. Die harten Burschen dort trinken Whisky, ein gewaltsames Getränk, welches die Geschmacksnerven betäubt; die Landschaft dort ist maschinell lädiert statt durch menschliche Handarbeit geformt . . . So sehr eine Sehnsucht nach dem versinkenden alten Kontinent aus der Denunziation der neuen Welt zu sprechen scheint, die neutralisierende Volte gegen den eigenen Affekt bleibt nicht aus, ein nostalgischer Lobgesang auf die herrlichen Zeiten im alten Europa verbietet sich.

Zurückgekehrt in ein Land, welches die Kollektivschuld nicht annehmen wollte, war er auch wieder nicht bei den Siegern. Einer der Glück gehabt hatte, daß er nicht wie seine Familie bei den Opfern war, stellte sich zwischen seine Leute, die zum Teil auch nur Glück gehabt hatten, nicht bei den Mördern gewesen zu sein. Die absurde Intimität zwischen Mörder und Opfer erzeugt ein unüberbietbares gegenseitiges Interesse, auch wenn es zur Tat nicht gekommen war.

Innere und äußere Emigration, schließlich die Remigration konnten niemals zu dem Gefühl heimatlicher Seßhaftigkeit und Zugehörigkeit führen, sondern werden in der Eigendefinition als Variationen der Heimatlosigkeit angeboten, wenn nicht gar als Stufen zunehmend forcierter Fremdheit.

Was soll man dazu sagen, daß diese Lebensgeschichte unübersehbar mit den abstraktesten Theorien der „Negativen Dialektik"; korrespondiert? Gilt denn diese Philosophie, die sich wie alle Philosophie verallgemeinernd äußert und dies oft genug im Ton eines apodiktischen Richterspruchs, nur für ihren Erfinder und Formulierer? Sie tut aber doch so, als sollten sich alle angesprochen fühlen. Spricht Adorno, wenn er tatsächlich immer nur *von* sich spricht immer auch nur *für* sich?

Eine einfache Lösung! Wir könnten ihn dann als Kunstwerk bestaunen und im Raritätenkabinett abstellen. Wenn wir Adornos Philosophie restfrei als einen Kommentar zu seinem Leben auffassen, treibt die Geschichte auf einen Widerspruch zu.

Wir können nämlich zu der trivialen Einsicht gelangen, daß Adornos Leben nicht das unsere ist, daß uns deswegen seine Theorien soviel betreffen, wie die Gedanken des alten Ägypten. Beides wäre durchaus interessant, nicht aber einschlägig für uns. Wir sind nun mal meistens keine Emigranten, meistens keine Juden, keine Ägypter, leben wie verstrickt auch immer in Verhältnissen, die nicht schwarz nicht weiß, die eher grau sind, und wir leben im Jahre 1980.

Auf eine gewisse Weise entspräche das Vergessen Adornos seiner eigenen Theorie von der Subjektbindung der Theorien. Denn dort, wo die Hersteller von Sätzen ihre Rede aus dem Zusammenhang der Kontingenz zu ziehen suchen um ihr Gewicht, Dauer und Gültigkeit zu verleihen, dort überschreiten sie ihre Kompetenz, reden wie von außerhalb der Zeit.

Alles, was einmal dem „Gehege der Zähne entfleucht" ist, unterliegt dem Mythos vom Zauberlehrling: es kann nicht mehr zurückgeholt werden, verselbständigt sich, wendet sich im schlimmen Fall gegen den Erzeuger. Wer Gelehrsamkeit liebt, kann für diese Einsicht Hegel, Marx so gut wie Goethe und Homer zu Zeugen anrufen.

Adorno hat keinen Weg gesehen, der Positivierung von Gedanken zu entgehen. Philosophie bestimmt er als die Einsicht in dieses Schicksal der Erkenntnis und wo sie dieselbe formuliert, begibt sie sich sehenden Auges in den Schuldzusammenhang. Philosophie bestimmt er gerade nicht nach einer Möglichkeit zu objektiver Erkenntnis zu gelangen. Dort, wo sie wie in der Logik und Mathematik überindividuelle Erkenntnis bereitstellt, verfällt er in den Ton dramaturgischer Emphase. Das gerade ist nicht Philosophie, ist vielmehr ihr Gegenteil, die instrumentelle Vernunft. Die kritische Theorie Adornos und Horkheimers, der sie programmatisch gegen die „traditionelle Theorie" absetzt, ist im Grunde gar keine Theorie. Jedenfalls nicht das, was alle Welt darunter versteht. Sie ist vielmehr der Oppositionsgestus, den sich Adorno so sehr an den eigenen Leib gebunden hatte, daß der Ton allgemeiner Gültigkeit, die Universalisierung des im Grunde doch privaten Existentialurteils über die Weltgeschichte wie von Brettern herab erschallt, die die Welt nicht sind, sondern nur bedeuten.

So gesehen wäre es naiv, wollte man diesen Typus von Theorie von der Person des Erzeugers abziehen. Eine Naivität, die Adorno nicht erlaubt. Es wäre naiv, Sätze wie „Das Ganze ist das Unwahre" wie den metaphysischen Satz „Das Ganze ist das Wahre" zu verhandeln. Ersteres wäre ein Sprachpragma mit einer Oberfläche von Theorie, letzteres schon eher eine Theorie, wie man's versteht. Adornos „Theorie" die sich in ihrer Gestalt schon als irritiert-irritierende Untheorie zu erkennen gibt, müßte streng genommen als die fortgesetzte Gestikulation des Gesamtkunstwerks Adorno angesehen werden.

In den Kompendien und Philosophiegeschichten müßte so gesehen nicht nur von den Hauptgedanken Adornos, vom „autoritären Charakter", der „Kulturindustrie", der „negativen Dialektik", der „Dialektik der Aufklärung" die Rede sein, sondern von einem Menschen, der anno 1903 in Frankfurt am Main geboren worden war, dessen Leben so und so verlaufen war, und der im Jahre 1969 in der Schweiz verstarb.

Es müßte von seiner Angst die Rede sein, von seinem Witz im privaten Kreis, vom Beschwörungston seiner öffentlichen Rede, vielleicht müßte auch von seiner häßlichen Seite die Rede sein, die allgemein gesprochen darin bestand, daß er unbarmherzig war, zum Beispiel gegen das Häßliche auch dort, wo es ihm nur als Ausdruck des Leidens entgegentrat. Dem entsprach, daß er süchtig nach Schönheit und Erhebung war und daß er sich das erkennbar verübelte.

Aber gehört so etwas in eine Darstellung von Philosophie? Hatte nicht da Thomas Mann recht, der Adorno als Romanfigur im Doktor Faustus auftreten läßt?

Wenn wir Adornos Philosophie aber nicht restfrei als einen Kommentar zu seinem Leben auffassen, dann lesen wir seine Texte gegen die Intention des Autors und erfüllen damit zugleich ihr Schicksal dem er sie anheimgegeben hat, als verselbständigte Bewußtseinsfossilien.

Wer Sätze in die Welt entläßt und sich in ihnen selbst über ihre Entlassung beschwert, dem schauen wir mit gemischten Gefühlen zu, bei einem Exerzitium metaphysischer Trauer darüber, daß er kein Gott, daß er nicht erlöst sein kann.

Bleibt zu fragen, was das für ein Ding sei, das uns nach dem Tode Adornos als Kritische Theorie übrigbleibt. Erinnerung an das Gesamtkunstwerk Adorno? Noten zu einer verklungenen Musik? Tatsächlich scheint die Philosophie für Adorno nur im flüchtigen Moment ihres Entstehens authentisch gewesen zu sein. Die Theorie zwischen zwei Buchdeckeln ist so wenig an ihrem Ort, wie die Partitur einer Musik. Realität kommt ihr erst zu, wenn sie erklingt. Und schon jede Wiederaufführung ist Zitat der einst schon verklungenen. Auf seine Weise hat Adorno das Sprachpragma in der Syntax und Semantik seiner theoretischen Sätze zu verdoppeln gesucht. Es war bei ihm nicht trivial, wie sonst bei jedem der spricht und hierdurch irgendwie auch handelt. Sein Agieren sollte etwas bedeuten, sein Sprachritus sollte eine Theologie erhalten.

Die Tragik, vielleicht die Tragik seines Lebens, lag darin, daß der Zauber sich nicht auf die authentische Interpretation des Magus festlegen ließ. Wir haben im Abfall der Schüler von Adorno die klassische Konstellation von Orthodoxie und Ketzerei vor uns. Die Zuordnung des Ritus zu einer ihn beanspruchenden Theorie/Theologie wird gekündigt. Der Ritus erhält eine andere theoretische Fracht, er wandert aus. Die Pointe dabei ist, daß man derlei Einsichten bei Adorno selber lernen kann. Es ist ja wieder jenes selbe Marxisch-Goethesche Zauberlehrling-Phänomen.

Bei genauerem Zusehen erweist sich eine fatale Überlegenheit des Sprachpragmas, des Ritus über die Theorie, der er doch eigentlich dienen sollte. Er ist vieldeutig, sinnlich, erfordert weniger intellektuelle Anstrengung. Deshalb konnte auch Adorno all denen etwas geben, die ihn an der Oberfläche nicht verstanden. Deswegen war er eine erste Adresse für Sinnsucher und die vagabundierende Schar prägesüchtiger Seelen.

Friedemann Grenz beobachtet, daß Adornos Schriften „. . . sehr heftig etwas von ihrem Leser verlangen, ohne zu sagen, was sie denn tatsächlich verlangen.“[19]

Die Wirkungsgeschichte Adornos ist damit, daß seine Schriften veralten, aus der Mode kommen, nicht vorbei. Die heimliche, die stärkste Wirkung liegt ohnehin im theoretisch kaum kontrollierten Fortleben des Kults. Adorno ist in die Gemeinde auferstanden. Ein Völkchen von dem man nicht weiß, wohin es pilgert. Dem alten Propheten Denkmäler zu setzen, fällt ihm nicht ein.

Anmerkungen

1 Zuzugeben ist, daß auch er bessere Zeiten gesehen hat und durch Umbauten verhunzt ist, aber immerhin!

2 Vgl. Den Anfang der Schrift: „De beryllo“ (Von der Brille).

3 Man verzeihe das Geklingel der Gelehrsamkeit. Ein alter Affe läßt das Fratzenschneiden nicht: ineffabile = unaussprechlich, Theologie expressis verbis = 1. Gotteslehre *mit* ausdrücklichen Worten, und 2. *durch* ihre ausgedrückten Worte, Hypostasierung = Verdinglichung.

4 Quasi una fantasia, Musikalische Schriften II, Frankfurt/M. 1963, S. 11.
5 Negative Dialektik, Frankfurt 1966, S. 15.
6 Negative Dialektik, S. 159.
7 Friedemann Grenz, Adornos Philosophie in Grundbegriffen, Frankfurt 1974, S. 217.
8 Noten zur Literatur, Bd. III, Frankfurt 1965, S. 184f.
9 A.a.O.
10 A.a.O.
11 Minima Moralia, Frankfurt 1951, S. 86.
12 Noten zur Literatur I, Frankfurt/M. 1958, S. 41.
13 Negative Dialektik, S. 263.
14 Heinrich Heine, Werke und Briefe, Ausg. Kaufmann, 7, S. 121.
15 Apologia pro vita sua = Rechtfertigung des eigenen Lebens, interpretatio benigna = wohlwollende Auslegung.
16 Hermann Mörchen hat in seinem lesenswerten Buch „Macht und Herrschaft im Denken Heideggers und Adornos", Stuttgart 1980, einen Vergleich gezogen und die beiden näher beisammengerückt, als Adorno lieb gewesen wäre.
17 Wilhelm Busch, aus „Kritik des Herzens".
16 Adorno hat 1934 in der Zeitschrift „Musik" einen Chorzyklus von Herbert Müntzel gelobt „Nicht bloß, weil er durch die Wahl der Gedichte Schirachs als bewußt nationalsozialistisch markiert ist, sondern auch durch seine Qualität . . ." In einem „offenen Brief" der Studentenzeitung „Diskus" damit konfrontiert, verteidigt sich Adorno: „Wer aber meinen Aufsatz unvoreingenommen liest, dem springt die Intention in die Augen: die neue Musik zu verteidigen, ihr zum Überwintern unterm Dritten Reich zu verhelfen . . ." und weiter unten: „Ich glaubte, daß das Dritte Reich nicht lange dauern könne, daß man bleiben müsse, um hinüberzuretten, was nur möglich war." Das setzt eine Position voraus, die andere als „innere Emigration" bezeichnet haben. Diskus I, 1963.
19 A.a.O., S. 11.

Über die Autoren

JOACHIM SCHULTE
wurde 1946 in Düsseldorf geboren. In Frankfurt studierte er bis 1972 Philosophie, Soziologie und Musikwissenschaft, anschließend bis 1976 als Florey European Student am Queen's College in Oxford, wo er über die Grammatik von Identitätsaussagen promovierte. Übersetzungen aus dem Englischen (u. a. Bücher von Austin, Passmore, Quine, Rawls, Strawson, Williams, Wittgenstein) und ins Englische (Waismann-Wittgenstein). Veröffentlichungen in Zeitschriften und Sammelbänden zur analytischen Philosophie, insbesondere zu Wittgenstein, Austin und Fragen der Bedeutungstheorie. 1976 Bearbeitung und Katalogisierung des Waismann-Nachlasses in Oxford. Anschließend Studium des Wittgenstein-Nachlasses in Cambridge. Seit 1977 Förderung der Arbeit am Wittgenstein-Nachlaß durch die Thyssen-Stiftung; Mitarbeit am Tübinger Wittgenstein-Archiv.

William Warren BARTLEY III
ist seit 1970 Professor für Philosophie an der California State University in Hayward, in der Nähe von San Francisco; im Jahre 1979 wurde er zum „Outstanding professor" in dem über den ganzen Staat verbreiteten Universitätssystem von Kalifornien ernannt.

Er wurde 1934 in Pittsburgh geboren und studierte in Harvard und der London School of Economics. Er lehrte in Cambridge und an Londoner Universitäten und war Professor an der Universität von Kalifornien (Berkeley und San Diego) und an der Universität von Pittsburgh, bevor er dem Ruf auf seine jetzige Stelle folgte. Er hat ausgedehnt Vorlesungen in Europa gehalten, vor allem in England, Österreich und Deutschland.

Bartley ist der Verfasser von *The Retreat to Commitment (Flucht ins Engagement); Morality and Religion; Wittgenstein; Lewis Carroll's Symbolic Logic; Werner Erhard: The Transformation of a Man* und vielen wissenschaftlichen Aufsätzen.

Bartley ist in weiten Kreisen durch seine theoretische Arbeit in den Grundlagen der Philosophie bekannt, besonders der Theorie der Rationalität, wo er Poppers Theorie verallgemeinert hat: Die Unterscheidung zwischen Rechtfertigung und Kritik, die dem „kritischen Rationalismus“ zugrundeliegt, stammt von Bartley. Darüber hinaus hat er Goodmans Paradox gelöst und bedeutsame historische Entdeckungen gemacht, darunter die verlorengegangenen Manuskripte von Lewis Carroll über Logik. Er ist der Herausgeber von Poppers demnächst erscheinenden *Postscript* zu seiner *The Logic of Scientific Discovery (Die Logik der Forschung).*

GÜNTER METKEN,
Kunstkritiker und Schriftsteller, 1928 in Duisburg geboren. Studierte Sprachen, Literatur, Kunstgeschichte und Philosophie, 1954 Promotion in München, ein Jahr darauf Übersiedlung nach Frankreich. Zunächst als Redakteur und Kulturkorrespondent tätig, dann als Kritiker und Mitarbeiter an Ausstellungen wie ‚Revolutionsarchitektur‘, ‚Präraffaeliten‘, ‚Paris-Berlin‘ sowie monographischen Ausstellungen. Wachsendes Interesse an ethnographischen Fragen und Reisen nach Asien, Afrika, Nord- und Mittelamerika. Engagierte sich für Künstler der ethnologischen Richtung und organisierte 1977 auf der documenta 6 in Kassel die Abteilung ‚Schöne Wissenschaften, Archäologie des Humanen‘. Veröffentlicht Aufsätze und Untersuchungen u. a. in „Pantheon“, „Revue de l'Art“, „Gazette des Beaux-Arts“, „Kunstwerk“, „Weltkunst“, zahlreiche Katalogbeiträge und die Bücher ‚Präraffaeliten‘, ‚Spurensicherung‘, ‚Herbert List‘. Gibt, zusammen mit Sigrid Metken und Werner Spies, den ‚Oeuvrekatalog Max Ernst‘ heraus. Lebt in Paris.

PETER ROHS
1936 in Jena geboren, promoviert 1964 in Kiel, habilitiert 1975 in Frankfurt/M. Veröffentlichungen: 1. Form und Grund, Bonn 1969; 2. Transzendentale Ästhetik, Meisenheim 1973; 3. Transzendentale Logik, Meisenheim 1976; 4. Die Vernunft der Erfahrung, Königstein 1979; 5. Die Zeit des Handelns, Königstein 1980. Zur Zeit Gastprofessor an der Universität Frankfurt.

HANS SANER,
geboren 1934 in Großhöchstetten (Schweiz). Studium der Philosophie, der Psychologie und der Germanistik. 1962–69 persönlicher Assistent von Karl Jaspers, dessen Nachlaß er herausgibt. Lebt als freier Publizist in Basel. Mitherausgeber der Taschenbuchreihe „Philosophie aktuell“ und Redaktor der „Studia Philosophica“.

Schriften: Kants Weg vom Krieg zum Frieden: Widerstreit und Einheit. Wege zu Kants politischem Denken, München 1967. Jaspers. rororo Bild-Monographie 169, Reinbek 1970. Zwischen Politik und Getto. Über das Verhältnis des Lehrers zur Gesellschaft, Basel 1977. Geburt und Phantasie. Von der natürlichen Dissidenz des Kindes, Basel 1979. Herausgeber mehrerer anderer Bücher. Zahlreiche Aufsätze in Zeitschriften und Büchern. Übersetzungen ins Französische, Italienische, Spanische, Englische, Japanische und Koreanische.

DOLF STERNBERGER,
Dr. phil., Dr. h. c., em. ord. Professor an der Universität Heidelberg. Schriftsteller. Berater und Mitarbeiter der Frankfurter Allgemeinen Zeitung.

Studium der Philosophie, Literatur- und Kunstgeschichte an den Universitäten Kiel, Heidelberg, Freiburg/Breisgau, Frankfurt/M.; Promotion 1932; 1934–43 (Verbot). Redakteur der „Frankfurter Zeitung“, dann Industrietätigkeit; 1945–49 Herausgeber der Monatsschrift „Die Wandlung“ (mit Karl Jaspers, Alfred Weber, Werner Krauss, an dessen Stelle Marie-Luise v. Kaschnitz); 1946–66 regelmäßige Reden im Hessischen Rundfunk; 1950–58 Mitherausgeber der Zeitschrift „Die Gegenwart“; 1947 Ernennung zum Lehrbeauftragten für „Wissenschaft von der Politik“, Heidelberg; 1950 Gründung einer politischen Forschungsgruppe im Rahmen des Alfred-Weber-Instituts; 1955 Ernennung zum Honorarprofessor; 1960 Berufung und Ernennung zum persönlichen Ordinarius in Heidelberg, Direktor am Institut für Politische Wissenschaft; 1962 Ernennung zum ordentlichen Professor in Heidelberg; 1964 Herbstsemester: Gastprofessor an der University of Chicago; 1972 Emeritierung.

Ehrenamtliche Tätigkeiten: 1964–70 Präsident, 1970–77 Ehrenpräsident des Deutschen PEN-Zentrums der Bundesrepublik. Seit 1963 Vizepräsident der Deutschen Akademie für Sprache und Dichtung. Ehrenvorsitzender der Deutschen Wählergesellschaft (1947–1967), seit Gründung 1. Vorsitzender). 1962–64 1. Vorsitzender der Deutschen Vereinigung für Politische Wissenschaft. Mitglied der International Political Science Association (1962–64 Mitglied des Governing Board der IPSA). Mitglied des Institut International de Philosophie Politique. 1950–60 Vizepräsident der Deutschen UNESCO-Kommission. Mitglied der Wissenschaftlichen Gesellschaft an der Johann-Wolfgang-Goethe-Universität zu Frankfurt/M. Mitglied des Wissenschaftlichen Beirats des Instituts für Zeitgeschichte (München).

1967 Verleihung der Goethe-Medaille des Landes Hessen und der J. H. Merck-Ehrung der Stadt Darmstadt. 1974 Verleihung des Großen Verdienstkreuzes des Verdienstordens der Bundesrepublik Deutschland. 1974 Kritikerpreis für Literatur. 1977 Literaturpreis der Bayerischen Akademie der Schönen Künste. 1977 Wilhelm-Leuschner-Medaille des Landes Hessen. 1978 Silberne Verdienstplakette der Stadt Darmstadt. 1980 Ehrendoktor der Université de Paris (Sorbonne.) 1980 Johannes-Reuchlin-Preis der Stadt Pforzheim.

Wichtigste Veröffentlichungen: „Schriften I: Über den Tod“, Frankfurt 1977. „Schriften II: Drei Wurzeln der Politik“, Frankfurt 1978. „Schriften III; Herrschaft und Vereinbarung“, Frankfurt 1980. „Schriften IV: Staatsfreundschaft“, Frankfurt 1980.

GERT UEDING,
Professor für neuere deutsche Literaturgeschichte und Literatursoziologie an der Universität Oldenburg.

Geboren 1942 in Bunzlau. Studium der Germanistik, Philosophie, Kunstgeschichte und Rhetorik an den Universitäten Köln und Tübingen. 1968–1970 Assistent und persönlicher Mitarbeiter von Ernst Bloch am Philosophischen Seminar der Universität Tübingen. 1970 Promotion zum Dr. phil. 1974 Habilitation an der Technischen Universität Hannover. Wichtigste Veröffentlichungen:

Schillers Rhetorik, Tübingen 1971. Glanzvolles Elend, Versuch über Kitsch und Kolportage, Frankfurt 1973. Ernst Bloch, Ästhetik des Vor – Scheins, Frankfurt 1974. Einführung in die Rhetorik, Stuttgart, 1976. Wilhelm Busch, das 19. Jahrhundert en miniature, Frankfurt 1977. Literatur ist Utopie, Frankfurt 1977. Zahlreiche Aufsätze zur deutschen Literatur, Ästhetik und Rhetorik vom 18. Jahrhundert bis zur Gegenwart. Literaturkritik.

WERNER POST,
geb. 1940 in Balve/Sauerland, Studium der Philosophie, Theologie, Pädagogik und Sozialwissenschaft, Professor für Philosophie an der PH Rheinland Abt. Bonn. Veröffentlichungen u. a.: Kritik der Religion bei Karl Marx, München 1969 (span. 1972); Verdirbt Religion den Menschen? (Zus. mit Iring Fetscher), Düsseldorf 1969 (span. 1971); Kritische Theorie und metaphysischer Pessimismus. Zum Spätwerk Max Horkheimers, München 1971; Was ist Materialismus? Zur Einführung in Philosophie (Zus. mit Alfred Schmidt), München 1975 (span. u. ital. 1976). In Vorbereitung: Emanzipation und Krise. Studien zur junghegelianischen Philosophie [1980]. – Daneben Beiträge in Lexika, Zeitschriften, Sammelbänden.

ECKHARD NORDHOFEN,
geb. 1945, studierte Germanistik, Theologie und Philosophie und promovierte mit einer Arbeit über Poppers kritischen Rationalismus. Er ist Herausgeber der Zeitschrift für Didaktik der Philosophie und habilitiert sich in Philosophiedidaktik. Darüberhinaus allgemeine publizistische Tätigkeit. Veröffentlichungen in Zeitschriften zur Religionswissenschaft, Wissenschaftstheorie, Philosophie- und Hochschuldidaktik. Literarische Rezensionen.

Bildquellen-Nachweis

Ludwig Wittgenstein – Suhrkamp Verlag, Frankfurt
Sir Karl Popper – Camera Press, London (Foto Bill Potter)
Claude Lévi-Strauss – Camera-Press, London (Foto Bill Potter)
Martin Heidegger – Atelier Lichtkunst, Freiburg*
Karl Jaspers – Camera Press, London (Foto H. Gloaguen)
Hannah Arendt – R. Piper & Co Verlag, München (Foto Ricarda Schwerin)
Ernst Bloch – Wolfgang Haut, Nidderau
Max Horkheimer – Bildarchiv Frankfurter Allgemeine Zeitung (Foto Kleinhans)
Theodor W. Adorno – Bildarchiv Frankfurter Allgemeine Zeitung (Foto Wolfgang Haut)

* Dieses Foto des Ateliers „Lichtkunst Freiburg" fand Frau Lieselotte Buytaert mit einer Erstausgabe von „Sein und Zeit" in einem Pariser Antiquariat.